しゃべれない生き方とは何か

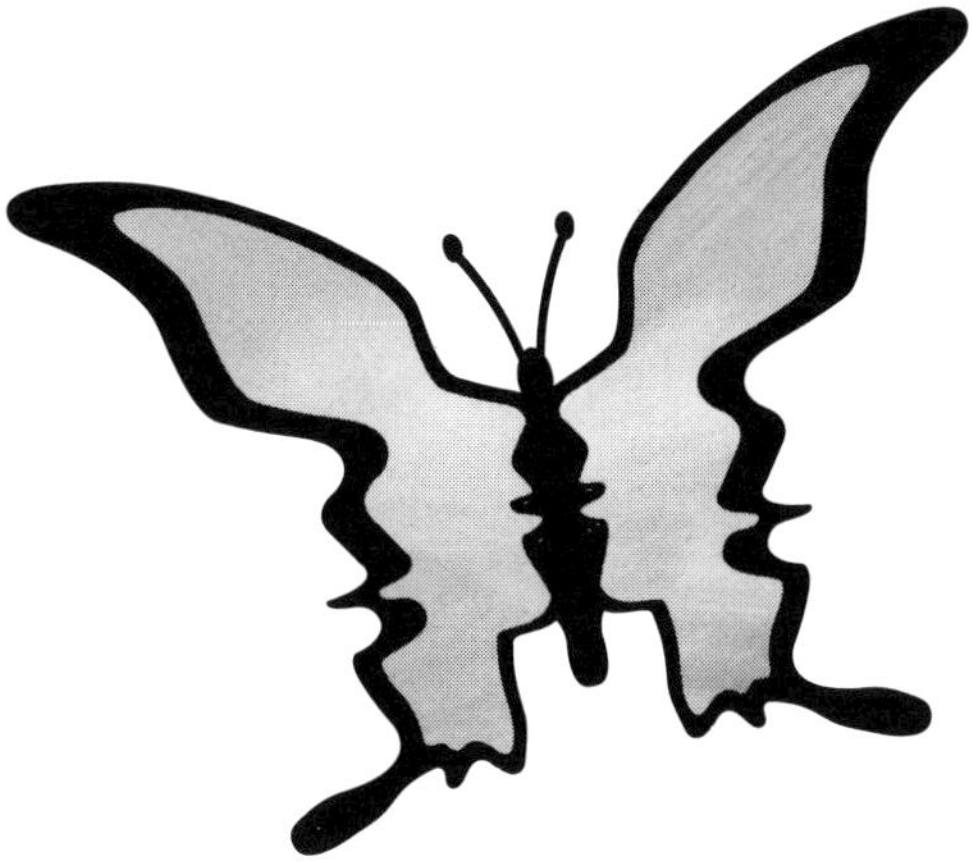

天畠大輔
Tenbata Daisuke

はじめに

混みはじめてきた店内。私は行きつけのカフェで、介助者とともにパソコンで作業をしていました。すると、隣の席に三人連れの女性がやってきて、一人がレジで注文したコーヒーを受けとって戻ってきました。彼女が席に着こうとした際、不随意運動により私の腕が当たってしまいました。私は自分の腕が当たったことに気づいていませんでしたが、彼女に「あら、すみません」といわれたことを受けて、介助者はとっさに「ごめんなさい」と謝りました。なぜ介助者は私に断りなく彼女に謝ったのでしょうか……。私の研究はそこに疑問をもったことから始まりました。

私は一四歳のときに医療過誤により心停止の状態が二〇分以上続いたため、低酸素脳症になり、脳の運動野と感覚野が損傷を受けた結果、四肢マヒ・視覚障がい[1]・嚥下障がい・発話障がいに陥りました。四肢マヒにより一日のほとんどを車いすで生活しています。筋肉の緊張が強いために顎関節が頻繁に外れてしまい、呼吸困難に陥ってしまうため、二四時間見守り介助が必要です。嚥下障がいもあるため、食事も全介助で、刻み食を用意し、介助者に顎の咀嚼を手伝ってもらう必要があります。また、視覚には世界的にも稀な障がいが現れ、立体、色、人の顔は何とか認識できますが、文字の認識が困難なため、紙に書いてある字やパソコンの画面は大変みえにくく、本を読むことが全くできない状態になってしまいました。そのため、学習においては聴覚情報を頭にインプットする作業が中心です。そして、発話障がいにより言葉を発することができないため、介助者に自身の言葉を通訳させることで、意思を伝えています。

その通訳の手段として、「あ、か、さ、た、な話法」という方法を用いています。「あ、か、さ、た、な話法」とは、たとえば先ほどのカフェでの例でいうと、私が自分の言葉で「ごめんなさい」と伝えたい場合には、以下のような過程となります。まず介助者が「あ、か、さ、た、な……」と「あ段」を唱えてゆき、私は「こ／ご」の含まれる「か」の音で身体の一部を動かし、合図を送ります。そこで合図を確認した介助者は「か、き、く、け、こ」と続けて唱えていくので、私は「こ」の箇所で再度合図を送り、文字を選びます。濁点の付く文字などは介助者が推測し、当てはめていきます。この作業を繰りかえして、ようやく言葉が姿を現していくのです。通訳にはこのような手順を踏まなければならないため、アウトプットには人の何倍もの時間がかかります。

私は発話困難なため、介助者を介してしか意思の表現ができません。そのため、先ほど挙げた場面のように周囲への配慮のために瞬時の対応が必要となるときには、介助者が私に断りなく、私の代わりとしてやりとりしてしまうことが多くあります。本来は私の言葉を通訳して謝るべきなのに、介助者が彼自身の判断で謝ってしまったことには違和感を覚えてしまいます。

実際、コミュニケーションの速さが求められる場面では、自分の意思を一字一句読みとらせるより、介助者の判断による言葉の選択に任せたほうが効率的という面もあります。そのため、介助者の配慮という名の介入に違和感を覚えつつも、効率を求めるためにそれを受けいれざるを得ないのです。ここにジレンマが生まれます。そのようにして介助者の判断で選ばれた言葉は、私の自己決定の表現とはみなされないかもしれません。ですが、私は自分の言葉を自分の口で発することができない以上、自己決定の表現には介助者の介入を排除することはできません。しかし、そもそも他者の介入を完全に排除した自己決定などあるのでしょうか。

本書では、「発話困難な重度身体障がい者」の自己決定概念とはいかなるものかということを、私、天畠大輔を事例として詳細に描き出し、問いなおしたいと思います。世界で一番？　かもしれない身体障がいの重い大学院生[2]として、自らの自己決定の難しさを考えるとともに、そこから自己決定という概念に潜む矛盾を問うていきたいと考えています。そして、天畠大輔という一人の人間のあり方を深掘りしていくなかで、「しゃべれない生き方とは何か」を皆さんに感じとっていただければ幸いです。

■注

1　近年、「障碍」「障がい」「しょうがい」など障がいの表記についてはさまざまな議論がある。木全和巳は「①漢字の『害』のイメージが悪いから変更すべき、②法律では『害』の表記が残るので交じってわかりづらくなる、③障害は障害者の困難を解決できない社会の側にあるので、表記よりも実質的な議論が必要で、さまざまな意見がある」とまとめる（木全 2006: 137）。さらに「身体の器官や能力に不十分な点があること」という特定の意味は後年になって付け加えられた社会構築的な要素を伴う。筆者の見解としては、これまで障がい者は社会から「邪魔者」扱いされたうえ、厄災と関連付けられる「害」の字が日常的に用いられることで、「社会に害を与える者」といういわれもない負のイメージの形成に寄与してきた。よって、「害」の字を平仮名とした「障がい」と表記することが望ましいと考える。そのため、本研究を通してこの言葉を使う際は「障がい」や「障がい者」と表記することとする。

2　二〇一九年三月博士号取得当時。

しゃべれない生き方とは何か　目次

第3章　本研究の方法

第2部　「発話困難な重度身体障がい者」のコミュニケーション
――青い芝の会の介助思想と天畠大輔における「通訳者」の特異性

第4章　青い芝の会における「発話困難な重度身体障がい者」

第5章 天畠大輔とは何者か——コミュニケーションの確立と拡張の経緯

第6章 天畠大輔における「通訳者」の変遷を通してみる通訳介助体制のあり方と課題

第7章 天畠大輔における「通訳者」の「専門性」について

第3部　「発話困難な重度身体障がい者」のコミュニケーションのジレンマ

第8章　天畠大輔の「他者の介入を受けた自己決定」の実態

第9章　発話困難な重度身体障がいをもつ大学院生のリアリティ

終章　「多己決定する自己決定」が認められる社会へ

第1部　本研究の性格と当事者研究

第1章

本研究の背景と目的

本章では、本研究全体に関わる問題意識を社会的背景や筆者の現状に即して説明するイントロダクションとして記述する。また、本研究の問い、目的と意義を述べるとともに、先行研究からみた本研究の立ち位置を示す。

1　本研究の背景

1-1　本研究の背景

●筆者の生きている世界

古ぼけたカーテンの向こうから、乳色に輝く朝がやってくる。踵が痛い、と僕は思う。頭も痛い。鉄の塊りがのっているようだ。体中重たい潜水服を一式、着込んでしまったようなのだ。（中略）潜水服も、わずかに軽くなったような気がする。すると僕の心は蝶々のように、ひらりと舞い上がる。したいことはたくさんあるのだ。僕は、時も場所も超えて、蝶々の姿のまま飛んでいく。(Bauby 1997=1998: 7-9)

これは二〇〇八年に映画化もされたJean-Dominique Bauby[1]の小説『潜水服は蝶の夢を見る』の一節である。彼は、言葉を発することができず、手足も自由に動かないが、耳は聞こえ、意識ははっきりとしている。この状態は「ロックトインシンドローム」とよばれ、自発的に自己の意識を送信できないが、周囲の意思を受信するのは可能な状態を指す（立岩 2004）。筆者もこのような状態を半年間経験したが、人を介するコミュニケーション方法を生み出したことで周囲との意思疎通が可能となった。このように、意思を伝えたくとも独力では伝えられない人が社会生活を営んでいこうとする場合、何らかの意思伝達手段が必要である。コミュニケーションが日常生活を営むうえで必要不可欠なことは周知の事実であり、コミュニケーションの不在が精神の「死」にもつながるといえる（福島 2011: 277）。筆者もその一人である「発話困難な重度身体障がい者」[2]にとっての意思伝達手段の獲得、正確性、即時性などは、「生死」を分かつほどの問題である。

Bauby の自伝的作品は、唯一動かせた左目の瞼による二〇万回のまばたきの末に完成した。小説の執筆は、旧知の間柄であった編集者に、使用頻度の高い順に配置されたアルファベット表を読みあげさせ、伝えたい語でまばたきをし、一文字ずつ紡いでいく方法だった。これは筆者と同様の執筆方法でありながら、すべて彼の言葉を記すという他者の介入がないものであった。しかしながら筆者は、他者の介入を受けいれて論文を執筆するがゆえに、さまざまな問題に直面することになった。Bauby の言葉を借りると、「潜水服が軽くなり、蝶々の姿のまま自由に飛んでいける」ような質の高いコミュニケーションがとれるかどうかは、「通訳者」[3]次第かもしれない。あうんの呼吸で筆者の言葉を理解してくれる「通訳者」により、筆者の心はわずかに軽くなるのか、それとも依然として重いままなのか、あるいは予想もしなかった場所に飛んでいけるのか。いずれにせよ、筆者の縦横無尽に駆けめぐる思考に付いてこられるかどうかは「通訳者」次第であり、彼らをどうコントロールするかは筆者のかじとりにかかっている。

●オーサーシップを巡る社会問題

二〇一四年二月、中途失聴による聴覚障がいのある作曲家として脚光を浴びた佐村河内守《さむらごうち》[4]の発表曲が、第三者によって手がけられていたものだったと発覚した。これは、発話障がいにより通訳してもらう必要のある筆者にとって、非常にセンセーショナルなニュースであった。

彼のゴーストライターを務めた新垣隆《にいがき》[5]は、一八年にわたり楽曲を提供していたことを告白し、さらに佐村河内は耳が聞こえており、聴力を失っていないと証言した。佐村河内は謝罪会見でゴーストライターによる作曲を認め、聴力検査の結果、中軽度の感音性難聴であると証明されたが[6]、障害者手帳が交付されるレベルではないため手帳を返納した。

その後二人の間では、佐村河内と新垣の共作か、あるいは新垣の単独著作かを争う法的紛争が起こった。佐村河内側は新垣に対して、楽曲に対するイメージや構想を書いた指示書を出していることから「共作」という形でオーサーシップがあると主張した。一方、新垣の所属事務所は、過去の著作権（財産権）は放棄するが、新垣が作曲した佐村河内名義のすべての器楽作品において、新垣のみが著作者人格権（人格権）を有すると反論した（株式会社ノイエスアコルト 2016：第四段落〔当初ママ〕[7]）。さらに所属事務所は、作曲家笠松泰洋の見解を引用し、オーサーシップの問題について独自の議論を展開している。笠松は、作曲には、演奏家、プロデューサー、脚本家、演出家の意見も重要であり、音楽は単なる個人のものではないと感じつつも、自分の全責任において送り出す音楽のみが自分が作曲した音楽だという前提で成りたっていると明言した（株式会社ノイエスアコルト 2016：第六－七段落〔当初ママ〕）。

オーサーシップを巡るこの問題は、「通訳者」に要旨を伝え、論文を代筆してもらっている筆者としては、ひとごとでは済ませられない論争であった。とくに笠松の指摘は、オーサーシップとはただの責任や財産についての社会制度のあり方ではないかという問題を想起させた。

●「大輔さん、本当にそれでいいんですか」

佐村河内のオーサーシップを巡る問題と時を同じくして、一部の「通訳者」から、論文執筆のあり方について疑問を呈されていた。その発端は、筆者の「通訳者」であるレオ（仮名）の存在である。レオは筆者と同性かつ同世代で、国立大学大学院の博士課程に在籍しているため、「通訳者」でありながら同志のような存在だ。彼の専攻は歴史学であるが、博士課程一年目で筆者の支援に入ってから、障害学に関する情報に高いアンテナを立て、専門知識や人脈を駆使して情報収集にも当たってくれた。また親の支援を頼らず、アルバイトを掛けもちして、生活費、学費、海外調査などの研究費を捻出するなど、研究に邁進している苦学生である。そのため自立心が強く、研究者としてのプロ意識が高い。そのうえ、新人へのフォローや職場環境の改善を提案するなど、温かい心配りをする人物でもある。

このレオは、しばしば批判的なコメントを浴びせることがある。「大輔さん、その主張でいいんですか」「大輔さん、それは違うんじゃないですか」「大輔さん、本当にこの表現でいいんですか」と、レオから幾度となく浴びせられる苦言は、筆者の論旨を揺さぶり、オーサーシップをはじめとするさまざまな問題について考えさせた。そこで、筆者の通訳現場を記したフィールド・ノーツ[8]や、「通訳者」同士の引きつぎに使用しているEvernote[9]から、レオとの衝突や筆者の苦悩を抜粋したうえで、筆者にまつわる問題を抽出したい[10]。

●ある日の論文執筆に関するレオとの議論

筆　者：はくろんとうやってかいたらいいか。（博論どうやって書いたらいいか？）

レオ：どうやって書いたらいいか？　それは、いまの介助者に代筆してもらうスタイルのことですか？　それとも、博論の内容をどうすればいいかですか？

筆者：とつちも。（どっちも。）

レオ：スタイルについてはどうしようもないでしょう。内容に関しても、天畠大輔自身の論文なんだから自身で決着つけないと。大輔さんのアイデンティティは研究者にあるんじゃないんですか？　とにもかくにも、大輔さんが公明正大に自分の論文だっていいたいのなら、どんなに時間がかかっても、四、五年かかっても、「あ、か、さ、た、な」で書きあげれば問題ないでしょ。でもきっと無理ですよね。そうしたくもないし。

筆者：むりそれになかくかけてもみんなやめていく（無理。それに、長くかけても皆辞めていく）

レオ：確かにそっか〜。そこは悩ましいですね〜。でも、なにしろ、大輔さんがなるべく自身の言葉を正確に通訳者に伝えて、肝心なところはわしが書くっていう意気込みを見せないと、大輔さんの執筆介助は難しいですよ。それに、大輔さんは博論を書くことにもっと集中しないと。最近の大輔さんは、忙しすぎやしませんか。疲れませんか？　ゆっくり思考を巡らす必要もあるでしょ。

筆者：まえはやつてた。（前は、やってた。）

レオ：前っていつですか？

筆者：そつきようろんふんをかいてるとき。（卒業論文を書いているとき。）

レオ：その時期できたんだから、いまも……。

筆　者：つかれちやつていろいろするようになつた。（疲れちゃって、色々するようになった。）
レ　オ：そうですね～。
筆　者：わしにとつてのあいてんていはひかわりた。（わしにとってのアイデンティティは日替わりだ。）
レ　オ：月曜日は天畠A、火曜日は天畠B、水曜日は天畠Cみたいに？
筆　者：そう。
レ　オ：まあ、アイデンティティの問題は、難しいですからね。それに関しては～。
筆　者：つまりかいしよしやにあわせてあいてんていていいかへんかする。（つまり、介助者に合わせて、アイデンティティが変化する。）
レ　オ：レオが来れば、論文モード、他の誰かが来れば、お出かけモードみたいに。介助者に合わせて、アイデンティティを着せ替えていくわけですか。なるほどね～[11]。

●オーサーシップ問題について「通訳者」ヨウコ（仮名）や所長[12]と事務所での議論
筆　者：ゆかのはなしして。（ユカ（仮名）の話して。）
ヨウコ：ユカちゃんの話って、明日来るときに何か引きつげってことですか？
（中略）

ヨウコ：なんの話なのかわからないので内容を教えてください。
筆　者：あしかかたくしい。（足利タクシー。）
ヨウコ：足利に行ったときの話……ああ！　あれですね。足利に行ったときにタクシーのなかでユカちゃんがおもしろい話をしてくれたんです。ユカちゃんは知的障がいの人のデイサービスで働いているから、同じような仕事をしているお友達のなかに、障がい者の人とクッキーやパンを作って売っている作業所に勤めている友達がいるそうです。その友達が夜一一時半まで残業でクッキー作りをしていた。それは、本来は障がい者のスタッフと一緒に作って「作業所の障がい者の方が作っています」という売り出し方で、地域で細々としたお商売をしている。けれど、障がい者スタッフだけでは納期に間に合わなかったりしても、その人たちは定時で作業所から帰ってしまうから、そのクッキーは、深夜まで作業所の職員の方が作っているというおかしな状況になって、友達のユカちゃんにぐちったそうです。けど、それって、障がいのある人と働くときにはどこににもある話で、大輔さんの論文にしても締めきりが迫っているなかでは介助者が作業を引きうけるということもありますよね。

所　長：歌なんかもそうだよ。全部を本人が作っているわけじゃないし。

ヨウコ：漫画とかもそうですよね。全部を筆者が書いているわけじゃない。

所　長：今回の佐村河内守のことも、プロデューサーっていっちゃえばよかったんだよ[13]。

●ある日の引き継ぎ帳 Evernote に記されたレオのメモ（原文のママ引用）

■オーサーシップをめぐる思考実験

障害者が作るパン

実際は、作業所の職員が手伝い、納期を守るため、障害者が出勤していない場合でも職員らがパンの袋詰めまで行っていた。そして、でき上がったそのパンを地域の障害者たちが手作りしたパンとして売っていた。

障害者が書く論文

実際は、介助者が執筆を手伝い、アイデアなどを議論して執筆していた。締め切りを守るため、ときには介助者自身がデータをもちかえり、執筆作業が行われていた。査読（内部や外部の審査）への対応も、介助者自身が行っていた。そして、でき上がったその論文は、障害者個人名義の著作物として発表されていた。

この二つは、議論の水準が全く異なる問題か、それとも同じ性質の問題なのか、考えてみよう。

■「それ書いといて」はS村河内[14]と変わらんのでは？

論文執筆において、現状を打開するような発想やアイデアを思いついた介助者。その考えを大輔さんに伝える。すると大輔さんは、喜々とした様子で「それ書いといて」とだけ。介助者は「わかりました」とだけ答え、もう一度自分の頭で先ほど伝え、語ったアイデアを練り直し、伝わりやすく、論文に適したボキャブラリーを用い、文章化して論文中に組み込んだ。

またその際、引用文献なども、適宜調べ、論文のフォーマットについても気を配った。論文執筆に慣れた介助者なので、作業工程中とくに大輔さんの指示を仰ぐことはなかった。最終的にでき上がった文章は、大輔さんの確認を得た。

果たしてこれは、大輔さんの書いた文章と言えるのでしょ〜か？　考えてみよう[15]。

●立命館大学大学院先端総合学術研究科長西成彦と同副研究科長井上彰との面談[16]

西　：でもまさに著作権を巡るこのオーサーシップが天畠さんにとって、とても大きな問題なんだなっていう問題意識は、天畠さんの問題意識ですよ。天畠さんだからこそもつ問題意識であって。

筆　者：れおとのかんけいのなかできついた。（レオとの関係のなかで気づいた。）

レ　オ：その問題意識はそもそも大輔さん発かっていうと、じつは介助者との関係のなかで気づくっていうのはあって。たとえば、博論の場合もできる介助者、気づきが鋭いとか、論点を提示するのがうまいとか、そういう介助者のアイディアがバンバン入りこんじゃうと、大輔さんのなかでこれはいったい自分の論文なのかっていう。それをただ自分はなぞっているだけじゃないのかっていう。そういう意識っていうのは、日増しに。とくにレベルの高い論文になればなるほど、高まってきちゃって、ここらへんで介助者ともコンフリクトが生じてくっていうか。それを大輔さんが気づかない部分を介助者が教えてくれたり、そういうことなんでしょうかね。自分が全然気づいていなかった点、全部が大輔さんの気づきかっていうと必ずしもそうではない。実際ワープロで書いているのも介助者ですから、介助者がアイディアを出す。書いといて、と大輔さんがいう。介助者が書くっていう行為が一体どこまで大輔さんのオーサーシップの範囲に含まれるのか。この点はとても難しくて、まあ黙っていれば大輔さんのネームでやれるんですけど、大輔さんとしては、そこらへんは倫理的な問題とか研究上のなんかこう、こだわりっていうのはあると思うので。そこらへん難しい場合っていうのはたくさんある。

西：僕は文学を研究しているんですけど、作者の真意っていうのがあって。とくに文学の表現っていうのはあるAさんが書いたものだとしても何かが降ってきてAさんが書いているにすぎないっていうのがあって。逆にそれが文学を読む人、それを研究する人間は作者を抜きにしてテキストだけを扱って議論することが可能だっていう、そういう見方っていうのは、今じゃもう一般的に受けいれられている。それは天畠さんの場合には別の形で、天畠さんっていう存在を巡っていろんな人間関係ができあがってきて、その人間関係のなかで論文が書かれていってる。そういうことですよね。でも核に天畠さんがいるっていうことは、それは事実です。天畠さんがいなかったら問題そのものが生まれなかった。

（中略）

西：指導教員と学生の関係も似てます。指導教員のアイディアっていうのは、学生にとってとても重要なので、またそのケンカもしたりしてね。だから一人で論文を書くということはあり得ないわけだから[17]。

これらの例から、筆者の日常的な介助現場では、アイデンティティやオーサーシップをはじめとするさまざまな問題が複雑に絡みあっていることがわかる。

筆者の「通訳者」は常時約二〇人おり[18]、生活は「通訳者」の特性や能力に応じて業務分担することによって支えられている。そのうち筆者の生業である研究に関わる「通訳者」は六人で、パソコン操作も委ねているが、情報や経験が特定の者に偏っているのが現状である。そのため、筆者は研究者や利用者などの何通りものアイデンティティを日替わりでもっていることになり、活動はその日に介助に入る「通訳者」に左右されている。研究者としてのアイデンティティが確立しているレオは、筆者に対しても論文執筆こそがアイデンティティであり、たとえ時間がかかっても一字一句読みとりを行う姿勢をみせることが表現ではないのかと問う。しかし筆者の場合、その方法では多大な労力が必要となり、「通訳者」が筆者の手足に徹するという介助方法では論文執筆が成立しない。これは筆者の介助（自立支援）が生活介助だけでなく、研究という場面での通訳を必要としているためだ。生活面での介助はある程度ルーティン化できるため、筆者は最小限の指示で進めてもらうことが多いが、研究面での通訳はルーティン化が難しく、その内容は能力の高い「通訳者」に頼らざるを得ない。また、論文執筆支援は各通訳者が専門的に担当しているため、情報や経験が特定の「通訳者」に偏ってしまっている。これにより筆者と通訳者双方に弊害がでていると認識しているにもかかわらず、彼らへの引きつぎは容易ではなく、依存先の分散にばらつきが生じてしまうのが現状である。

また、日頃から筆者は通訳者らや父である事務所の所長と、自分の考えを確認するために議論をすることが多い。例にもあるように、佐村河内のオーサーシップ問題や、ある福祉作業所で実際は職員が残業してパンを作っていたことが話題に上がった際も、彼らは筆者が感じている違和感を適切な言葉で表現してくれた。新垣に楽曲を提供させた佐村河内について、所長は「プロデューサーっていっちゃえばよかったのに」と苦笑し、レオは「それ、書いといて」と指示を出して「通訳者」に代筆してもらう論文執筆方法について、「S村河内と変わらんのでは」と指摘した。介助中の出来事であれば「通訳者」のアイデアは筆者に帰属するだろうが、このような形で執筆された論文のオーサーシップは筆者にあるといえるのだろうか。また、筆者の立場がプロデューサーに当たらないとすれば、それはなぜだろうか。さらに西のいうように、論文を書くうえで指導教員と学生との間でアイディアが寄与されることは広く一般的であるのに、筆者の場合はなぜ問題になるのであろうか。教師や仲間たちからコメントやアドバイスをもらいながら書かれるのが大学院での論文執筆のプロセスであるならば、それと筆者のケースとは何がどのように根本的に異なっているのだろうか。

こうして筆者はどこまでが自分の意見で、どこからが「通訳者」の意見なのかわからなくなることがあり、自己と他者との境界線が引けなくなってきていることに気づいた。いいかえれば、こうして執筆された論文は、「通訳者」のお膳立て[19]のうえに成りたつ能力によって生み出されたものではないだろうか、という思いを抱くようになったのである。

●筆者自身もこれでいいのかと悩んでいるが、この方法でしか論文が書けない

レオからの指摘を受けた筆者は、自らの研究を巡って自問自答する日々が続いた。もちろんアウトプットに障がいがなければ、自力で論文を書きたいし、書くべきであろう。そもそも筆者は中途障がいを負い発話

困難に陥り、自分の思考を書きのこしたいという考えが現在の論文執筆につながっている。しかし現実的に筆者は重度の重複障がいを抱え、発話障がいにより自分の思考を伝えることが困難であることに加えて、四肢マヒにより思考を記録することも、視覚障がいによりそれを見返し思考を反芻することもできない。これまでに筆者は、自分の言葉を一字一句書きとめるような、さまざまな福祉機器などの代替方法を試みたが、結果として限られた時間と空間のなかで論文を執筆するためには、「通訳者」の存在が不可欠であることが明らかとなった。そのため現在の論文執筆方法は、筆者の発した単語を「通訳者」が読みとり、それらをつなげて文章を作るという、気の遠くなるような協働[20]作業の連続ではあるが、試行錯誤を重ねて筆者が獲得した唯一の方法がこれだった。筆者は学ぶことに生きる意味をみいだし、障がいにより失ったアイデンティティを、論文執筆を通して再構築しようと動きはじめていた。しかしその矢先、レオとの対峙によって、方法のいぶかしさが顕在化したため、ますます混乱に陥った。こうして筆者は自身の通訳介助の望ましいあり方をめぐってさまざまな方法を試しながら、迷い続けるという曖昧な状態が続いた。

1-2 テーマに至る経緯

●筆者の問題を出発点として

冒頭で紹介した佐村河内のオーサーシップ問題のように、ある作品に対してオーサーシップを決めることは、その作品を作った自己を他者と線引きするための行為である。しかし、筆者の場合は自己表現をする際に、自己と他者との意思がせめぎあい、最終的には溶けあって線引きできない状況にある。このような表現プロセスである「他者の介入を受けた自己決定」[21]は、既存の自己決定の概念を超えたものであり、「発話困難な重度身体障がい者」が社会参加する際に必要とされる一つの方法ではなかろうか。

そもそも自己決定とはただの妄想で、健常者が作り出した概念なのではないだろうか。筆者は日頃から感じていたこの疑問を、とあるシンポジウムでぶつけたことがある[22]。筆者の問いに対して、弁護士の角田雄彦は「自己決定とは中央集権国家が民を支配する際に作られた自己責任のロジックであり、フィクションによって作られているからこそ現代社会にいろいろな問題が生じている」と答えた。

また哲学者の千葉雅也は、筆者の「他者の介入を受けた自己決定」は「言語の本性を問題としている」とし、自己決定には誰しも他者の解釈や補遺が入っているという意味で「言語は他者のもの」と表現した[23]。彼らの見解は、既存の概念を超える自己決定や自己表現方法の必要性を考える契機ともなった。

1－3　先行研究の整理と批判的検討

しかしこうした筆者特有の通訳介助について、既存の障害学では十分な議論がなされていない。そこで本項ではこれまでの障害学における介助関係の議論を整理することで、この問題点をあぶりだしていく。

●重度障がい者の自己決定における介助者との関係性を巡る先行研究の類型化

まず、重度障がい者の自己決定がどのように捉えられ、時代とともにどのように変容していったかを整理するために、介助者との関係性を巡る先行研究を整理した。重度障がい者と介助者の関係性は、歴史的には主に以下の五つの流れに分けられる。

①脱パターナリズム関係・非介入型・無償労働「青い芝の会[24]モデル」
②いのちを看合う関係・非介入型・有償労働「公的介護要求モデル」
③契約関係・非介入型・有償労働「ＣＩＬ[25]モデル」
④個別関係・介入型・有償労働「たこの木クラブ[26]モデル」
⑤身体を同期させる関係・非介入型・有償労働「自動の手足モデル」

①は青い芝の会やその健全者組織[27]が提起した「青い芝の会モデル」、②は重度全身性障がい者・新田勲に代表される「公的介護要求モデル」、③は身体障がい者の当事者組織であるＣＩＬ（Center for Independent Living＝自立生活センター）が標榜する「ＣＩＬモデル」、④は重度知的障がい者の地域生活を支援する団体が実践する「たこの木クラブモデル」[28]、⑤はＡＬＳ[29]当事者とその介助者の相互行為によってなされる自己決定から提示された「自動の手足モデル」である。なおこの流れは年代別になっており、①と②は公的介護／介助制度以前、③から⑤は公的介護／介助制度後として整理した。また①②③⑤に関しては障がい者の自己決定において基本的に非介入型の介助モデルにあるのに対し、④は介入型の介助モデルである。これらのモデルを、時代背景、当事者の自己決定概念や介助者との関係性などの特徴について表１に整理した。

表1　重度障がい者と介助者の関係性モデル

（筆者と「通訳者」［深田耕一郎・北地智子・黒田宗矢・嶋田拓郎］が協働で作成した）

番号	モデル名称	時代	背景	当事者の自己決定	介助者との関係性	介助者の介入	無償／有償
①	青い芝の会モデル	1970年代頃～	日本脳性マヒ者協会青い芝の会が障がい者解放運動を牽引した.60年代安保闘争や70年代学生運動の衰退を背景として，それらを経験した者たちが青い芝の会の理念に賛同し，健全者組織グループ・ゴリラ[1]に参加していった（定藤 2011: 231-8）.	障がい者が主体であるから，介助者は勝手な判断を働かせてはならない．これは「介助＝手足」論などとも呼ばれている（究極 1998: 179）．障がい者にとっては，介助者が「ひれ伏す」つまり障がい者の手足となることで、健全者のパターナリズムを防ぐために意識的に関係性を逆転させるという意味で，従来の障がい者が強いられてきた受動的存在を乗り越える契機と位置づけた（山下 2008: 102）.	脱パターナリズム関係（山下 2008），または，差別者としての存在を自覚した友人関係（立岩 2012: 277-8）	非介入型	無償労働
②	公的介護要求モデル	1970年代頃～	新田勲が中心となった府中療育センターの施設改善闘争から派生した，公的介護保障要求運動を背景としている．思想的には青い芝の会の影響を受けながらも，介護のあり方については，有償化に根強い反発があった青い芝の会とは異なり，公的保障という方向に向かった（深田 2013: 95）.	足文字を1文字ずつしっかり読みとらせていくことを基本とする新田は，介護者の主体性つまり「他者性」を排除することで「自己決定」を担保していた（天畠・嶋田 2017: 31）.	いのちを看合う関係（新田 2009: 11）または，相互贈与関係（深田 2013: 620-33）	非介入型	有償労働
③	CILモデル	1980年代頃～	1986年に日本で最初のCILである，ヒューマンケア協会（東京都八王子市）が設立された．1990年に重度全身性障がい者の自立生活を多方面から描いた『生の技法』が出版され，1991年には「自立生活センター立川」（東京都立川市）が自立生活プログラムや介護派遣サービスを開始した．こうした背景を経て，1990年代にはCILモデルが流通した（渡邉 2011: 243-72）.	介助者は透明で邪魔にならないことが望まれ，障がい者の自己決定にはできるだけ関与しない．しかし，介助者による「先回り」という配慮は時に，命に関わることなどにおいて必要とされ，「パターナリスティックな行為」として完全に排除することは不可能であった（前田 2009: 69-70）.	契約関係（中西 2014: 23）	非介入型	有償労働
④	たこの木クラブモデル	1980年代頃～	1980年代から知的障がい／自閉症の人の地域生活を支援しているたこの木クラブをモデルとしている．岡部は，それまでの「自己決定による自立」から「当事者主導の共同決定による自立」への自立観の転換の必要性を訴えた（岡部 2006: 239）．2010年には，国の総合福祉部会の部会作業チームにおいて，パーソナルアシスタンス[2]が議論され，当初はCILを中心とする身体障がい者の自立生活の中で導入されたが，2013年DPI日本会議にて，知的障がい者等への当事者主体支援のあり方として検討されるようになった（伊藤 2014: 17）.	知的障がい／自閉症の人々は，パーソナルアシスタンスの支援を通じることで，身体的な自立と認知的な自律[3]を獲得できる（岡部 2006: 118）.	個別関係（岡部ほか 2015: 304）	介入型（提案型介助）	有償労働

⑤	自動の手足モデル	2010年代頃～	発話障がいのある重度身体障がい者への介助のあり方について，介助者手足論とは異なる議論がなされるようになってきた（石島 2016）（天畠 2020）[4]．	自動の手足とは「介助者のあり方として，障害者と身体を同期（synchronize）させ，逐一の指示がなくてもある程度自分自身でも考えて動く介助者像」（石島 2016: 34）である．しかし，どこまで身体を同期させたとしても，厳密に一致した思考のトレースは不可能である（石島 2016: 35）．	身体を同期させる関係（石島 2016: 36）	非介入型	有償労働

注

1）グループ・ゴリラは，「関西青い芝の会」で設立された，障がい者の主体的な自立解放運動を支援する健全者組織（金 1996: 93）．詳細は第4章に記述する．

2）パーソナルアシスタンスとは，利用者の主導（ヘルパーや事業所ではなく，利用者がイニシアティブをもつ支援），個別の関係性（事業所が派遣する不特定の者が行う介助ではなく，利用者の信認を得た特定の者が行う支援），包括性と継続性（支援の体系によって分割され分断的に提供される介助ではなく，利用者の生活と一体になって継続的に提供される支援）という，3つの条件が必要な，個別の生活支援のことである（岡部ほか 2015: 313）．

3）岡部によれば，自立と自律の支援の違いは以下のとおりである．自立支援は身体介助，家事援助，金銭利用支援などのいわば身体的な支援で，自律支援とは行政手続きの援助，社会資源のコーディネート，時には悩み事や日常生活で困った場合への電話での対応など認知的な支援である（岡部 2006: 118）．知的障がい／自閉症の人々は，パーソナルアシスタンスの支援を通じることで，身体的な自立と認知的な自律を獲得できるという．

4）脊髄性筋萎縮症（SMA）の当事者である油田優衣も，従来の自己決定論や介助者手足論が要請する「強い障害者像」の限界を述べている（油田 2019: 38）．

5）本表の作成にあたっては，寺本（2000），中西・上野（2003），横塚（2007），角岡（2010），岡原（2012），横田（2015），横田ほか（2016）も参照した．

文献

深田耕一郎，2013，『福祉と贈与——全身性障害者・新田勲と介護者たち』生活書院．

石島健太郎，2016，「障害者介助における意思と尊重のあわい」『年報社会学論集』29: 34-43.

伊藤葉子，2014，「日本における重度障害者の生活支援とパーソナル・アシスタンス——理念の移入からその具現化へ」『中京大学現代社会学部紀要』8(1): 1-18.

角岡伸彦，2010，『カニは横に歩く——自立障害者たちの半世紀』講談社．

金満里，1996，『生きることのはじまり』筑摩書房．

究極Q太郎，1998，「介助者とは何か」『現代思想』26(2): 176-83

前田拓也，2009，『介助現場の社会学——身体障害者の自立生活と介助者のリアリティ』生活書院．

中西正司・上野千鶴子，2003，『当事者主権』岩波書店．

中西正司，2014，『自立生活運動史——社会変革の戦略と戦術』現代書館．

新田勲編著，2009，『足文字は叫ぶ！——全身性重度障害者のいのちの保障を』現代書館．

岡部耕典，2006，『障害者自立支援法とケアの自律——パーソナルアシスタンスとダイレクトペイメント』明石書店．

岡原正幸，2012，「コンフリクトへの自由——介助関係の模索」安積純子・岡原正幸・尾中文哉・立岩真也『生の技法 第3版——家と施設を出て暮らす障害者の社会学』生活書院，191-231.

定藤邦子，2011，『関西障害者運動の現代史——大阪青い芝の会を中心に』生活書院．

立岩真也，2012，「自立生活センターの挑戦」安積純子・岡原正幸・尾中文哉・立岩真也『生の技法 第3版——家と施設を出て暮らす障害者の社会学』生活書院，414-98.

天畠大輔，2020，「『発話困難な重度身体障がい者』における介護思想の検討——兵庫青い芝の会会長澤田隆司に焦点をあてて」『社会福祉学』60(4): 28-41.

天畠大輔・嶋田拓郎，2017，「発話困難な重度身体障がい者における『他者性を含めた自己決定』のあり方——天畠大輔を事例として」『障害学研究』12: 30-57.

寺本晃久，2000，「自己決定と支援の境界」『Sociology Today』お茶の水社会学研究会，10: 28-41.

寺本晃久・岡部耕典・末永弘・岩橋誠治，2015，『ズレてる支援！——知的障害／自閉の人たちの自立生活と重度訪問介護の対象拡大』生活書院．

渡邉琢，2011，『介助者たちは，どう生きていくのか——障害者の地域自立生活と介助という営み』生活書院．

山下幸子，2008，『健常であることを見つめる——一九七〇年代障害当事者／健全者運動から』生活書院．

横田弘，2015，『障害者殺しの思想　増補新装版』現代書館．

横田弘・立岩真也・臼井正樹，2016，『われらは愛と正義を否定する——脳性マヒ者横田弘と「青い芝」』生活書院．

横塚晃一，2007，『母よ！殺すな』生活書院．

油田優衣，2019，「強迫的・排他的な理想としての〈強い障害者像〉——介助者との関係における『私』の体験から」『当事者研究をはじめよう』金剛出版，27-40.

●先行研究の検討

第一に、従来の障がい者像は、障がい者運動からの影響が強く、障がい者を非生産的な主体として捉える傾向があった。たとえば、脳性マヒ者の団体・青い芝の会の横塚晃一は、重度障がい者を能力主義の価値基準で捉えるのではなく（横塚 2007: 138）、ありのままの存在として肯定することを訴えた（横塚 2007: 91）。従来の障害学では、障がい者運動を行った青い芝の会の理念を基礎におくため、障がい者を否定的に価値付ける能力主義を相対化するために、強烈な自己主張を行う強い主体としての障がい者像[30]が求められてきたことがわかる。

第二に、障がい者の自己決定に介助者が積極的に介入する介助関係について適切な認識が形成されていない。これについては、表1の障がい者の自己決定のうち、とくに介助者の介入領域に関する議論についての整理をしながら論じていきたい。

①「青い芝の会モデル」は、青い芝の会が障がい者運動のスローガンとして掲げた「健全者手足論」が思想のベースにある。青い芝の会の当事者らは、「本人の言葉」を大切にし、「自らの意思」を徹底的に守ることを運動面において重視していた（荒井 2020: 100-1）。それが現在では、障がい者が主体であるがゆえに介助者が勝手な判断をしてはいけないという、介助者を障がい者の手足[31]とみるモデル（究極 1998: 179）として一般的に理解され、障がい者介助の現場で広く浸透している。

②「公的介護保障要求モデル」[32]は、当事者、家族、介護者[33]が同じ食卓を囲み「同じ釜の飯を食べる」ことによって集団の共同性を醸成し（深田 2013a: 28）、障がい者運動をするために双方の結びつきを強めたモデルである。ここでの自己決定の思想は①「青い芝の会モデル」と同様に、介助者の他者性を排除することで主体性を担保していた（天畠・嶋田 2017: 32）。

③「CILモデル」は、身体障がい者の当事者組織であるCILが標榜するモデルである。これは介助者を手足とみる考え方を基本におきつつも、介助が障がい者と介助者の関係性や介助者の介入によって成りたっていることを前提とした（前田 2009: 51）。とくに、命に関わることなどにおいて介助者の「先回り」という配慮は必要とされ、「パターナリスティックな行為」として、完全に先回りを排除することは不可能だった（前田 2009: 69-70）。

④「たこの木クラブモデル」は、重度知的障がい者の地域生活を支援する団体が実践する、障がい者の自己決定に介助者が積極的に提案し介入するモデルである（寺本 2000: 29）。利用者と介助者の関係について「生活」をともに回していく「協力者」の関係と捉え（寺本 2000: 322）、支援者が当事者に答えを与えるのではなく、当事者自身が意思決定し、決定を実行に移したり、意思決定を人に伝えるための技術が必要とされている（寺本 2000: 29）。一方で、支援者の考えを押し付けてしまうことへの警戒（寺本 2000: 31）や、提案ではなく誘導[34]の問題（末永ほか 2008: 191）が懸念された。

⑤「自動の手足モデル」は、ALS当事者とその介助者の相互行為によってなされる自己決定から提示されたモデルである。社会学者の石島健太郎によると、自動の手足は「介助者のあり方として、障害者と身体を同期（synchronize）させ、逐一の指示がなくてもある程度自分自身でも考えて動く介助者像」（石島 2016: 34）で、介助者に身体を預けられる関係性を心地良いものであるとした。また立岩真也も「自己決定をしない、決めないという決め方」が障がい者の生活において存在し、生活すべてが本人の自己決定によって成りたっているわけではないことを指摘している（立岩 1999: 92）。そして、それは「むしろ決定しないことの快というものがある」（立岩 1999: 92）という主張にも代表される。

このように、重度障がい者の自己決定概念における介助者の介入のあり方は変化してきたことがわかる。公的介護／介助制度以前は、介助者によるパターナリズムやかつての障がい者が強いられてきた受動的存在を乗りこえるための自立生活運動でもあった。とくに①「青い芝の会モデル」や、②「公的介護保障要求モデル」では、「他者性」を排除することで自己決定を担保していた。一方、公的介護／介助制度以降は自立観の転換が求められ、③「CILモデル」と⑤「自動の手足モデル」では双方の合意のもと、自己決定が介助者の介入のうえに成りたっていることを前提とし、④「たこの木クラブモデル」では、個別の関係をもった共同作業（岡部ほか 2015: 315）による自己決定がなされるように変容していった。

●先行研究の問題点

これら従来の障害学における障がい者像と介助関係の研究を概観すると、筆者である天畠大輔の状況を捉えるための枠組みが十分に構築されていないことがわかる。つまり、筆者のように「発話困難な重度身体障がい者」を理解する枠組みがないのである。とりわけ、研究活動に従事し論文などの成果物を表現する者、すなわち「情報生産者」としての障がい者像を捉えるための枠組みがない。また発話困難で重度の身体障がいであるために、いかなる場面にも通訳を必要とする障がい者の自己決定と通訳介助のあり方を捉える枠組みがないのである。

たとえば、「青い芝モデル」と「CILモデル」は自らアウトプットが可能な重度身体障がい者が中心の介助関係である。近年では、「たこの木クラブモデル」や「自動の手足モデル」でとりあげたように、アウトプットに介助者の介入が不可欠な障がい者を対象とした自己決定モデルについても、議論がなされるようになってきている。しかし、それらは身体介助や日常生活上の自己決定に限定されており、「発話困難な重度身体障がい者」がどのように文章を紡ぎ出しているか、そこにどのようなコンフリクトが生じているのかなど、「情報生産者」になる場面における自己決定のありようについては十分に明らかにされていない。また、障がい者と介助者の相互作用によって自己決定がなされるという「他者の介入を受けた自己決定」の内実を描ききった研究は、管見の限りほとんどない[35]。

以上の問題意識を出発点として、「情報生産者」「他者の介入を受けた自己決定」の概念[36]をキーワードに、そこに立ち現れる問題を解き明かそうと考えるに至った。そこで筆者は本研究において、自己決定の一つの方法である「他者の介入を受けた自己決定」のプロセスを具体的に精緻化することを試みる。とくに、障がい者の自己決定や生産活動が、自己と他者とのせめぎあいのなかで実践されている現実を、より明確に把握することができるような新たな観点を導き出したい。これらを踏まえて、次項で本研究の問いを立てていく。

1-4 本研究の問い

本研究全体の問いは、「発話困難な重度身体障がい者」の自己決定概念とはいかなるものかを、天畠大輔という事例を詳細に分析することで、障害学における既存の自己決定概念を問いなおすことである。具体的には以下の問いにとりくむ。

①先人たちの思想である青い芝の会の介助思想が、「発話困難な重度身体障がい者」の介助に対して有効な思想となり得るのか。（第4章）

②「発話困難な重度身体障がい者」である天畠大輔は、どのようにコミュニケーションを再構築し、拡張していったのか。（第5章）
③天畠大輔が独自の通訳介助体制を構築するなかで、「通訳者」との関係性はどのように変化したか。（第6章）
④天畠大輔が必要とする「通訳者」の専門性とは何か。（第7章）
⑤天畠大輔の「他者の介入を受けた自己決定」において、「通訳者」との関係性の構築に必要な視点とは何か。（第8章）
⑥天畠大輔はどのようなコンテクストで自己決定に他者の介入を受けいれ、それにより、どのようなジレンマが生じているのか。（第9章）

以上の問いに向きあうことで、既存の自己決定の概念では理解できない、「発話困難な重度身体障がい者」が必要とする表現プロセスを明らかにする。方法としては、筆者の事例を詳細に描きながら、当事者と「通訳者」が協働で行う当事者研究の観点から考察していく。

2　本研究の目的

2-1　本研究の目的

本研究の目的は、「発話困難な重度身体障がい者」である筆者が「通訳者」とともに論文などの知的財産を生み出す「情報生産者」となる際に、自己表現方法が「他者の介入を受けた自己決定」というあり方に至った経緯と、そこから生じる弊害を詳細に洗い出すことである。これらを通じて、筆者の新たな自己表現のプロセスを導き出すとともに、新しい自己決定のあり方を提示し、社会への問題提起とする。

2-2　本研究の意義

本研究の意義は四点ある。

第一に、これまで重度障がい者と介助者との関係性に関する研究は多くなされてきているものの、「発話困難な重度身体障がい者」とその介助者との関係性のあり方についてまとめた研究は管見の限りほとんどない。したがって本研究により、声なき「発話困難な重度身体障がい者」の言葉を文字に残すという行為を通じて、その関係性の実態が可視化されることには意義がある。

第二に、さらに本研究は、障がい者の自己決定を最重要視してきた、これまでの重度障がい者の介助論に大きな問題提起をするものである。従来の研究では、障がい者自身の主体性の尊重にプライオリティをおく関係が重視されてきた。たとえばヒューマンケア協会[37]代表である中西正司は、ＣＩＬの当事者主体の理念を中心的にとりあげ、当事者の主体性を尊重する介助モデルを肯定的に語っている（中西 2014: 23）。しかし、「発話困難な重度身体障がい者」の介助においては、障がい者と介助者の強い依存関係の構築が求められている状況もある。とくに筆者の通訳現場のように、ときに「通訳者」の「解釈に頼る」戦略は、これまでの障がい者を巡る論争のなかでまったくといっていいほどとりあげられてこなかった。この点についても、従来の介助論に新たな視座を与えることができるだろう。

第三に、これは第3章で詳しく述べるが、本研究の研究手法そのものが、今後の障害学に新たな知見をもたらすものであるといえる。本研究は、筆者の「通訳者」との協働作業によって書きあげられた論文であり、研究手法そのものが当事者研究としても特異である。当事者の視点を重点的に拾いあげながらも、既存の当事者研究において懸案事項であった客観性を担保することのできる、広義の当事者概念（「通訳者」も含んだ当事者概念）を打ち出していく。さらにいえば、本研究は天畠大輔本人を研究対象としただけでなく、研究過程そのものを問題視した点で、障害学において新たな方法論を提示するだけでなく、当事者研究においても新たな可能性をもたらす達成ともいえる。当事者研究について詳しく、脳性マヒを抱える小児科医の熊谷晋一郎は、当事者研究において心がける点として、「世の中の言葉は健常者向けにできている。だとしたら障がい者向けの言葉を作るべき」（熊谷ほか 2016: 176）だと述べているが、筆者もその言葉に共感する者である。本研究が障がい者向けの言葉の構築をもたらすことを期待している。

第四に、本研究は能力主義にもとづく社会システム[38]に対する問題提起となっている。花田春兆によれば、世界、とくに日本にとって大きい影響力をもつアメリカでは、障がい者雇用の基本姿勢において個人主義・能力主義が強く打ち出されているという（八代・冨安編 1991: 122-30）。「障害を持つアメリカ人法（通称ADA法）」[39]では、その職務に伴う本質的な機能を遂行できる障がい者であれば雇用の際に障がいを理由に差別してはならない、と規定（第1章・第一〇一項）している。しかし、個人単位しか想定されていない能力評価基準では、その「本質的な機能を遂行」するために他者の介入が必要な「発話困難な重度身体障がい者」は、そもそも能力を発揮する機会を得ることすらできない。したがって本研究では個人の能力のみを評価基準とする現代社会システムの矛盾点を指摘する。それによって「発話困難な重度身体障がい者」が、その能力を活かして社会に貢献し得る社会基盤を整える一助としたい。

2-3　本研究の構成

本研究の構成を簡潔に述べる。本書は3部、10章で構成されている。

第1部は、第1章から第3章で構成されており、それぞれ本研究の概略と性格を述べるものである。第1章は、本研究全体に関わる問題意識を社会的背景や筆者の現状に即して説明するイントロダクションとして記述した。そこではまた、本研究の目的と意義を述べるとともに、先行研究からみた本研究の立ち位置を示すものでもあった。第2章は、本研究の鍵となる概念が「情報生産者」と「他者の介入を受けた自己決定」であることを提示し、それらが重要となる理由と、その関係性を述べ、次章以降の分析へとつなげる。第3章では、本研究の研究手法である当事者と「通訳者」が協働で行う当事者研究とその特異性を述べる。

第2部は、第4章から第7章で構成されており、「発話困難な重度身体障がい者」のコミュニケーションがどのようになされているのか、とくに介助／通訳者との関係性を中心に掘り下げる。第4章では、従来の「発話困難な重度身体障がい者」は介助者とどのような関係性を築いていたのか、とくに青い芝の脱パターナリズムの思想が「発話困難な重度身体障がい者」の介助に対して有効な思想となり得るのかどうかを考察する。第5章では、研究対象である筆者に視点を移し、筆者が低酸素脳症によって喪失したコミュニケーションを、どのように再構築し、拡張したかを整理する[40]。第6章では、筆者が独自の通訳介助体制を構築するなかで、「通訳者」との関係性がどのように変容したのかを記述する。第7章では、筆者が依存する「通訳者」の専門性とは何かを洗い出すことで、筆者と通訳者間で構築された関係性を可視化する。

第3部は、第8章から終章で構成されており、筆者が成果物を生産する過程とそこに生じるジレンマの問題を明らかにする。第8章では、筆者の自己表現における「他者の介入を受けた自己決定」の実態について記述する。第9章では、前章で明らかになった「他者の介入を受けた自己決定」が、実際の通訳現場ではどのようなコンテクストで受けいれられ、そこにどのようなジレンマが生じているかを明らかにする。終章では、本研究の総括として各章のまとめを提示したうえで、議論の階層を上げ、学術的な立ち位置や理論的考察を行うことで本研究の結論を導き出し、社会への提案を引き出したい。

■注

1 Bauby は実在するフランス版 ELLE の元編集長。一九九六年四二歳のときに突然、脳梗塞で倒れる。意識は正常だが、身体的自由をすべて失われた状態「ロックトインシンドローム」になる。唯一動くのが左目で、まばたきの合図でアルファベットを綴るという新しいコミュニケーション方法を身に付け、自伝『潜水服は蝶の夢を見る』を書きあげた。

2 本研究では、「発話困難な重度身体障がい者」を次のように定義している。第一に四肢マヒであること、第二に重度の言語障がいを伴い、自力で発話ができないこと、第三に二四時間介護が必要であること、第四に知的障がいを重複していないことである。たとえば、筋萎縮性側索硬化症（ＡＬＳ）の患者や、脳卒中による重度の後遺症のある障がい者などである。

3 後述するが、筆者は「あ、か、さ、た、な話法」という特殊なコミュニケーションを必要としており、身体介助技術とその通訳介助を習得できた介助者を「通訳者」とよぶ。

4 佐村河内は、一九六三年広島県出身。一九九〇年に自ら作曲活動を始め、ロックバンドを結成。一九九六年に新垣と出会いゴーストライター関係を結び、全ろうで被爆二世の作曲家として数々の曲を発表した。世間から「現代のベートーベン」と賞賛されたが、二〇一四年二月『週刊文春』により、新垣がゴーストライターを務めていたという問題が発覚した。

5 新垣は、一九七〇年東京都出身。四歳からピアノを始め、一九八九年桐朋学園大学音楽部作曲科に入学し、同学科卒業。二〇一三年度まで母校の講師を二〇年近くにわたって勤める。二〇一四年二月佐村河内のゴーストライターを一八年間務めていたことを告白し、謝罪した。現在、作曲家、ピアニストとして多岐にわたり精力的に活動している。

6 佐村河内は、謝罪会見で自らの聴力検査について、脳波を測定するＡＢＲ（聴性脳幹反応）と自己申告の聴力検査の両方から右四〇dB、左六〇dBという結果が出たことを公表した。この数値は中軽度難聴とされるが、佐村河内の場合感音性難聴であるため、補聴器でサポートするのは難しい。

7 著作権に関して補足すると、著作者の権利は、人格的な利益を保護する著作者人格権と、財産的な利益を保護する著作権（財産権）の二つにわかれる（著作権情報センター 2017）。新垣が主張した前者は、著作者だけがもつ権利で、公表権、氏名表示権、同一性保持権を有し、譲渡したり、相続したりすることはできず、著作権者の死後も一定程度の保護がなされるものである。

8 筆者の通訳現場での特徴的な事柄を、二〇一三年一一月から二〇一五年一月までWordに記していた。その後Evernote内の記録に統合されていった。

9 Evernoteとは、アメリカで開発され、二〇一〇年に日本でも運用が開始されたコンピュータ上のファイルを管理できるウェブサービスである。ウェブ上の記事をクリップしたり、手書きメモをパソコンやスマートフォンから保存したり、スナップ写真を撮影することができる。筆者は通訳者間の引きつぎを目的として、二〇一〇年より使用を開始した。筆者がEvernoteを引きつぎに導入した背景には、それまでの紙ノートでの引きつぎに比べて、「通訳者」がいつでも・どこでも、ネット環境があれば引きつぎを書いたり読んだりすることができるという利点があったからである。とくに、Evernoteは検索機能が優れており、引き継ぎノートを蓄積することにより、過去の出来事も検索によって一瞬で表示することができるという利点があった。これは筆者がめざす「通訳者」との共有知識の蓄積にも大きく寄与することが期待できるという期待があった。

10 本研究では、筆者の生言語をひらがなで表記する。ここでいう筆者の生言語とは、筆者が発言した言葉で、「通訳者」

が読みとり、意訳変換する前のものである。なお、「通訳者」が、漢字・カタカナ・アルファベット・句読点・濁音・半濁音・長音・促音・拗音などを補足した意訳は、筆者の生言語の後にカッコ内に書くこととする。

11 このフィールド・ノーツは、二〇一四年二月六日にとられた。

12 ここでいう所長とは、当時筆者の「通訳者」を派遣していた重度訪問介護事業所・株式会社スカイファーム（二〇一一年八月設立）のサービス提供責任者で、かつ筆者の父である。現在は株式会社スカイファームから独立し、筆者が代表取締役として重度訪問介護事業所・株式会社 Dai-job high（二〇一七年一〇月設立）を立ちあげ、筆者の「通訳者」を派遣している。

13 このフィールド・ノーツは、二〇一四年二月七日にとられた。

14 佐村河内守のことを指す。レオが Evernote に記したメモの表記をそのまま使用した。

15 この記録は、Evernote 上で二〇一六年一一月二日にとられた。

16 役職名はいずれも当時。

17 この会話は、二〇一六年一二月一一日に行われた面談の一部である。

18 筆者の博士論文執筆には、メンバーが入れ替わりながらのべ約二〇〇人の「通訳者」が関わっており、中心となったのはその内二一人であった（『朝日新聞』2019.11.16. 土曜日版「be on Saturday」、一・三面）。

19 親の介護を行う、男性介護者の研究をしている平山亮は、ケアにおける「お膳立て」について「親のケアに関して言えば、その『お膳立て』とは、親にいま何が必要かを判断し、親がそれを得られるよう、親を取り巻く人々や状況を鑑みながら、誰が・いつ・どのようにそれを提供すればうまくいくかを考えることである」と説明している（平山 2017: 91）。

20 水川喜文（2000）によると介助場面を「共同」だとしているが、本研究では「協働」という語句を使用する。この二つの語句の違いとして、共同は「同じ者たちの集合」という定義であるのに対して、協働は「差異のある者たちの連携」という定義である。この二つの語句に関して、藤村正之はその違いを、均質性・同質性の高さを含む「共同性」と人々の生活を支える異なる行為や活動の分担の絡まりに根ざした「協働性」と区別しており、筆者が先に述べた区分けと同様の意味であるといえる（藤村 2013: 7）。本研究では障がい者と「通訳者」という、立場に差異のある者たちが連携して障がい者の自己決定がなされていることに着目しており、したがって「協働」という語句を使用する。

21 「他者の介入を受けた自己決定」は星加良司（2001）の表現から着想を得た。詳細は第2章に記述する。なお本質的には、「他者性」とは哲学的な用語であり多義的な概念のため、より理論的な議論が必要であるが、議論が複雑になりすぎるため、本研究では割愛する。

22 二〇一六年一一月一二日に国際基督教大学平和研究所が主催したシンポジウム「障がいと平和——さらなるエンパワーメントに向けて」での質疑応答を引用した。

23 二〇一六年二月八日に記された千葉雅也のTwitterより引用した。全文は引用文献に表示した。

24 青い芝の会とは、障がいのある当事者が自ら声を上げ、社会に対して問題提起を行った運動団体である。詳細は第4章に記述する。

25 ＣＩＬとは、一九七〇年代初頭にアメリカのカリフォルニア州バークレーに自立生活運動の拠点として生まれた障がい者主体の組織・運動体であり、各種障がい者向けの福祉サービスを提供する事業体でもある。現在日本には一二〇か所以上の組織があり、障がいのある当事者が中心になって運営し、理事の過半数が障がい者でなければならないという規定もある。

26 たこの木クラブとは、一九八七年、東京都多摩市で創立された市民団体である。障がいのあるなしにかかわらず、同じ場所でともに育ち生きることを理念に掲げ、知的障がい児者を中心に支援を行っている。

27 「健全者」とは、青い芝の会で使用された特異な言葉であり、詳しくは第4章で記述する。

28 知的障がい者モデルをここで援用する理由は、本研究で対象とする「発話困難な重度身体障がい者」と知的障がい者の両者が発話困難であることと、そのために介助者と「個別の関係性」を構築し、協働決定のようなものを行うことが類似しているからである。「個別の関係性」は、パーソナルアシスタンスの用語である（岡部ほか 2015）。

29 ＡＬＳとは、筋萎縮性側索硬化症の略で、重篤な筋肉の萎縮と筋力低下を来す進行性の疾患である。終末期になるとまばたきなどの最小限の動きしかできなくなり、コミュニケーションに重度の障がいを負うため、筆者と類似した状態といえる。

30 「強い主体」については第4章および第9章に記述する。

31 先行研究では、青い芝の「健全者手足論」と一般的な「介助者手足論」の異同について議論されてきた（定藤 2011: 174）。これについては、究極（1998）、山下（2008）、小林（2011）、立岩（2012）、石島（2018）に詳しい。さらに、前田は「『介助者＝手足』であるという主張がまずは正しいということを慎重に確認したうえで、それでもなお残る問題がある」（前田 2009: 50）と述べ、石島は「各段階で細かな指示がされることはなく、介助者は『次に何をすべきか』を自分で考えて介助を行う」（石島 2016: 36）と述べるなど、「介助者手足論」と現場の実態との差異についての議論もなされている。本書でも、これらの手足論について、第4章で詳しく述べる。

32 このモデルの中心的人物である新田勲について簡単に紹介する。新田は「発話困難な重度身体障がい者」であり、一九七〇年代の「府中療育センター闘争」から、長年障がい者の介護保障を求めてきた活動家でもある。彼のコミュニケーション方法は、床に彼自身が足文字を一文字ずつ書いていき、それを介助者が読みとっていく方法である（深田 2013b: 66）。

33 日本では事業所中心の「介護」から、当事者主体の支援の「介助」とよび、実践してきた歴史がある（岡部ほか 2015: 304）。また、「介護」という用語は一般的ではあるが、「弱き者を護る」という観念が潜在しているため、多くの障がい者は「介護」の代わりに「介助」を用いている（岡原 2012: 192）。青い芝の会や新田が「介護」という言葉を使用していたのは、「介助」という概念が広がる前だったためだと考えられる。この「介助」と「介護」の用語の使い分けについて、中西は「介助では主体はあくまで当事者であるのに対し、介護では当事者は客体である。障害者自立運動では、当事者主権を強調するために、このふたつの用語を使いわけてきた。」（中西・上野 2003: 29）と述べている。また、ジャーナリストの渡辺一史は「当事者の主体性を尊重して行われるのが『介助』、高齢者や障害者を保護や世話の対象として行うのが『介護』」（渡辺 2018: 84）と説明している。本研究ではこれらの見解に則り「介助」という表記を使用するが、文献の引用や第4章の澤田の介助者に対するインタビューにおいて「介護」と表現されたものについては、そのまま「介護」と表記する。また第5章において、筆者の両親によるケアについて言及する際にも「家族介護」という用語が一般的であることや、筆者の両親による介護は、筆者個人の意思の尊重というよりも、「世話をする」という意味合いが強かったため、「介護」という用語を使用している。

34　「誘導」とは「情報をより多く介護者の方がもっていて、利用者はこうすればこうなる、こう言えばこう答えるというようなことがあらかじめ想定できる優位な関係の中で行われる行為」（末永ほか 2008: 191-2）である。

35　唯一、天畠・嶋田（2017）が、「発話困難な重度身体障がい者」の自己決定では他者性を含めることで自己が融解してしまう内実があることを明らかにした。

36　いずれも第2章で詳しく述べる。

37　ヒューマンケア協会とは、一九八六年、東京都八王子市で設立された日本初のＣＩＬである。

38　たとえば、重度知的障がい者の施設職員である夏目尚は、次のように現在の社会システムを批判している。「障害学の社会モデル的な考え方は、障害者の能力を低く見積もっていたり、いわゆる『合理的配慮』の不足を障害者の能力の不足に転嫁するような不当な社会的差別の解消には有効であるし、能力のある障害者は救われる。しかし私が施設で関わっているような最重度の知的障害の人々、労働能力かつ言語能力のない人々のことを考える時、いわば能力主義の洗練に繋がっていくような社会モデルの考え方では行き詰ってしまうように感じるのである。」（夏目 2012: 203）。ここでは重度知的障がい者に特化して語られてはいるが、筆者はこの問題点は重度障がい者全般に当てはめていえることであると考える。

39　「障害を持つアメリカ人法（通称ＡＤＡ法）」とは一九九〇年に成立した、アメリカ社会の障がい者に対する差別を撤廃することを目的とする法律のことである（八代・冨安編 1991: 1）。詳しくは「アメリカ障害者法――全訳・原文」（斎藤明子訳）。

40　ここでとりあげるコミュニケーションの喪失と再構築およびその拡張というキーワードは、福島智の「福島智における視覚・聴覚の喪失と『指点字』を用いたコミュニケーション再構築の過程」（福島 2011: 43）という表現を参考にした。

第2章

概念的枠組みの構築

本章では、筆者自らのコミュニケーションの難しさを解きあかす鍵となる、「情報生産者」「他者の介入を受けた自己決定」の概念をとりあげ、それらが重要となる理由と、その関係性を述べる。そして、第2部・第3部において具体的な分析・考察を行うための概念的枠組みとして提示する。

1 「情報生産者」とは

本研究では「発話困難な重度身体障がい者」の自己決定を考えるにあたって、「情報生産者」（上野 2018）になる過程に着目して考察していく。「情報生産者」とは「知的財産を生み出し、それを社会に発信する者」[1]のことである。まずはこの「情報生産者」を含む「生産する主体」という大きな概念的枠組みについて整理する。そして、なぜ本研究の対象である筆者が「情報生産者」という道を選択したのか、またその場面における、「通訳者」の意味についても述べる。

1-1 「生産する主体」の社会的背景

第一に「生産する主体」の社会的背景から述べていく。障がい者にとって存在証明とは何だろうか。社会学者の石川准が「人は存在証明に躍起になる動物だ」（石川 1992: 5）と述べたように、人は誰しもが存在証明を必要とし、自分が価値ある存在であることを証明しようとする。そしてそのあまり、さまざまな悲喜劇が演じられてしまうという（石川 1992: 5）。さらに、これが障がい者であった場合、存在証明の問題はよりいっそう複雑になる。

脳性マヒの障がい当事者で生命倫理を研究している野崎泰伸は、倫理学の観点から、存在の無条件肯定を主張する。条件を付けながら特定の存在だけを「生きる価値がある」とする能力主義の社会構造に疑問を投げかけている（野崎 2011: 193-4）。つまり、ただ存在するだけで人は無条件に肯定されるというのである。

しかし、障がい者の存在証明を考えたとき、本当にただ存在するだけでよいのだろうか。もちろん、野崎が述べるように、生産能力の有無が人間であることの条件とはならない。しかし、筆者は障がいの有無に関係なく、人間は成果物を生産し、他者からの評価を得るという一連の過程が、人生において必要であると考える。発話困難な重度身体障がいがあっても、せっかく思考の能力が残されているのであれば、それを活用しようと考えるのである。

こうした「存在の肯定」か「生産の肯定」か、という論点について、これまでどのように論じられてきたのだろうか。存在証明の歴史的変容を論じた鍋山祥子は、前近代社会と近代社会における存在証明のあり方が、次のように変化したと指摘する。前近代社会においては、人々はまとまった集団で暮らしており、その共同体に帰属する限りにおいて、「ここにただ在る（being）存在」として存在論的に肯定されていたという。つまり、彼らにとって「共同体」と「世界」は同等のものであり、「この世に生きているかぎり、とりあえずは肯定されている」という意味において「存在論的に安定」していたという（鍋山 1998: 90）。そこでは独立した個と個の関係性はなく、共同体への帰属性に重きがおかれ、そのことが存在を承認する根拠となっていた。

しかし、産業革命や資本主義の台頭により共同体が解体していく近代社会では、個人は共同体から解きはなたれ、原子化した個人として存在することとなった（鍋山 1998: 90）。共同体から切りはなされた個人は、すべての行為を自らが選択することになり、自己の存在の根拠も自らの手に委ねられた。前近代社会では共同体への帰属にもとづいて、さまざまな財の授受が行われていたのに対し、近代社会以降では「その個人に対価を支払う能力があるか否か」という「個人の能力」によって財の獲得がなされる（鍋山 1998: 90）。つまり、人々は「ここにただ在る（being）」という理由によっては存在の安定感を得ることができず、つねに「何かをなしている（doing）」ことによって、自己の価値を得るという「価値論的安定」を求めるようになった（鍋山 1998: 90）。

いいかえれば、自己の安定を決定づける基準が、「帰属」から「能力」へ、あるいは「存在論的安定」から「価値論的安定」へと変容したと考えることができる。近代社会以降は人間が帰属するから安定するのではなく、能力を示すから安定するのである。「人の能力をその個人のものとすること」（立岩 2013: 539）が現在の社会の前提にあり、人びとは自己の能力を証明するために「何かをなす」「何かを生み出す」ことに躍起になる。つまり、近代社会では何かをなすことのできる個人に価値がおかれることになる。このように「発揮しうる能力によって自分の価値を主張する」（石川 1999: 59）あり方が、近代以降の社会の特徴といえる。ただし、本研究では、「being」の障がい者を否定し、「doing」でなければ価値がないと主張したいわけではないことを断っておく。

では、近代において社会的に問われることとなった「doing」を、個人の内面から突き動かしたものは何だろうか。筆者の考える「doing」へのモチベーションは「承認の欲求」である。ここではアメリカの心理学者 Abraham H. Maslow の提唱した欲求段階[2]のうち、Frank G. Goble が説明した考え方を引用する[3]。「承認の欲求」は、自尊心からの自己承認と他者からの他者承認の二種類がある。Goble によれば、十分に承認欲求を満たされている人間にはより自信があり、有能で、生産的である。一方、この承認欲求が満たされることが不十分な人間は、劣等感や無力感を抱くことになる（Goble 1970=1972: 67）。人間は「いまのままである」ことの不安をつねに抱くのである。このように個人の内面には「認められたい」という動機がつねにあり、その承認を得るために生産活動を行う。そして、生産した成果物が他者から承認されることによって、自己承認を得る。こうした承認欲求を満たすために人間は「doing」であることを求めてしまうのだ。

1-2 天畠大輔における「doing」と「情報生産者」

次に、本研究の研究対象である筆者にとっての「doing」について述べる。

まず、筆者にとっての承認欲求の特異性から考えてみたい。筆者の成果物には必ず「通訳者」の介入があり、それが新聞でとりあげられるなど公的な評価によって他者承認を受けたとしても、「通訳者」も評価されるため自己承認が目減りしてしまう。ゆえに筆者は、成果物を生産する際に他者の介入を必要としない健常者以上に、より高次の他者承認を求めてしまうと考えられる。筆者はその承認欲求を満たすために、「doing」というあり方を志すようになった。そのとくに大きなきっかけは、以下のとおりである。

筆者は養護学校高等部を一八歳で卒業した後、どこの大学にも入れず在宅生活を余儀なくされた。その頃は体の機能回復のためのリハビリ訓練をどうするか、という問題があり、自宅近くの千葉大学の学生を中心にボランティアを募り、多くの学生に訓練に関わってもらった。彼らと交流するなかで、大学生活の楽しさを間近で感じることはできたが、卒業し、就職して人生の次のステップに進んでいく彼らを前に、自分だけおいていかれる焦燥感に駆られるようになった。居場所のない自分、することのない日々、つまり「being」であることがつらく、同世代の彼らと同様に、「doing」となることを強く望むようになった。

ここで、重度の重複障がいを抱える筆者にとって、「doing」とは何を指すのかについて整理する。第1章でとりあげたように、ある障がい者施設ではクッキーやパンを生産し、販売することで、障がい者の社会参加を行っている。しかしながら、筆者は四肢マヒ、言語障がい、視覚障がいなどの重複障がいにより、身体を使う生産活動が不可能であった。筆者に残されたのは「思考する」ことだけだ。だからこそ行き着いたのが思考を文字に残すことによる「表現」の世界であった。これについて、筆者はかつて拙著で以下のように記述した。

私は体が動かず目も見えないため、自分から積極的に情報を得ようとしなければ、情報から隔絶されてしまう。私が、大学という場所にいたいと思うのは、新しい情報を耳から日々得られるからである。多くの人は学びを将来何かの役に立たせるための時間と考えるであろうが、私にとって「学び」は生きている時間そのものである。（天畠 2012: 238-9）

私が今日もこうして研究を続けていられるのは、この「もっと知りたい」という気持ちがあるからこそです。本やインターネットで情報を得ることはできますが、私の場合には視覚障がいがあるため、得られる情報量は限られてしまいます。したがって、実際に現場に足を運び、話を聞くことが私の研究では必要となり、そこで得られた刺激が次の研究へと私を駆り立ててくれるのです。（天畠 2014a: 28）

すなわち、筆者は重度の重複障がいゆえに「思考する」ことしかできず、それが「知る」「学ぶ」「研究する」ことへのモチベーションにつながっていったのである。

横塚は重度障がい者にとって、オムツを替えてもらう際に「腰をうかせようと一生懸命やることがその人にとって即ち重労働としてみられるべき」（横塚 2007: 56-7）と述べている。つまり、寝たきりの人は一見「being」にみえるかもしれないが、人それぞれに「doing」のあり方は多様だということだ。

筆者に残された「思考する」ことと「あ、か、さ、た、な話法」を最大限に活かして、文字として他者に伝えることが、筆者にとっての「doing」である。

大学生のボランティア／友人らからの刺激を受け「doing」を志してから五年後、筆者は大学進学を果たした。その後、「情報生産者」として生きる道を選択したが、その背景には二点あるといえる。

一つ目には、東京大学先端科学技術センターの准教授（当時）福島智との出会いがある。筆者は大学卒業後、再び居場所を失い自分の将来に不安を抱えて過ごし、「何かしなくては」「何かを残さなくては」という思いに駆られていた。大学では卒業論文を執筆し、時間をかけて思考を形にする、論文という方法が自分に合っていると感じていたが、重度障がいのある自分が研究者として生きるイメージをもつことが難しかった。そんな時期の筆者に、福島の生き方はとても大きな影響を与えた。福島は全盲ろうという障がいをもちながら、大学の常勤教員となり研究者として活動している。その存在を知った当時の筆者の思いを自伝から引用する。

> 私と同じく極限状態の福島先生が、当時助教授として活躍されている姿を拝見し、努力すれば研究者となれる可能性を感じた。（天畠 2012: 228）

その後、直接福島に相談する機会を得た筆者は、コミュニケーションに障がいがあっても研究者をめざすことにためらいはいらないと背中を押してもらい、その思いを強めた。

二つ目には、社会学者の天田城介の言葉に触れたことがある。それは「極限状態を生きる人々は語れない、誰かが語るしかないことがあり、声を失ったものこそが他者に声を与えることができる」（天田 2010: 122）という言葉である。重度の重複障がいをもつ筆者にとって、他者から支援を受ける一方の存在ではなく、こうした障がいがある自分だからこそできることがある、と「情報生産者」として歩むことに確信をもたせてもらうこととなった。

こうした背景から、筆者は「情報生産者」となることをめざすようになった。次項では、「発話困難な重度身体障がい者」である筆者が「情報生産者」となるために欠かせない「通訳者」について述べる。

1－3 「情報生産者」を支える「通訳者」

筆者にとって「情報生産者」＝「表現する」ことは、「通訳者」によるクリエイティブな支援も内包している。「通訳者」には当事者の成長を支えることへの理解と技術が必要である。

筆者は「通訳者」を介して情報のインプットとアウトプットを行っている。しかし「通訳者」を介するがゆえに、どうしてもお膳立てが存在してしまい、自分の作り出した知的財産物に対して「これは自分が作ったものだ」という感覚をもちにくい。それは自己承認の目減りにつながる。それに対して、筆者はその知的財産物を社会に発信し、天畠大輔個人として他者から認識・承認されることで承認欲求を満たす。そこで初めて筆者は成長できたという感覚を得られ、自己承認の充足につながる。たとえば筆者の研究活動が注目され、新聞[4]などのメディアに載ることは、他者承認を得ると同時に自己承認を得る一つの方法だったのである。

一方で筆者の考えが及んでいない新しい知見を引き出してくれる「通訳者」は、筆者にとって重要な存在である。その背景には先述のとおり、筆者はアウトプットだけでなく、インプットにも障がいがあり、自ら主体的に情報を摂取していくことに限界がある。そのため、効率的に筆者の欲しい情報を取捨選択し集める主体的な役割が、筆者の「通訳者」には求められてくるのである。

しかし、それと同時に、「通訳者」という重要な存在がかえって筆者の首を絞める状況をもたらす。具体的には、役割を付与された「通訳者」がいないと、タスクを遂行することが困難となるため、タスクごとに決められた「通訳者」に依存せざるを得ない。たとえば論文執筆というタスクを担当する「通訳者」がいなければ、筆者が実現させたい論文の「質」を維持できない。つまり、筆者はタスクごとのコンテクストを理解した「通訳者」を常に必要としている。その「通訳者」が辞めてしまえば、自分が社会参加できなくなってしまうのではないかという不安に襲われるのである。

しかし、こうした形の論文執筆支援ができる「通訳者」の数は、生活支援をする「通訳者」に比べて少なく、限られた人に依存せざるを得ない。また健常者中心の社会で、筆者が社会参加をしていくためには、健常者のコミュニケーションのスピードに合わせて、アウトプットの即時性を高めなくてはいけない。そのため、「発話困難な重度身体障がい者」は「通訳者」に先読みやサービス精神など、通訳以上のコミットメントを求めざるを得ない。

既存の障害学の研究では、もっぱら個人の能力を前提とした事例が中心にとりあげられてきた。しかし筆者は、個人の能力だけでなく、個人が作り出す関係やネットワークも能力の一つとして評価されるべきではないかと考える。そのため本研究では、「発話困難な重度身体障がい者」と「通訳者」のコミュニケーションに着目し、「発話困難な重度身体障がい者」の「情報生産者」としてのあり方を提示する。

2 「他者の介入を受けた自己決定」とは

2-1 自己決定と他者性

第二の重要な概念が「他者の介入を受けた自己決定」である。視覚障がいを抱えながらバリアフリー教育学を研究している星加良司は、障がい者と介助者の相互作用によって自己決定がなされるという新たな自己決定概念を提示している。

星加は、決定は単独の孤立した主体によってなされるのではなく、障がい者と介助者の「アレンジメント」のなかで暫時的に決定されるものであり、その「アレンジメント」の最終的な決定を障がい者が行うことで、障がい者による「自己決定」が成立するのだと述べている（星加 2001: 168）。ここには「単独の決定主体」ではない「複数の決定主体」による「自己決定」の可能性が示唆されている。星加の唱える自己決定は、「発話困難な重度身体障がい者」の通訳行為にも通じるものであるため、本研究において、この概念を分析枠組みとして用いる。また星加は他者性を「自ら制御できないものであり、また自己に対して非調和的となる可能性を有する」ものと定義し、「障害者にとっての他者、すなわち他者としての介助者や周囲の人々」（星加 2001: 171）を捉えなおしていることは重要である。

障がいの研究者であるBrian H. AberyとRoger J. Stancliffeは、高度な自己決定能力を有している人々と、そうでない人々での自己決定の違いには、本人の内在的な能力、経験の差よりも、その人の周辺環境において本人への必要な支援が整っているか、欠如しているかの違いであると指摘している（Abery& Stancliffe 2003）。

このように自己決定そのものが、さまざまな周りの環境的支援によって成りたっていることを踏まえれば、本研究の研究対象である「発話困難な重度身体障がい者」における「通訳者」は、その環境的支援の重要なファクターだといえる。本研究はこの「通訳者」の支援と介入のあり方によって、障がい者の自己決定のあり方が大きく変化するという前提に立っている。

次に、重度障がい者の自己決定がどのように議論されてきたのかについて整理したい。社会福祉学者の水川喜文によると、日本における自立生活運動の歴史は、それまでの「してやる／してもらう」という「介護」の関係から、自立を支援する「介助」の関係へと変化してきたという（水川 2000: 10）。しかし同時に水川は、この「介助」関係が介助者を一種の隷属状態におきかねない点や、障がい者も常に自分の意思を言語化して介助者に伝えなければならないという精神的負担が大きい点を指摘している（水川 2000: 11）。ここには自己決定を志向しようとすれば、障がい者が抱えざるを得ないジレンマがみてとれる。

この水川の指摘とは違う観点から、立岩は「自己決定をしない、決めないという決め方」が障がい者の生活において存在し、生活すべてが本人の「自己決定」によって成りたっているわけではないこと、そして「むしろ決定しないことの快というものがある」ことを指摘している（立岩 1999: 92）。立岩は従来の「私のことは私が決める」という自己決定ではなく、決めないというあり方に積極的な意味をみいだそうとしている。筆者は、立岩の述べる「決定しないことの快」や「決めないという決め方」という概念が、抽象的であるという点に批判的に切り込みたいと考えている。

2-2　他者介入が顕著に現れる「発話困難な重度身体障がい者」の自己決定

介助者という他者は障がい者にとって完全に制御できない存在である。このことが障がい者の自己決定にどのような影響を与えるのだろうか。

第1章において「自動の手足モデル」として触れているが、石島はＡＬＳ患者並びにその介助者への調査を通して、他者介入が顕著に現れる「発話困難な重度身体障がい者」の自己決定を論じている。そのなかで彼は、介助者がＡＬＳ患者の具体的な指示がなくとも、その意思を推察しながら介助を行う場面が多いと指摘する。たとえば「手足の位置を変えた際のマッサージや、車椅子に移乗した後の微調整、服のしわ伸ばし」など、毎回行うことが当たり前になっている作業は、その各段階で細かな指示がされることはなく、介助者は「次に何をすべきか」を自分で考えて介助を行う（石島 2016: 36）。しかしこれは介助への参入当初からできるものではなく、「頻繁に介助に携わることで慣れていくこと」が必須条件である（石島 2016: 37）。石島によるインタビューにおいて、ある介助者は次のように答えている。

> 時間が経つにつれて、なんとなくわかってくるなっていう感覚がある。ああいまこうしたいのかなとか。今日の顔色はこうだな、何かあったかなみたいな。……なので次はなんだなって先読みが少しずつできるようになってくる。〔Interview2015/09/08〕（石島 2016: 37）

つまり、その介助を繰りかえすうちに、内容が身体化され、いわれなくとも動けるようになっていく（石島 2016: 37）。このように、障がい者と介助者とが時間をかけて関係性を構築するなかで、徐々に介助者自身が察して動ける範囲が広がり、介助者は障がい者の生活をお膳立てすることができるようになる。さらにそれは障がい者の自己決定における負担感を軽減することでもある。たとえば入浴介助をする場面において、障がい者が介助者に、体を洗う順番を毎回細かく指示することはない。入浴のタイミングを指示することはあっても、その後の一連の流れはルーティン化されているため、介助者は細かい指示がなくとも動くことができる。体を洗う順番を毎回自己決定していたら、時間がかかるうえに、その煩わしさは想像に難くない。介助者が自分で考えて動くことで、障がい者のＱＯＬが高まるといえる。

ところが、その「先読み」が間違っていた場合はどうなるのか。石島は事例として、ＡＬＳ患者Ａの介助者 al へのインタビューを通じて以下のように述べる。

> 「以心伝心がね、理想だけども、そうはいかなくてもあんまりにまどろっこしいのは勘弁してほしいっておっしゃられたことはあるんですよ」〔Interview2012/06/05〕と al さんがいうように、Ａさんはそうした予測を推奨しており、そうしたＡさんの方針があるからこそ、間違えれば指摘をすればよく、指摘があれば改めればよい、ということだけのことになっている。（石島 2016: 39）

つまり、「常に発生しうる意思の推察・先読みの失敗は、アドホックに修正され」るため、たとえその先読みが間違っていたとしても、障がい者としては「その都度修正すればよい」だけのことであり、問題とはならないのである（石島 2016: 40）。

以上のことは主に、日常生活における身体介助の場面での議論であるが、ＡＬＳ患者や筆者のように「発話困難な重度身体障がい者」にとっては、自己の考えを他者に発信するような場面においても、他者の介入が不可欠となる。いかなる場面においてもコミュニケーションのアウトプットに「通訳者」を必要としており、それゆえに多かれ少なかれ自己決定に他者性が含まれるといえる。さらに、この「他者の介入を受けた自己決定」の比重は、とりわけ筆者が研究活動に従事し、論文などの知的財産物を生み出す「情報生産者」となる際に大きくなる。

本研究では以上の二つの概念的枠組みを用いて、筆者の自己決定や自己表現方法の実態を明らかにしていく。

■注

1　この「情報生産者」に関する定義については、『情報生産者になる』の著者である上野千鶴子に筆者がメールで相談し、確認した内容にもとづいている。上野は知的財産のなかには「知の公共財」と「私的な知財」の二つがあるとしたうえで、著書の執筆の際には「知の公共財」を念頭に論じたとしている。筆者も本研究では「知の公共財」としての知的財産を生産するものとしての重度障がい者という観点から論じる。

2　アメリカの心理学者 Abraham H. Maslow は、一九四三年に Psychological Review（vol. 50）に掲載された論文「A Theory of Human Motivation」と、それが改訂されて記載された一九五四年の著書「Motivation and Personality」（訳書：『人間性の心理学』）において、人間の欲求を階層化した理論を発表した。

3 Abraham H. Maslow には、スポークスマン的役割を担った、カリフォルニア大学バークレー校で機械工学を専攻する Frank G. Goble という人物がおり、彼は Abraham H. Maslow の膨大な著作、講演などを簡潔にまとめることに尽力した（廣瀬ほか 2009）。

4 筆者の記事が掲載された新聞を以下に記す。「意思疎通方法自ら研究　二八歳男性、立命大に」、京都新聞夕刊、二〇一〇年四月七日。「一字一字紡いだ一六万字」、読売新聞夕刊大阪本社版、二〇一二年三月三一日（同記事掲載、読売新聞東京本社版、二〇一二年四月一〇日）。「まひの病床、涙のサイン　武蔵野の天畠さん　意思疎通の研究者に」、朝日新聞朝刊、二〇一三年三月一七日。「話せずとも通じた気持ち――東京・台湾、重度障害の二人対面　互いの『話法』で」、朝日新聞朝刊、二〇一三年三月二五日。「生きる　天畠大輔さん台湾訪問記：上――文字紡ぐ、声なき会話」、朝日新聞朝刊、二〇一三年四月九日。「生きる　天畠大輔さん台湾訪問記：下――二四時間体制で介助受ける生活」、朝日新聞朝刊、二〇一三年四月一〇日。「わがまま言っていいよ　重度障害の大学院生天畠さん講演」朝日新聞熊本版、二〇一三年八月二〇日。「ひと　天畠大輔さん　重度障害を乗り越え、博士論文に挑んでいる」朝日新聞朝刊、二〇一三年一〇月二三日。「『当事者研究』広がる」、日本経済新聞朝刊、二〇一四年七月二八日。「聴覚だけ頼りの三七歳、博士号取得　話せず読めずとも」、朝日新聞デジタル、二〇一九年四月一二日（同記事掲載、朝日新聞東京本社版夕刊、二〇一九年四月一三日）。「フロントランナー　中央大学で研究する日本学術振興会特別研究員ＰＤ・天畠大輔さん」、朝日新聞土曜日版『be on Saturday』、二〇一九年一一月一六日。「医療ミスで重度障害　一四歳が絶望の先に見つけたもの」、朝日新聞デジタル、二〇一九年一一月二〇日。「『あ・か・さ・た・な』で中央大学に行く」『Chuo Online』、二〇二〇年一月一六日。「介護保険でも自薦ヘルパーを」、環境新聞社、『シルバー新報』二〇二〇年二月二一日。

第3章

本研究の方法

本章では、本研究全般にわたる研究手法を紹介する。第1章の末尾で述べたとおり、本研究は筆者と「通訳者」との協働による「当事者研究」を行う。そこで、従来の当事者研究の整理を通じて、なぜ本研究では当事者研究を行うのか、筆者にとって当事者研究がどのような意味があるのかを確認する。そのうえで当事者性に着目して、本研究の特異性を提示する。さらに、研究対象である筆者天畠大輔とその「通訳者」が用いるコミュニケーション方法を概観する。そして、次章からの分析に用いる調査の概要や本研究全体にわたる記述方法、調査における人権保護や法令遵守への対応策を記述する。

1 研究方法

1-1 当事者研究の潮流——治療（カウンセリング）・調査としての当事者研究

まず、当事者研究とは何であろうか。石原孝二によれば、当事者研究とは、障がいや問題を抱える当事者自身が自らの問題に向きあい、仲間とともに研究することを指す。当事者研究は、当事者が語りをとりもどすことによって、自己を再定義し、人とのつながりを回復することを促すという機能をもつものである（石原編 2013: 12）。当事者研究には二つの源流があるとされており、その二つとは①依存症自助グループの源流と、②難病当事者や身体障がい者らによる当事者運動の源流である。そしてその二つの流れが重なるところに当事者研究が生まれたとされている（綾屋 2019）（熊谷 2020）。

周知のように当事者研究は歴史が浅い。中西と上野千鶴子の共著『当事者主権』（2003）を契機に、当事者に関する論文が量産されることになるが、上野はこの流行を「当事者」ブームとよんだ（上野 2013: 25-7）。もう一つの契機として、二〇〇一年に北海道の統合失調症の患者たちの中間支援施設「浦河べてるの家」で始まった「『べてるの家』の当事者研究」がある。ここでは、研究することには冒険心をくすぐる何かがあり、学びの原初の喜びに満ちていたという（宮地 2007: 183）。その後、べてる方式とは異なった方法として、二〇〇八年、熊谷と発達障がいの当事者研究者である綾屋紗月は発達障がい研究に新たな可能性を示した（石原編 2013: 51）。綾屋は抑圧されずに一次データを語れる場が重要であるとし（熊谷・綾屋 2010: 134）、当事者研究者として客観的な分析を通して自分の抱えるニーズを明確にした（熊谷・綾屋 2014: 10）。これは治療としての機能も兼ねた当事者研究だった。

一方で、調査としての当事者研究も数多く展開された。1型糖尿病患者の当事者研究者である飯牟礼悦子は、当事者研究者とは実体験にもとづいた経験知が問題発見に活用できる一方、当事者の内的状態の記述に専念してしまう危険性を指摘し、「2・5人称」の視点をもつべきだと主張した（飯牟礼 2007: 116）。また宮地尚子は、当事者研究を行うことで、学問という枠そのものの窮屈さや抑圧性、学問の場のもつ排他性に気づかされ、どのように跳躍するか、どこに最終的に身を落ちつけるのか、といった難しい選択に自分自身が引きさかれそうになる危険性を指摘している（宮地 2007: 183）。一方で上野は、当事者研究の学問研究としての発展に関して、その挑戦をたたえながらも、研究としての客観性について、「誰が、いかなる基準で判定するのか、という問いが抜け落ちている」（上野 2013: 43）と警鐘を鳴らしている。また、上野は当事者研究者がおかれている立場の難しさを、心理学者の宮内洋が論じた人類学の抑圧性を例に挙げて述べている。宮内によれば、当事者である現地人の人類学者は、植民地支配を受けた国の言語を学び当事者研究者となることで、コミュニティを代弁できるようになるが、それは同時にコミュニティを抜け出さなければいけないことを意味するという[1]（上野 2013: 38）。「当事者研究者はコミュニティにとって他者的な存在になる」（岸 2016: 164）ともいいかえられる。これらの指摘から、当事者研究者の混乱や苦悩が浮かびあがってくる。

1－2　当事者とは何か

それでは当事者とは何であろうか。上野は当事者の概念について、「ニーズから降りることのできない、離れることのできない、そのような人が当事者だと言いかえることができるのではなかろうか」と述べている（上野 2012: 347）。一方、知的障がい者とその家族に関する社会福祉学を専門とする中根成寿は、当事者の定義について以下のように論じている。

（中略）あえて当事者と調査者の差はなにかと考えてみる。それは「立ち去ることができる／できない」ということではないだろうか。狭くフィールド、という場だけではなく、身体感覚をも含んだ日常という意味の場においてである。「当事」が存在するフィールド／現実から、立ち去ることができる者を「非当事者」というならば、障害者家族の「当事」、つまり誰かがそばにいないと自らの生命を支えることが困難な状況から立ち去ることができない者にこそ、当事者の「資格」があるのではないか。そしてこの資格は「血縁」ではなくケアする行為そのものが生み出す「内発的義務」によって付与されるものなのだろう。（中根 2010: 118）

筆者は、「発話困難な重度身体障がい者」という当事者性から逃げることも離れることもできない。そうした紛れもない当事者として、筆者の生きた経験を当事者の言語によって定義し構成する（上野 1996: 230）ことをめざす。

しかし、「発話困難な重度身体障がい者」である筆者における「当事者」とはなにかをもう一歩踏みこんでみたい。上記に当てはめて考えると、上野はまさにニーズをもつ筆者が当事者であると述べ、中根は筆者のみならず、周囲の「内発的義務」を有するケアの担い手も当事者の資格をもつと述べている。筆者における当事者をどのように捉えるか。さらに、つねに他者を介してコミュニケーションを行う筆者が、当事者研究を行うことは、どのような構造によって可能となるのか、本研究の独自性と当事者研究のもつ可能性について次項で述べる。

1-3　本研究における当事者研究

まず筆者にとって当事者＝研究者として論文を書くということがどのような意味をもつのかを考えたい。筆者にとって論文を書くということは、文章を書きながら自分の意見を確認し、ときには「通訳者」の意見に左右されたり、彼らに道筋を指示してもらったりしながら、自己と「通訳者」とを理解する行為の繰りかえしである。当事者と研究者の視点を行き来しながら、自分を徹底的に客観的に分析することを通して、自分自身の存在意義を確認することである。筆者にとって論文を書くことは、自己肯定感を得る行為であり、その一連の過程そのものが一種のカウンセリングだともいえる。つまり、筆者にとっての当事者研究とは、治療としての研究と、学問としての研究という両方の要素をもっている。

次に、本研究における「当事者」概念について整理する。筆者と「通訳者」はコミュニケーション通訳を介すことで、当事者と非当事者との境界線が極めて曖昧になる。さらに筆者の「通訳者」は、筆者と協働で研究を続けていくなかで経験を積み重ね、筆者との「共有知識」[2]を蓄積していく。そうした共有知識は筆者が研究を深める際や、論文などテキスト化する際、筆者の説明コスト[3]を大幅に軽減させることになる。そのような関係性をもつ「通訳者」は「内発的義務」を有するものとして、徐々に当事者性をもつ者に変化していくといえるのではないか。さらに「通訳者」の当事者としての資格は、障がい者本人の意思を最大限尊重し、寄り添うことができるという点も重要である。

こうした背景を経て、狭義の当事者である「発話困難な重度身体障がい者」に「通訳者」を含めた、広義の当事者概念が誕生することも考えられる。そこで本研究では、この広義の当事者である「発話困難な重度身体障がい者」と「通訳者」の両者を含めた当事者概念も射程に入れた議論をめざしていきたい[4]。

以上のように、先行研究での議論を通して、本研究で扱いたい当事者研究の概要について述べてきた。本研究の研究対象である「発話困難な重度身体障がい者」は重度であればあるほど、自らコミュニケーションを発信することが困難である。さらに、それを支援する社会資源もほとんど整備されてないがゆえに、これまでの先行研究は、その当事者の声を拾いあげることは困難であった。その当事者の視点から、「発話困難な重度身体障がい者」と「通訳者」の関係性の実態をみていく本研究のあり方は、調査としては非常に貴重なものであるといえる。

2　研究対象

2-1　研究対象「天畠大輔」とは

本研究では、筆者「天畠大輔」を研究対象とし、当事者の観点から研究を進める。筆者は一四歳のときに医療過誤により低酸素脳症になり、四肢マヒ・言語障がい・視覚障がいに陥り、発話はほとんど不可能となった。そのため、コミュニケーションにおけるタイムラグを日頃から経験し、そのせいで日常生活でも社会参加をするうえでも大きな「障がい」を抱えている。

症状は以下のとおりである。筆者は一四歳の時、急性糖尿病で倒れた。その際医療過誤により心停止の状態が二〇分以上続き、脳の運動野と感覚野が損傷を受けた結果、四肢マヒとなった。視覚には世界的にも稀な障がいが現れた。立体、色、人の顔は何とか認識できるが、文字の認識がほとんどできないという症状である。そのため、紙に書いてある字やパソコンの画面は大変みえにくく、本を読むことがまったくできない。知的に障がいはないが、学習においては聴覚情報を頭にインプットする作業が中心である。また、発話はほとんど不可能でアウトプットには人の何倍もの時間を要している。

自力では動けないので、一日のほとんどを車いすで生活している。筋肉の緊張が強いために顎関節が頻繁に外れてしまい、呼吸困難に陥ってしまうため、二四時間見守り介助が必要である。なお、身体障害者等級は1種、1級。身体障害者手帳には、疾患による両上肢機能全廃、体幹機能障害、両下肢機能障害1級、疾病による音声・言語機能障害3級、疾病による咀嚼機能障害4級、視力障害（右：手動弁、左：手動弁）1級であり、一般的には重度身体障がい者に当たる。

2-2　天畠大輔の用いる「あ、か、さ、た、な話法」とは

筆者が受障後、最初に母親とコミュニケーションがとれるようになるまでには約半年の歳月を要したが、現在は拡大代替コミュニケーション（以下、「AAC」：Augmentative and Alternative Communication と記す）を用いて意志を伝えている。ICT（情報コミュニケーション技術）と工学の専門家である中邑賢龍によるとAACとは、重度発話障がいがあり、まばたきや顔面をわずかにしか動かせない人々が、コミュニケーション障がいを緩和するために用いる方法である（中邑 2002）。さらに中邑は、「重度の表出障がいをもつ人々の形態障害（impairment）や能力障害（disability）を補償する臨床活動の領域を指す。AACは多面的アプロー

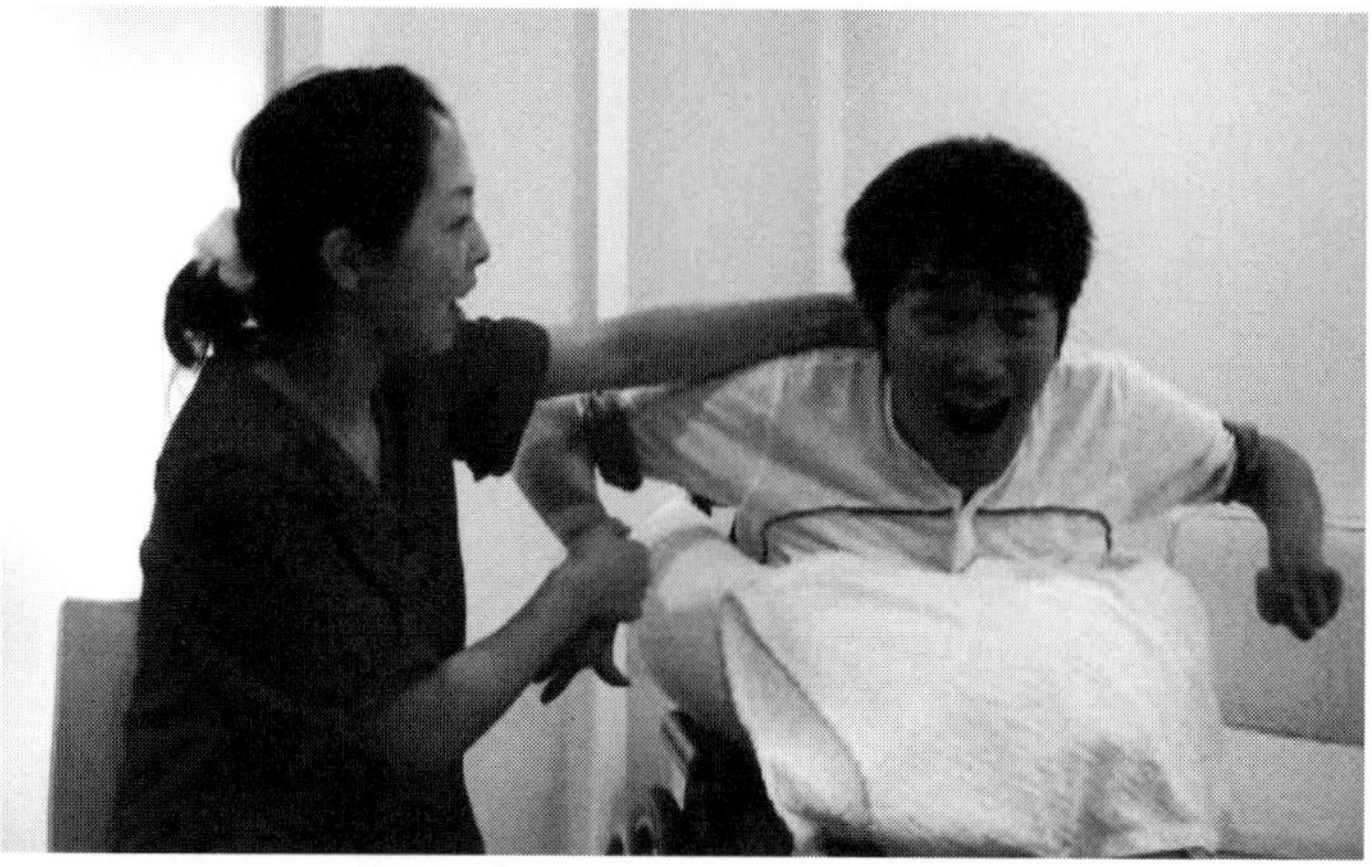

写真１　「あ、か、さ、た、な話法」の様子

ワ	ラ⑦	ヤ	マ	ハ⑤	ナ	タ①	サ	カ	ア③	行／段
わ	ら	や	ま	は	な	た	さ	か	あ	ア
を	り		み	ひ	に	ち	し	き	い	イ
ん	る⑧	ゆ	む	ふ⑥	ぬ	つ	す	く	う	ウ
	れ		め	へ	ね	て②	せ	け	え④	エ
	ろ	よ	も	ほ	の	と	そ	こ	お	オ

⑨「て、え、ふ、る」

ー　ぶ

⑩「テーブル」

図１　「あ、か、さ、た、な話法」の確定方法
筆者と「通訳者」（北地智子）が協働で作成した

チであるべきで、個人のすべてのコミュニケーション能力を活用する。それには、残存する発声、あるいは会話機能、ジェスチャー、サイン、エイドを使ったコミュニケーションが含まれる」（中邑 2002: 11）と述べている。

ＡＡＣのなかでも、筆者が使用するのは聴覚走査法である。聴覚情報と体の動きを駆使してアウトプットを行う手法で、筆者の場合はコミュニケーション機器を用いず、ひらがなを五十音図に従って「通訳者」が発音したものを聞きとる「あ、か、さ、た、な話法」である。

この方法は図1で示されるように、まず「通訳者」が五十音図の横軸を尋ね、筆者は伝えたい語が含まれる行でサインを送る。「通訳者」は筆者の手を握り、筆者はサインを送りたいときに「通訳者」の腕を引っ張る。そこで「通訳者」が、筆者の伝えたい語がその行にあるということを認識し、「通訳者」はその行（五十音図の縦軸）を発声し、筆者が伝えたい文字の所で先ほどと同じ動作をし、語を一文字確定する流れである。

具体的に説明すると想像しやすい。たとえば、「テーブル」と伝えたい時の流れを例にとると、まず「通訳者」が筆者の腕をとり、「あ、か、さ、た、な……」と行の頭文字を読みあげる。筆者は声のタイミングに合わせて「た」行のところで腕を引いて動かす。さらに、「通訳者」が「た、ち、つ、て、と」と「た」行を読みあげる。筆者は、「通訳者」が「て」というときに合わせて腕を引いて動かすことで、最初の文字は「て」だとわかる。このように、他の文字も同じ方法で読みとり組みたてていく。すると「て、え、ふ、る」となる。「ー」（長音）や「゛」（濁点）、「゜」（半濁点）や「ッ」（促音）は、文字を読みとった後に「通訳者」が確認するか、または推測して言葉に変換する。こうして初めて、「テーブル」として伝わる。合図を送る場所は比較的不随意運動が少ない腕や首で、動かさないときは「違う」というサインになる。このように、筆者のコミュニケーションでは、筆者の発した生言語を「通訳者」が頭のなかで柔軟に読みかえる技術と忍耐力が必要となるため、気の遠くなるような協働作業の連続ともいえよう。

2-3 天畠大輔の「通訳者」とは

筆者の「通訳者」は研究のための「通訳者」であると同時に研究対象でもある。したがって、筆者が「通訳者」を考察する章もあれば、「通訳者」が筆者にインタビューをすることもある。なお、この研究は筆者、天畠大輔と論文執筆を主に担当している筆者の「通訳者」の協働で行う。この筆者の「通訳者」の特色について立岩は下記のように説明している。

> 普通の意味での通訳にも熟達しているが、長年付き合ってきて、何を天畠が考えているかもわかっているし、この通訳という仕事がどんなものであるかもよくわかっている。だから、このコミュニケーションを主題に書かれるその博士論文について、本人の意を察するというより以上のことができることがある。（立岩 2018: 88）

3 調査概要

当事者研究の方法によって「天畠大輔」という対象を扱う本研究は、五つの調査を用いる。ここからはそれら五つの調査と、記述方法、研究倫理への対応について記述する。

3-1　研究で使用する五つの調査

本研究では下記の五つの調査を行った。詳細は各章において述べる。

●調査Ⅰ：青い芝の会の文献調査と澤田隆司の介助者へのインタビュー（第4章）

本調査では、「発話困難な重度身体障がい者」のコミュニケーションを考えるうえで重要だと考えられる青い芝の会を対象とし、文献調査と兵庫青い芝の会会長であった故・澤田隆司（二〇一三年没）の介助者へのインタビュー調査を行った。

●調査Ⅱ：筆者の両親に対する筆者の生活史についてのインタビュー（母への調査は第5章、父への調査は第6章）

本調査では、現在までの筆者の症状やコミュニケーションの変遷を理解している母と、筆者が代表を務め、筆者への介助者派遣を目的とする事業所の共同経営者（当時）であった父を対象とし、生活史についてのインタビュー調査を行った。

●調査Ⅲ：筆者の「通訳者」の業務分担調査（第6章）

本調査では、通訳者間の引き継ぎ帳（Evernote）に記録された各通訳者の介助時間と介助内容を調べ、筆者の業務分担の方法や「通訳者」が抱える業務の負担度を明らかにした。

●調査Ⅳ：筆者の「通訳者」に向けた実験的調査およびインタビュー（会話調査は第7章、メール調査は第8章）

本調査では、筆者とその「通訳者」四名を対象とし、筆者が事前に用意した会話調査とメール調査を行った。

●調査Ⅴ：筆者と「通訳者」に向けた論文執筆における通訳現場の調査（第9章）

本調査では、筆者の博士論文執筆に関わる「通訳者」とともに、論文執筆時の通訳現場を対象に、筆者と通訳者間の専門的なコミュニケーションの様相を調査した。

3-2　研究全体にわたる記述方法

以下、本研究全体にわたる人名の記述方法について説明する。ある特定の筆者の「通訳者」は仮名かつカタカナで表記する（レオ、ヨウコ、ユカ）。

調査Ⅰ：澤田隆司や彼の介助者・関係者は同意の下、実名で表記する（井奥裕之、田中義一、藤田慎一、柳本文貴、山下博靖〈五十音順〉）。

調査Ⅱ：筆者の生活史についてのインタビューでの筆者の両親は、父または所長、母と表記する。

調査Ⅲ：Evernoteを使用した業務量調査では、「通訳者」を匿名化するためA～Xと表記する。

調査Ⅳ：メール、会話実験調査では、「通訳者」を匿名化するためα～δと表記する。

調査Ⅴ：Skype[5]を使用した論文執筆調査では、「通訳者」を匿名化するためa～dと表記する。

本書は、敬称は略している。フィールド・ノーツ上の教授および教師は、本人の了解の下、本名で敬称なしで記述している（井上彰、上野千鶴子、後藤玲子、立岩真也、西成彦、福島智、溝口勝美〈五十音順〉）。しかし、インタビュー中などで敬称が用いられているときは、そのまま使用している。なお、会話録やインタビュー中で記される「天畠さん」「大さん」「大輔」は、筆者のことを指す呼称である。

また、筆者の生言語を読みとりによって得られた発言であることを明確にするため、ひらがな表記とする。ここでいう筆者の生言語とは、筆者が発言した言葉で、「通訳者」が読みとり、意訳変換する前のものである。なお、「通訳者」が漢字・カタカナ・アルファベット・句読点・濁音・半濁音・長音・促音・拗音などを補足した意訳は、筆者の生言語の後にカッコ内に書くこととする。なお、生言語のみで理解できるものは生言語のみの表記とし、LINE[6]で「通訳者」に指示した内容などは意訳のみの表記とする。

3-3　調査における人権の保護および法令などの遵守への対応

本研究は、筆者の父母および「通訳者」等へのインタビュー調査があり、人権の保護および法令を遵守するための対策が必要になる。

まず情報収集の過程で入手した個人情報は、その流出を防ぐため、研究で使用する際は個人を識別する情報をとりのぞき、新たに符号または番号を付して匿名化する。また、データの保管・管理は細心の注意を払う（外部記憶装置に記録し、その媒体は鍵のかかる場所に保管）。

また、調査を始める前にインフォームド・コンセントに関する以下の事項を説明することを原則とする。

実施計画への参加は任意であること

実施計画への参加に同意しないことにより、不利益な対応を受けることはないこと
実施計画への参加に同意した後でも、いつでも同意を撤回することができること
本人から請求があれば、該当データを開示すること
同意を撤回しても、そのことにより何ら不利益はこうむらないこと
同意を撤回した場合、提供されたデータなどは廃棄すること
収集したデータなどは、本人の同意を得ることなく他者に譲渡はしないこと

なお、筆者が当時所属していた立命館大学大学院先端総合学術研究科では、独自の倫理審査を行う仕組みがあり、本調査は指導教員・立岩真也および、外部ファシリテーターとして中央大学・天田城介による厳正な研究倫理審査を経て実施した。

■注

1　上野は、それとは逆に非当事者であったが、人類学の抑圧性を深く恥じてコミュニティに参入し、当事者になってしまう非現地人人類学者もいる点を指摘している（上野 2013: 38)。これについては、鈴木裕之（2015）の「恋する文化人類学者」に詳しい。

2　筆者は「共有知識」という用語を、「文脈情報の共有」という意味内容で用いることを断っておく。また、ここでの「文脈情報」とは筆者個人に関する（介助や生活一般、学術に至るまで）あらゆる既知の情報である。詳細は第6章で後述する。

3　知的障がい者の家族の「離れがたさ」について研究する染谷莉奈子は、知的障がいのある子どもについて相手に伝え

るための〝説明コスト〟が、母親にとって高いハードルとなり、母親の当事者性を高めていると述べている（染谷 2019: 107）。

4 筆者は博士論文の執筆および出版までの一一年間、論文チームの構成メンバーの数や構成員は変化しながらも、筆者との協働作業とチーム内の連携で執筆してきた。ここでいう広義の当事者である論文担当の「通訳者」が辞める際は、次の「通訳者」に詳細な引きつぎや後方支援を行うことで、筆者との共有知識をつないできた。そのため、本研究において広義の当事者は部分的な当事者になり得ることを示したことで、当事者とは「ニーズから降りることのできない、離れることのできない」（上野 2012：347）ものという既存の当事者概念に一石を投じることができた。

5 Skypeとは、二〇〇四年に正式サービスを開始した、インターネットや携帯回線で無料通話ができるアプリケーションである。テレビ電話だけでなくチャットも可能である。外出先の様子を、カメラ機能を用いて受信側にみせることができるので、低コストで気軽にテレビ電話ができる点で画期的である（天畠ほか 2013: 15）。筆者の大学院は京都にあり、介助／通訳者と生活している東京とは遠隔地だったため、受講はSkypeを利用していた。また、遠隔地にいる「通訳者」とのミーティングにも日常的に利用していた。しかし、二〇二〇年頃の世界的な新型コロナウイルス感染症の拡大に伴い、テレワークの必要性が増し、ビデオチャットサービスZoomの使用者数が爆発的に増加した。筆者も録画機能やホワイトボード機能などの使いやすさから、ウェブ会議ツールを一〇年間使ったSkypeから、Zoomに変更した。

6 LINEとは、スマートフォンアプリを中心に無料でチャットや通話を利用でき、ゲームや音楽などの関連サービスも楽しめるコミュニケーションツールである。二〇一一年三月、東日本大震災被災者の連絡困難な状況を考慮し、韓国傘下の日本法人が開発し、同年六月にサービスが開始された。筆者－通訳者間の情報共有ツールの一つとして、二〇一四年から使用を開始した。とくに、各プロジェクト単位でのグループを作成したことで、筆者はいつでも・どこでも、スマートフォンをもっていれば、研究について思いついた意見をアウトプットすることができるようになり、筆者－通訳者間でリアルタイムな情報共有が可能となった。

第２部　「発話困難な重度身体障がい者」のコミュニケーション

――青い芝の会の介助思想と天畠大輔における「通訳者」の特異性

第4章

青い芝の会における「発話困難な重度身体障がい者」

本章では、日本の障がい者運動の先駆けとなった青い芝の会[1]（以下、「青い芝」と記す）の思想をとりあげる。とりわけ、青い芝の介助に関する思想（以下、「介助思想」と記す）が具体的にどのようなものであったかを明らかにする。そのうえで、青い芝の介助思想は「発話困難な重度身体障がい者」を含むことができたか、彼らの介助に有効な思想となり得たのか、可能性と限界を検討する。

1　概要――青い芝の会の文献調査と澤田隆司の介助者へのインタビュー

1―1　調査概要と調査対象

本章では、「発話困難な重度身体障がい者」のコミュニケーションを考えるうえで重要だと考えられる青い芝を対象とし、文献調査と兵庫青い芝の会（以下、「兵庫青い芝」と記す）会長であった故・澤田隆司（二〇一三年没）の介助者へのインタビュー調査を行った。

研究対象として青い芝を選んだ理由は、青い芝が重度の言語障がいがあることに積極的な価値をおき、社会に対して自分たちの声を聴きとるように求めた当事者による運動だったからである。そのため、「発話困難な重度身体障がい者」のコミュニケーションを考察するうえで重要だと考えた。

さらに澤田を調査対象にする理由は二点ある。第一の理由は、澤田が兵庫青い芝を結成し、関西の障がい者運動[2]をリードしたにもかかわらず、澤田を対象とする研究論文が管見の限り見当たらないことである。第二の理由は、澤田はアウトプットに困難を抱えた「発話困難な重度身体障がい者」[3]だからである。青い芝のなかでも、通訳介助を必要とした稀有な存在として、澤田をとりあげることとした。

澤田を事例として、青い芝の介助思想が「発話困難な重度身体障がい者」を含むことができたか、その可能性と限界を検討する。

1－2 調査手順

第一に、青い芝に関する文献調査を行った。青い芝の活動の中心を担った横田弘の『障害者殺しの思想』（横田 2015）、横塚晃一の『母よ！ 殺すな』（横塚 2007）から、彼らの介助に対する思想がどのようなものであったかを探る。

第二に、兵庫青い芝会長である澤田に関する文献調査を行った。澤田が横塚の思想をどう引きついだのかを探るために、ときに介助者として、ときに取材者として向きあった角岡伸彦の『カニは横に歩く――自立障害者たちの半世紀』（角岡 2010）から、運動家としての澤田の人間像に迫る。

第三に、澤田の介助者へのインタビューを行った。澤田のコーディネーターであった「自立生活センター神戸Beすけっと」[4]所属の井奥裕之、澤田の介助者であった田中義一、山下博靖、柳本文貴を対象とし、文章だけではわからない、澤田の生活や彼を支えた介助者との関係性について、インタビューを行った。とくに、障がいの重度化によって「他者の介入を受けた自己決定」が内包された介助者との関係性について聞きとりを行った。なお、井奥、田中、山下へのインタビューは二〇一四年四月二六日に実施し、柳本へのインタビューは二〇一六年九月二七日に実施した。

調査場所は、井奥のインタビューは神戸Beすけっとの一室で、田中、山下は同時に神戸市内の商業施設内で、柳本は筆者の自宅一室（当時）を使用した。各調査に関わるスタッフは、インタビュアーである筆者、筆者の通訳を担当する研究助手（嶋田拓郎）の計二名である。なお、井奥、柳本への調査内容はＩＣレコーダーに記録し、文字起こしを行った。田中、山下へのインタビューは録音ではなく、その場でノートテイクを行った。また本調査は本人の了解のもと、本名での記述とした。

次節から、これらの調査をもとにした分析結果を述べる。

2　青い芝の会の介助思想

青い芝は障がいのある当事者が自ら声を上げた社会団体であり、言語障がいの重い脳性マヒ者による運動だった。全国青い芝の会の代表であった白石清春は、青い芝の活動目的を、「脳性マヒ者が被差別者として地域社会から排除されてきたことを自覚することから始め、強烈な自己主張を行うことによって、健全者の意識をも変革する」（白石 1981: 17）と述べている。

青い芝は、一九七〇年代に活動を活発化させた。横浜で起きた、障がい児をエプロンの紐で絞殺した母親への減刑嘆願運動に対する異議申し立てに端を発する。青い芝は健常者社会のあり方を問いなおし、健常者の独り善がりな介入を否定する思想をもった。ここではこのように健常者の介入を否定し、施設ではなく地域で暮らすという考え方を脱パターナリズムの思想とよぶ。

ここからは、青い芝の行動綱領を起草したとされる横田、同会の理論的な支柱であった横塚を中心に青い芝の介助思想をとりあげる[5]。

2-1　横田弘の行動綱領における愛と正義の否定

青い芝は、結成当初は会員同士の親睦や文芸作品の創作などを活動の中心にしていたが、一九六〇年代半ばから会員の多様化に伴い、行政交渉などの社会活動を展開するようになる。この頃、会に入会したのが横田や横塚であった。彼らは一九六〇年代に茨城県千代田村（現・かすみがうら市）の閑居山願成寺に存在した「マハラバ村」に参加している。マハラバ村は大佛空《おさらぎあきら》という僧侶が主宰した障がい者のコロニーであり、横田や横塚はこの大佛の思想の影響を強く受けている。そこに横田を引きこんだ理由として、青い芝の創設に立ちあった小山正義は次のように書いている。「横田弘さんを訪ねたのも、共同体に引っ張り込むのが目的でした。当時の和尚さん〔大佛空——筆者注〕の目論見として、横田弘さんのような障害の重い人を仲間に入れて、共同体の看板にしようと考えていたのでした」（小山 2005: 43）。このことからわかるように、当時のマハラバ村はあまり重度の障がい者が参加していなかった。よって、彼を「重度障がいインテリ」としてマハラバ村に招き入れたのである。大佛にとって、横田の存在は必然だった。大佛は、障がい者が社会のなかで差別され、惨めな存在とされていることを自覚するように彼らに迫った。その大佛との格闘の果てに生まれたのが、横田が起草した行動綱領であるといわれている。この青い芝の行動綱領は最初、横田らが所属する「神奈川県連合会」のなかで共有されていたものだった。この段階での行動綱領は以下のように四項で構成されていた[6]。

われらかく行動する

一、われらは自らがCP者である事を自覚する

われらは、現代社会にあって、「本来あってはならない存在」とされつつある自らの位置を認識し、そこに一切の運動の原点をおかなければならないと信じ、且、行動する。

一、われらは強烈な自己主張を行なう[7]

われらがＣＰ者であることを自覚したとき、そこに起るのは自らを守ろうとする意志である。われらは強烈な自己主張こそそれを成しうる唯一の路であると信じ、且、行動する。

一、われらは愛と正義を否定する

われらは愛と正義の持つエゴイズムを鋭く告発し、それを否定する事によって生じる人間凝視に伴う相互理解こそ真の福祉であると信じ、且、行動する。

一、われらは問題解決の路を選ばない

われらは安易に問題の解決を図ろうとすることがいかに危険な妥協への出発であるか、身をもって知ってきた。

われらは、次々と問題提起を行うことのみ我等《ママ》の行いうる運動であると信じ、且、行動する。

このような行動綱領が、一九七五年の日本脳性マヒ者協会・青い芝の会総連合会の第二回全国大会において、総連合会の正式な綱領として採択された。このときの綱領は以下のように変更されている[8]。

一、われらは自らが脳性マヒ者である事を自覚する。

われらは、現代社会にあって、「本来あってはならない存在」とされつつある自らの位置を認識し、そこに一切の運動の原点をおかなければならないと信じ、且つ行動する。

一、われらは強烈な自己主張を行う。

われらが脳性マヒ者であることを自覚した時、そこに起るのは自らを守ろうとする意志である。われらは強烈な自己主張こそ、それを成しうる唯一の路であると信じ、且つ行動する。
一、われらは愛と正義を否定する。
われらは愛と正義のもつエゴイズムを鋭く告発し、それを否定する事によって生じる人間凝視に伴う相互理解こそ真の共生であると信じ、且つ行動する。
一、われらは健全者文明を否定する。
われらは健全者の作り出してきた現代文明が、われら脳性マヒ者を弾き出すことによってのみ成りたってきたことを認識し、運動及び日常生活の中からわれら独自の文化を創り出すことが現代文明への告発に通じることを信じ、且つ行動する。
一、われらは問題解決の路を選ばない。
われらは安易に問題の解決を図ろうとすることが、いかに危険な妥協への出発であるか、身をもって知ってきた。

われらは、次々と問題提起を行うことのみが、われらの行いうる運動であると信じ、且つ行動する。

われらは以上五項目の行動綱領に基き、脳性マヒ者の自立と解放を掲げつつ、すべての差別と闘う。


以上のような行動綱領はよく知られているものであり、後の障がい者運動に強い影響を与えた。たとえば、「愛と正義を否定する」という文言は、親などの「健全者」[9]の世話になることの否定であり、健全者のお仕着せの福祉を否定するというメッセージである。つまり、健全者のパターナリスティックな介入を排除し、障がい者自身の克己心を煽る意味が込められていたと考えられる。そして、この主張は、健全者にこびへつらうのではなく、健全者と敵対する関係を形成するという当時の障がい者運動の中心的な思想となっていった。

ところで、「強烈な自己主張を行う」や「愛と正義を否定する」という文言は運動家でもあり詩人でもあった横田が起草したものだと考えられている。しかし、四つ目の項目である「健全者文明を否定する」に関しては、そもそも横田が書いた文言ではない。文学者の荒井裕樹によれば、一九七五年の全国大会の際に、この項目を盛りこむことが提起され、承認されたという（荒井 2017：173）。このことにはどのような意味があるのだろうか。次項で詳しく述べていく。

2－2　健全者文明を否定することの意味

これまでの青い芝のイメージは「健全者文明を否定する」という強い主張を訴えた団体であるというイメージが一般的だっただろう。しかし、彼らの主張を丁寧に読みといてみると、そうしたイメージとは異なった現実が見えてくる。というのも、青い芝における健全者文明に対する立場には、二つの立場があったからだ[10]。

健全者文明を否定する立場の中心は、後に広島青い芝の会を結成することになる会員たちである。この一派が、一九七五年に開催された青い芝の「第二回全国代表者大会」のときに「健全者文明を否定する」という文言を加えることを主張し、その意向を受けた横塚が、この文言を盛りこむことを提起した。当時は、電動車いすが徐々に普及し始めた時期であり、障がい者のなかに「自分でできることは自分でやったほうがいい」と考える者が現れていた。これに危機感を抱いた、横塚ら青い芝の役員の提案によって、この文言が付け加えられたのだという。つまり、電動車いすなどの手段に頼るのではなく、健全者が介助者となって障がい者に直接関わることを求めたのだ。この主張は、一九八一年に広島で電動車いすを使用する障がい者が踏切内の線路に車輪が挟まり、電車にひかれて死亡するという事故が起きたことで、より先鋭化することになった。福祉機器は健全者が障がい者に関わらなくて済むように発明した「健全者文明」の産物であるとして批判したのである（荒井 2017: 184）。

一方、横田は健全者文明を否定する側にたっておらず、行動綱領にこの項目を盛りこむことに反対していた。実際のそのときの証言として、横田と長年交流のあった臼井正樹は、横田自身の次のような語りを紹介している。

> 横塚晃一が、全国青い芝の会を結成する際に、統一の行動綱領としてもともとの四項目に一項目加えたものを総会にかけたいと相談してきた。その時僕は、横塚の意見に反対した。僕が利用している車イスは、健全者が作ったものだ。その車イスを使うことで僕は外出する。つまり、健全者の作ったものをすべて否定することはできない。（臼井ほか 2016: 52-3）

臼井自身も、横田と横塚の健全者に対する立場の違いについて次のような解釈を示している。

> 横塚は、間違いなく健全者、健全者の文化に対して戦いを挑んでいった。しかし横田が真に戦おう

としたものは、そうではなかった。横田は障害者である自らと戦い、他の脳性マヒの障害者に対しても、脳性マヒの障害者として真に主体的に生きること、健全者に、健全者の価値観にからめとられないように生きることを、行動綱領で呼びかけたのだと考えたい。(臼井ほか 2016: 58)

臼井の指摘では、横田は健全者文明を否定せず、むしろ脳性マヒ者として自己を自覚することを彼らに迫ったという。それに対し、横塚は健全者文明を否定する立場をとっていた。この背景には、横田が車いすユーザーであり、生活していくうえで車いすの使用が必要不可欠であった一方で、横塚は車いすなしで自立歩行が可能であったという、車いすに対する切実さの度合いの違いも関係していたことが考えられる。このように健全者文明の否定を巡っては、横田と横塚に微妙な温度差があったように思われるが、両者とも障がい者は健全者に憧れを抱くという事実への強烈な自覚があり、障がい当事者に対してまず、自身が障がい者であることを受けいれ、自分のなかの差別を自覚しなければならないという意思をもっている。この主張は障がい者のなかの健全者への憧れを否定し、障がい者と健全者が互いの理解を深めていくことを目的としており、そうした意味では横塚と横田のめざすものは決して離れてはいなかったと思われる。健全者文明の否定とは、それまでの障がい者と健全者の関係性の問いなおしを訴える主張だったと考えられる。

2-3 横塚晃一の「健全者集団に対する見解」における健全者手足論

青い芝は、一九七五年の第二回全国大会以来、青い芝の主導のもとに健全者組織を作りあげてきた。この健全者組織と青い芝の関係性は、「やってやる」「理解していただく」というそれまでの障がい者と健全者の関係性ではなく、「敵対する関係の中でしのぎをけずりあい、しかもその中に障害者対健全者の新しい関係を求めて葛藤を続けていくべきもの」と考えられた（横塚 2007: 263）。

しかし、両者の相互関係のあり方を巡って対立が生じ、関西青い芝が健全者組織であるグループ・ゴリラ[11]を解散させる事態が起きた。というのも、ゴリラの健全者のなかには、自立障がい者のランク付けを行ったり、障がい者に対して抑圧的で差別的な態度をとったりする者が増えていたからである。この健全者集団の解散を決めたのは横塚であり、このとき彼は「健全者集団に対する見解」を発表している。そこでは青い芝の健全者手足論が展開されている。

> 常に健全者というものが私達脳性マヒ者にとって「諸刃の剣」であることを私達は忘れてはなりません。つまり青い芝の会（脳性マヒ者）がこの社会の中で自己を主張して生きようとする限り、手足となりきって活動する健全者をどうしても必要とします。が、（中略）手足がいつ胴体をはなれて走り出すかもわからないし、そうなった時には脳性マヒ者は取り残され生命さえ危うくなるという危険性を常にはらんでいるのです。（横塚 2007: 264）

この一文をみる限り、横塚は健全者を手足として捉え、その手足がいつ暴走するかわからない、という認識をもっていたことがうかがえる。そのため障がい者が健全者を手足としてコントロールすることが重要であると訴えているかのように聞こえる。しかし、横塚は健全者を単なる「手足」としてみているわけではなかった。障害者問題資料センターりぼん社代表の小林敏昭が述べているように、青い芝の健全者手足論を、健全者を手足のように使えばよいという主張として理解することは、青い芝の障がい者と健全者の関係性を運動論としてみない間違いである（小林 2011）。つまり、「敵対する関係の中でしのぎをけずりあい」という言葉にあったように、障がい者と健全者が相互にぶつかりあうなかから新しい関係を求めていくということを横塚は訴えていたのである。そのことは、以下の主張からも読みとることができる。

いかなる危険性があっても決して健全者にこびへつらうことなく、健全者との関係を断ち切ることなく、私達「青い芝の会の手足となりきる健全者集団」づくりを各地で推し進め、一歩変革された健全者の全国集団化を目指していかなければなりません。（横塚 2007: 265）

このように、障がい者と健全者は、「こびへつらう」のでもなく、「関係を断ち切る」のでもなく、互いに向きあいながら関係を深めていくことが、ここでいう「青い芝の会の手足となりきる健全者集団」の意味なのである。障がい者介助の領域では、青い芝の介助思想は、健全者を手足のように使いきるべきだという思想であると認識されてきたところがあるが、これは正確な理解ではない。健全者手足論は、障がい者が健常者と同じように主体的な存在であることを認めさせるためのスローガンとして、障がい者運動内で用いられた言葉だった。このスローガンのもと、介助者は、障がい者の黒衣となって障がい者運動や日常生活を支える役割を担うことになっていった。青い芝の介助思想は、決して障がい者と健全者の主従関係をいったものではなく、横塚が記したように、互いに「しのぎをけずりあう」関係をめざしたものだった。このことを確認しておく。

では、こうした青い芝における障がい者と健全者の関係性のあり方を踏まえたうえで、具体的な介助や通訳のコミュニケーションはどのようなものだったのかを記述する。というのも、実際のところ横塚は、言語障がいはあるものの、通訳を含め介助を必要としない身体的に自立した障がい者だったからである。その点で「発話困難な重度身体障がい者」の通訳／介助を考察する本章の問いからはまだ距離がある。

そこで、ここからは青い芝のなかでも常に介助者を必要とする、とくに重度の障がい者であった、兵庫青い芝会長・澤田の介助関係について記述する。澤田は横塚の思想の影響を強く受けているが、横塚とは異なる特徴をもっていた。それは、横塚は発話に障がいはあるものの介助を必要としない障がい者であったことに対し、澤田はつねに介助者を必要とする障がい者であった点である。澤田が重度障がい者であったことを念頭に、介助思想とその思想を踏まえたとりくみを検討していく。

3 澤田隆司と青い芝の会

本節では、兵庫青い芝会長であった澤田の事例を通して、澤田の生のありさまと介助者との関係性はどのようなものであったのかを検討していく。澤田は、「ホー」という叫び声によって自分の意思を示す方法と、文字盤によってコミュニケーションをとる方法を併用していた。

彼は障がいが重度化して以降、コミュニケーションの方法が変わっていった人物である。具体的には、一九八九年三月、頸椎異常のためマヒが強まったという。またそれまで指で指していた文字盤を指せなくなり、介助者が五十音を読みあげ、澤田が「ホー」と返答する形に変化し、読みとりが格段に遅くなっていった（角岡 2010: 282）。以下が澤田の略歴である。

3-1　澤田隆司の略歴

澤田隆司は、一九四六年、兵庫県姫路市に生まれた。一九五三年、七歳のとき日本脳炎に罹患し、その後遺症のため四肢マヒ、言語障がいといった重複障がいを負う。養護学校に通うものの六年遅れでの卒業であった。卒業後は自宅で引きこもる生活を送った。この頃は「毎日が孤独で、自分の将来に展望を持てなかった」といい、澤田にとっては「命を絶とうとするほど」耐えられない時期だったという（角岡 2010: 35）。

一九七二年、二七歳のとき鎌谷正代ら養護学校の卒業生とともに、自立障害者集団グループ・リボン[12]を結成。一九七三年、出演の映画『カニは横に歩く』の製作を開始。翌一九七四年三月に映画が完成し、上映運動を展開した。

同年一〇月、澤田は兵庫青い芝を結成し、会長に就任。兵庫青い芝は、親元で暮らす重度障がい者の在宅訪問活動を行い、「自分が面倒をみなければ、とわが子を抱え込みがちな親から救い出す」ことを続けた。

一九七五年、自立生活を始める。当初は、六人しか介助者がいなかった。かつて澤田のボランティアであった角岡伸彦が述べるように、澤田は「何をするにも介護が必要である。文字盤を使ってのやりとり、通常の何倍もの時間と労力が必要であった」（角岡 2010: 117）。

一九七八年、兵庫青い芝が健全者組織である兵庫ゴリラの解散を決定した。この頃、健全者組織ゴリラは関西各地をはじめ全国に広がりつつあったが、兵庫青い芝は障がい者運動の主体性を守るため、あえて健全者組織の解散を求めた。

一九八九年には、兵庫青い芝が中心となり阪神障害者解放センターを設立。一九九一年七月には、自立生活センター神戸Beすけっとを設立し、代表に就任している。

一九九五年一月一七日、阪神・淡路大震災を経験。御影の自宅で被災するも、介助者とともに六甲デイケアセンターに避難。

二〇〇三年、支援費制度の開始とともに二四時間介助保障を勝ちとる。複数の事業所を利用し、介助状況がやや改善されるも、事業所枠ではなくボランティア枠を残し、古くからの介助者や新しい学生をボランティアとして入れ、関係を築きながら自らの生活を守る。

二〇一一年、六五歳となり、介護保険の利用を求められるが、いままで築いてきた人間関係や自由な自立生活が損なわれるとして、移行を拒否し、それまでどおりの生活を要望。介護保険は使わず重度訪問介護のみで生活を続ける。

二〇一三年、褥瘡の悪化など体調不良が続く。同年一〇月二七日、古くからの同志、古井（鎌谷）正代が講師の一人を務める学習会に参加。調子が悪く、途中退席し自宅に戻る。同日、自宅の車いす上にて呼吸不全、意識不明となり、救急搬送。意識が戻らぬまま、帰らぬ人となる。以上が澤田の略歴である。

3-2　澤田隆司の介助思想――横塚晃一の影響を中心に

では、ここからは澤田の健全者や介助に関する思想をみていく。はじめに澤田が自ら青い芝を結成する経緯について確認する。略歴でみたとおり、澤田は養護学校高等部を卒業後、同級生であった鎌谷に誘われ、グループ・リボンの活動に参加している。リボンは、映画『さようならＣＰ』の上映運動を展開し、澤田もこの活動に深く関与した。澤田のリボンへの加入は、鎌谷のようなしゃべることも歩くこともできる障がい者だけではなく、しゃべることができず介助を必要とする障がい者の参加を意味していた。鎌谷自身がこのことを次のように語っている。「関西のグループ・リボンに始まったいろんな運動の元がタカッサンだった。だから、しゃべれたり、ちょっと歩けたりする私じゃなくて、主軸はタカッサンがどのように生きていけるかが運動の基準だった」[13]。このように兵庫の障がい者においては「発話困難な重度身体障がい者」である澤田が介助の面でも思想の面でも活動の中心におかれていた。

その後、鎌谷や澤田は『さようならCP』の上映運動の盛りあがりを通して、一九七四年に兵庫青い芝を結成する。ちょうどこの頃、兵庫県が「不幸なこどもの生まれない運動」という優生思想にもとづいた障がい者差別の政策を県民によびかけていた。地元のテレビ局であるサンテレビがそのPR番組を制作しているという情報が流れ、澤田ら兵庫青い芝は、すぐさま県庁に押しかけた。断続的に三日にわたって交渉を行い、この県民運動の即刻中止を求めた。交渉の結果、サンテレビの番組の放送は中止され、「不幸なこどもの生まれない運動」のみなおしが確認された。

こうした青い芝の盛りあがりは関西の各地でみられた。一九七三年に結成されていた大阪青い芝の会に続き、一九七四年九月に和歌山、一〇月に兵庫、一一月には奈良で青い芝が誕生している。同じ一一月にはこれらの団体を統括するネットワークとして「関西青い芝の会連合会」が発足している。このように関西地区では青い芝の運動が目覚ましい展開をみせていた。

関西青い芝の会（以下、「関西青い芝」と記す）には、関東から横塚が頻繁に訪れ、交流を深めたという。この頃、関西青い芝の中核だった松井義孝に、関西の障がい者運動を専門的に研究した定藤邦子がインタビューをしている。それによれば松井が関西青い芝の活動にのめりこんでいくきっかけには横塚の存在があったことが触れられている。

当時、横塚さんは何回も大阪の事務所に来ていて、しょっちゅう話していました。僕の考えの半分は横塚さんの影響を受けています。今でもそうです。横塚さんはやさしかったです。他のメンバーにとっても横塚さんの影響は大きかったと思います。（定藤 2011: 98-9）

松井の語りにもあるように、横塚の思想は関西青い芝の拠点に伝播していたことがわかる[14]。澤田自身も青い芝における横塚の思想に共鳴していた。以下のやりとりをみれば、澤田が横塚の唱えた「健全者文明の否定」を啓蒙していたことがわかる。澤田と彼の介助者であった十亀智彦との会話に澤田の健全者観が表れている。その箇所を引用する。

十亀「在宅の障害者が友達関係を広げて介護者を増やしていくことで自立をめざす、というのが澤田さんの基本的なやり方やね。そやけど、たくさんの在宅の人たちはそれがでけへんで困ってはんねんけどねぇー」
澤田「本人次第や」
十亀「きついなー。でも澤田さんもそれで困っとるやんけ」
澤田「そやけどな、基本は貫きたい」

十亀「それじゃあねえ、今、澤田さんの介ゴに来てる人たちはみーんな澤田さんが自分で友達として広げていった仲間なんか?」
澤田「健全者は敵。変えていかなあかん!」
十亀「健全者は澤田さんにとって変革対象なんですね」
澤田「ホー。俺たちと共に生きる仲間を一人でも多くしていきたい」(角岡 2010:286-7)

角岡によれば、この会話からもわかるとおり、澤田は青い芝の思想を大事にもちつづけていたという。それは障がい者と健全者が「しのぎをけずりあう」介助思想であった。澤田は「健全者は敵」と述べていることからも「健全者文明の否定」という思想をもっていたと思われる。そしてまた、十亀の「変革対象なんですね」という問いかけに、力強く「ホー」と答えているように、澤田にとって健全者は敵であるとともに、変えていく対象であり、ともに生きる仲間なのである。では、こう語る澤田は介助関係をどのように考えていたのだろうか。同じ十亀との会話から引用する。

澤田は電動車いすやトーキングエイドを使用しなかった。安易に健全者が作った技術に頼るのではなく、障がい者と健全者が直接関わることを求めていた。これは、障がい者が健全者に合わせるのではなく、健全者が障がい者に合わせることで、健全者が自分の価値観や生き方を変えていく、そうした問いかけを澤田は投げかけていた。

十亀「それだったら、共に生きるとは具体的にいうてみぃ!」

澤田「介護される関係ではなく、ヤル関係」
十亀「なにやるの？」
〈（お互い）爆笑〉
十亀「つまり健全者と障害者が何かをする・される関係ではなくて、共に何かをヤル関係になることだと言いたいのですね」
澤田「ホー、ホー、ホー」
十亀「それじゃ聞くけど、現実はどうなの？」
澤田「むつかしぃのね」
十亀「どうむつかしいねん、例を述べよ！」
澤田「これまで一万人ぐらい（介護に）来てたけど、五、六人くらいしか介護に残らんかった。それではいかん」（角岡 2010: 287）

ここで十亀の解釈に澤田が「ホー」と答えていたように、澤田にとって介助関係とは「する・される関係」ではなく、「共に何かをヤル関係」である。また、十亀の解釈をさらに解釈すると、澤田は介助が障がい者と健常者の協働作業であると考えていたと思われる。続けて十亀は澤田に、なぜ介助者は一万人来たとしても五人しか残らないのかと問いかけている。

十亀「で、質問に答えんかい。何で一万分の五やねん？」

澤田「健全者の気持ちが分からん」
十亀「そりゃそーやね、僕も障害者の気持ちが分からんもんね」
澤田「(午前三時) 半になったら寝よ」
十亀「突然何いうねん。健全者同士でも分からんし、障害者同士でも分からんね」
澤田「残るか」
十亀「一万分の五にか」
澤田「ホー。他のとこでも障害者と関われ！」
十亀「澤田さんの介ゴをやめざるをえなくなってもの話か？」
澤田「ホー」
十亀「『残るか』というのは、澤田さんの介護者として残ることに関わらず、障害者に残る者として残るのかという問いやね」
澤田「ホー」(角岡 2010: 289)

このように、澤田はたとえ自分の介助者が自分の介助から離れたとしても、障がい者に関わるよう求めている。障がい者に服従させるのとは違って、澤田は、障がい者とともに生きる健常者を育てることを自らの信念にしていることがうかがえる。次の引用は、当時親元からの自立を模索していた、知的と身体の重複障がいをもつ天場志信の介護者会議における澤田の発言である。ここからも澤田の信念を読みとることができる。

「月八回介護に行きますか?」

〔Beすけっとの職員である——筆者注〕坂本が澤田に問う。介護のノルマは、月四回から月八回に増えている。

「い・く」

「介護あたっている日に、あなたの介護がつかないかもしれないですよ」

「ホー、ホー、ホー」

澤田は最大級の声で応じた。

「天場さん喜ぶで」

田中が言った。

自分の介護者がいないのに、どうして人の面倒が見れるのか? 澤田さん一人だけおってどうするんや……。私だけでなく、参加者の誰もがそう思ったであろう。しかし、そう思いつつも、この人ならそれをしかねへんな。そう思わせるのが澤田だった。(角岡 2010: 319-20)

こうした、己をさしおいてでも他の障がい者を助けるという言葉の背景には、兵庫青い芝会長としての強いプライドや障がい者としての意地もあったと考えられる。

以上のように、澤田は健全者文明の否定という思想や、健全者を変革対象として捉えるという視点、そして介助を「共に何かをヤル関係」と位置づけた。また、澤田は文字盤を指さし、介助者の読みとらせるコミュニケーション方法にこだわっていた。それは、電子機器などのツールを介さない直接的な関わりを求め、介助を通して、横塚のいうしのぎをけずりあう関係、つまり健全者を障がい者とともに生きる仲間に育てていく発想をもっていたのだ。これらの発想は、青い芝の思想を受けついでおり、とくに横塚の介助思想の影響の跡がみられる。

次節では、澤田の教育した介助者への聞きとりと文集をとりあげ、「発話困難な重度身体障がい者」である澤田のコミュニケーションのあり方について記述する。

4　澤田隆司の介助思想——健全者にくわれない生き方

澤田がこだわった「健全者にくわれない生き方」とは、どのようなものだったのだろうか。澤田の出演する映画製作に携わった河野秀忠は、澤田はあえて文章を書くのではなく健全者に姿を記録させていたという（角岡 2010: 42-3）。本節では、このように健全者性を排除するという澤田の介助思想を中心に、澤田と介助者の関係性を掘り下げる。

4-1　先読みを否定する澤田隆司

では、ここからは澤田の介助者との関係性についてみていこう。角岡が取材した澤田は、一九七五年から自ら介助者を集めて自立生活を送っている。二〇〇六年には自立生活三〇周年記念パーティが開催された。その時配布された『澤田隆司自立生活三〇周年記念文集』には、彼の主張が介助者たちの言葉によって綴られている。

> 半年たてば澤田さんが何を言おうとしているかわかるようになります。〔澤田さんが文字盤を――筆者注〕一文字押すと何を言いたいか分かってしまう時、先々しゃべるとまたもやお叱りを受けます。こういったことが度重なり、私の中の勝手な優越感や差別性が徐々に修復されていったと思います[15]。

このように「先々しゃべる」ことを「叱る」澤田の姿勢は他の介助者の語りにもみられる。

> タカッサンは、一文字づつ《ママ》、「あ」行から「ん」までを根気強く、介助者に示させて、顔の表情や声や雰囲気で伝えながら、言葉を作っていきます。けっして妥協はしません[16]。

これらの例からわかるように、障がい者運動を牽引した澤田は「俺の言葉を最後まで読みとれ、俺の遅さに付きあえ」とばかりに、介助者による先読みを断固として拒否する。ここには自己の主張を強力にアピールする澤田の「強い主体」である障がい者像が垣間みえる。この先読みの否定は、一文字一文字、介助者が読みあげることによって、介助者の思考を排除し、澤田のコミュニケーションの自立性を確保するためのものであった。しかしそれだけでなく、一人目の介助者の語りにあったように、介助者が内面化している健全者性を排除するという教育的側面もあったと思われる。そのため、澤田にとって先読みの否定は健全者を変革していく社会運動であったといえるだろう。しかし、二〇年来の付きあいがある介助者の田中義一は次のように語る。

先読みですね。澤田さんは公的には一切やるなという話をしてましたね。新人の挨拶でも一切先読みをしないことをいわれた。原則は先読みは駄目で、その時々では柔軟に澤田さんに合意を得て先読みをする感じでした。（中略）そこには澤田さんの戦略があったと思って、新人や信頼関係がない人には最後まで聞けという意味で、先読みを禁止して、ある程度信頼関係ができた人には先読みもさせていたと思う[17]。

このように、澤田は、新人の研修や公的な場では先読みを一切否定していたが、信頼のおける介助者の場合にはそのときどきで柔軟に先読みをさせていたということである。澤田と長年親交のあった、障がい当事者でコーディネーターであった井奥裕之も、運動としての「先読みの否定」と、生活場面での「先読みの許容」について、インタビューで以下の内容を話した。

「飲む」って澤田さんがいう。「コーヒーですか？　お茶ですか？　何ですか？」っていう前に「コーヒーを飲む」っていうことを澤田さんにいわせないと運動としては僕は間違ってると思う。でも、澤田さんはもう「飲む」っていったらＢＯＳＳの缶コーヒーとかそういうなんか定番があったりとか、自動販売機で「これですか？　これですか？　これですか？」って「そこ」っていうとこで押してたんかもしれん。でも、そういうのをやっぱり障がいがあるがゆえに介護ノートがあって介護者が引きついでくっていうのがあるんですね[18]。

井奥は、澤田が一文字ずつ発することが運動の原則であると述べている。しかし、生活のルーティンについては決まりがあったり、介助者が記録していた。このように、澤田は公的な場面においては介助者の「先読みの否定」を行いつつも、生活の場面においては臨機応変に先読みをさせていた。このように、先読みを否定するという澤田の姿勢には、新人介助者の先入観を変革し、彼らを教育して自分の介助者に育てあげるという思想があったのではないか。以上のことからわかるのは、澤田にとって「先読み」を完全に否定することが現実的なのではなく、現実の生活と折りあいを付けるかたちで、先読みを限定的に利用していた実態である。このように、澤田は時と場合によって先読みに対する認識を使いわけていた。

4-2 技としての介護付け

澤田の介助体制はボランティアとの関係性を重視した側面があった。そのことの意味をここで確認しておきたい。

第一にはボランティアの介助者を自分の裁量で入れることで運動性[19]を確保してきたことである。その目的は一人でも多くの健全者の健全者性を変革することにあった。一九七〇年代は澤田の介助者のほとんどがボランティアであり、二〇〇〇年代になってからも、平日は有償の介助者が介助に入り、土日は無償のボランティアの介助者が入っていた。澤田の略歴のなかにも、この有償の介助者による事業所枠と、ボランティアによる自由枠とがあったと記されている。

二〇〇三年、支援費制度始まる。澤田さんも、二四時間介助保障を勝ち取る。複数事業所を使い、やや介護状況が改善されるも、事業所枠ではなく自由枠（自分で介助付けする枠）を残し、古くからの介助者や新しい学生をボランティアとして自ら介助付けしていく生活を守る[20]。

土日は自由枠として位置づけられていたため、事業所に頼ることなく、澤田の裁量で介助者を使うことができた。この自由枠を利用して介助に運動としての意味を込めていた。ここでは、約一〇年間、澤田の介助者であった山下博靖の語りを引用しよう。

理念を伝える、みたいな。運動として健常者の考え方を変えてやる、という思いがあったから間口は広く、いろんな介護者・健常者との付きあいの機会を増やしつつ自由枠を利用していたと思いますよ[21]。

このように自由枠は、一人でも多く、障がい者と関わる健全者を増やすためのもので、健全者の意識変革をするという運動的な意味を込めたものだった。澤田は、介護の無償化[22]という青い芝の思想を引きつぎつつ、有償ボランティアとも組みあわせ、独自の介護のとりくみを行っていた。

また、CILは同性介助が原理原則であったため、男性の介助者を増やすために土日にあえて異性介助として女性のボランティアを入れていた。コーディネーターであった井奥はインタビューのなかでこう語っていた。

澤田さんのこうマジックというかネタとしては、お姉ちゃんはまぁ自由に使う。ほな当然学生やから澤田さんについて働いて楽しい経験をこう周りにいってくのよね。そしたらアホな男が澤田さんの介護入ったらなんかこう女の子にモテるんちゃうかと、そういうのを、それは学生のなかであったかなって[23]。

技の一つとして女性のボランティア介助者を入れることで、男性の介助者を増やそうとした。このように自由枠はより多くの介助者を確保するための装置として機能した。

第二に、ボランティアの自由枠は自分で介助者をみつけ、個と個の関係性を作るための装置として機能していた。とくに澤田のところでは、介助者に次々と電話をかけて介助に入ることのできる者を探していく、「介護付け」[24]という澤田の技があった。約四年間、澤田の介助者であった柳本文貴は、インタビューのなかでこう語っていた。

「介護付け」といって電話かかってくるんですよね、夜中に。私だいたい澤田さんに月一、二回入っていたんですよね。夜、電話がかかってきて、「いついつ空いてるんだけど来れない？」って知り合いとか先輩からいわれると一回は断っても次の一回で受けなきゃいけないかなっていう。そんな世界ですかね[25]。

澤田は、このような「介護付け」といわれる方法で介助者に連絡をとり、介助の依頼をしていた。つまり、制度や事業所に頼らないという姿勢である。これは運動家としての自己の主体性を確保しようとする試みだった。また、事業所の派遣やコーディネートを利用しないということは、個と個の関係性を重視していたということである。そのような体制について山下博靖も次のように語っている。

代替可能なヘルパーを求めていたわけじゃなくて、人間関係を求めている。個と個としての関係を求めていたし、そういう人を長く使おうとしていたんじゃないですかね[26]。

立岩が述べるように、青い芝の基本的な考え方は、まず自らの存在を当然とすること、存在が社会全体によって直接的に支えられることを当然とすることであった。ここには介助者を労働者として雇用するという発想は出てこない（立岩 2012: 277-8）。また山下幸子も、青い芝の運動に介護＝労働という発想が存在しなかったことに触れ、一九七〇年代の介護は、健常者の意識変革の方法として位置づけられていたと述べている（山下 2018: 224）。つまり、青い芝は雇用関係としてではなく、障がい者を健全者が無償で直接的に支えることに価値をおいたのだ。澤田の「自由枠」と「介護付け」という方法は、個と個の関係性を構築するための知恵であり、青い芝の介助思想をまさに実践したものだったといえる。

一方で、澤田の「自由枠」と「介護付け」という方法は介助体制を不安定なものにしたという点が第三のポイントとして挙げられる。この介助の不安定性について山下博靖は次のように語っていた。

急に来なくなる人はいました。澤田さんが気に入らなくて依頼しなくなったこともある。事業所とか何もないわけだから、本人で選んでやるわけなので。ただいつもは介護者いなかったですね。「介護者いないと死ぬで」というビラまいたことありますけど。脅しですよね。急に介護者が来なくなったりもありましたね、別に仕事じゃないからね。休む人もいたりしましたね。一晩誰もいないとかね、澤田さん命かけてましたからね。緊急避難的に姫路の実家に帰ったりも[27]。

このように、「自由枠」や「介護付け」は制度や事業所の派遣を利用するわけではないため、その介助関係は個人的なものになる。職業的な関係ではなく、無報酬で個人的な約束であるため、結果として介助体制は不安定にならざるを得なかったのである。次節では、このように青い芝の思想を実践していた澤田が、障がいの重度化によって直面した限界と課題について述べる。

4-3 澤田隆司と介助者の関係性の変容

以上のように澤田は青い芝の思想を内面化し、それを実践していた。介助を介助者と「共に何かをヤル関係」と位置づけることや健全者を変革対象と捉えることは、青い芝の「しのぎをけずりあう」関係を実践していたと考えられる。また、先読みの否定、介護付けという技も、青い芝の介助思想の表現であるといえる。しかし、障がいが重度化して以降の澤田の介助には、青い芝の介助思想だけでは捉えきれない現実が生じてくる。ここではそのことについて触れていく。

澤田は年齢を重ねるごとに、とくに頸椎の痛みが進み、障がいが重度化していった。この頸椎の痛みのために、澤田は文字盤の指差しが次第に困難になっていった。そのため、それまでの文字盤によるコミュニケーションとは異なる方法を選択せざるを得なくなった。このコミュニケーション方法の変化は、澤田と介助者の関係性も変化させた。では、そこにはどのような変化があっただろうか。澤田の障がいが重度化する以前とそれ以後の変化について、柳本にインタビューした。

手の力が落ちてきたから、文字盤に手を添えて指を差してもらうっていうのはだんだんやりづらくなったが、澤田さんの思想性というかバイタリティは私のなかでは変わらなかったように思います。ただ年をとったから丸くなったなというのはありましたけど。機能が落ちてきたからというふうにはあまり思わなかったです[28]。

柳本はこのように応じ、障がいが重度化して以降も、澤田の生きる姿勢は変わらなかったという。天場の事例でもみられたように、そのような思想を彼は絶えず、もち続けていたということだ。しかし、思想の面では変化がなかったとはいえ、コミュニケーションの方法には変化がみられた。柳本は同インタビューで次のように続けている。

澤田さんは徐々に機能が低下していったという感じで、ただ私は一九九一年から九五年頃までの間に主に関わっていたので。その後も二、三年に一回、大阪とか神戸に行ったときに顔をみるという感じだったんですけど、指で示していたときと、「『あ』から『な』」、「『は』から後ろ」っていっていたとき、さらに二〇〇〇年頃から介助者が「どうですか？　こうですか？」としゃべってしまってそこから選んでもらうという決め方が多くなってきましたよね。文字盤すらあんまり使わなくなってしまったり。それはたまたま一緒に行った人が慣れた介助者だったから、決めちゃってたみたいな。昔はそういうのはすごく認めていなかったけど、やっぱり二〇〇〇年過ぎ頃に会ったときには深いこだわりが感じられなくなった。割とおまかせしちゃっていいかなっていう感じになっていた[29]。

澤田は障がいが重度化して以降、身体の機能が徐々に低下していき、それに伴ってコミュニケーションの方法も変化していった。柳本が介助に入っていた一九九一年から一九九五年頃は、文字盤を使用していたが、その後は文字盤を使用せず介助者が「『あ』から『な』」、「『は』から後ろ」を読みあげる方法に移行した。これは介助者が「『あ』から『な』」、「『は』から後ろ」と澤田に聞き、澤田が「ホー」と答えることによって言葉を確定していく方法である。さらに二〇〇〇年頃からは、文字盤も用いず「『あ』から『な』」、「『は』から後ろ」も聞かず、介助者がある程度行為を先読みして「こうですか?」と提示して澤田が選択する決め方が多くなったという。かつて澤田はそうした決め方を断固として避けていたが、柳本のいう「丸くなった」という言葉のように、この頃はスピードより効率を優先していたことがわかる。とくに二〇〇〇年以降は、その傾向が強くなっていったという。しかしながら、このことは、澤田にとってはふがいなさを抱きながら、やむを得ず選びとった態度だったのではないだろうか。先のインタビューにおいて柳本は、このおまかせの関係は不全感が残るものだったと語っている。

「ホーホー」っていっているその加減でこちらがいろいろ聞いて「こうですか? それともこうです

か？」って聞いてその反応の仕方で類推するみたいなところがあったから、実際こちらが持ち出しているることがたぶん澤田さんの思いとイコールではない。私が「Aですか、Bですか」っていったときのAにより近いからAでいこうっていうけど、本当はCが自分の意見だったってこともありますから、まるっきり自分の想いをストレートで当てることはできず、「妥協するか」みたいな感じだと思うんですよね。「おじいさんみたい」[30]っていうのも私は確かにそういっていたように思うのですし、「それでいいですか」っていうと「ホーホー」っていうんですけど、「おじいさんみたい」という言い回しは変だから、本当はたぶん途中までは別のことをいいたかったけど私がそう読んじゃったから本人もそう妥協したのかなっていう。どこかしら不安感・不全感が付きまとう感じがありますね[31]。

先ほども述べていたように、澤田は文字盤を用いることが減り、介助者が澤田の意思を類推して「こうですか？」と確認する方法が中心になっていった。そうすると澤田の意思と介助者の提示した選択肢が完全に一致することはないので、澤田は自分の意思に、より近い選択肢を選ぶことになる。そのため、自分の意思をストレートに表現することは難しく、表現には妥協が含まれることになる。たとえば、柳本が読みとった「おじいさんみたい」という言葉も、澤田の思い描いていた言葉と一致しているかどうかはわからず、本人は妥協してその言葉を選んだのかもしれない。そのために、会話には不全感が残ると柳本は語っている。その不全感は解消されることがなく、それぞれの介助者の解釈が許される関わりが徐々に広がっていった。このように障がいが重度化し、言葉数が少なくなった澤田について、介助者の田中は、コミュニケーションの変化が介助者との関係性の変化につながったと述べている。

〔田中の語り――筆者注〕澤田さんは頸椎を痛めて二次障害になってから文字盤が自由に指差せなくなって多くを語らないので、まわりが勝手に都合のいいように解釈しだした。澤田さんをすごく立てる人は、自分色に解釈する。澤田さんもその解釈に乗っかってる節があって、相手をがっかりさせない。それを見てセコイなと思ったり、したたかだなと思ったりしてた。それが澤田さんの戦略なんやろな。だから澤田さんに言葉を求める人たちはイライラする。言葉勝負になったら、澤田さんはキツいもん。（角岡 2010: 394）

澤田の障がいが重度化し、コミュニケーション方法が先読み中心になっていくにつれて、介助者のなかには自分に都合のいいように澤田の言葉を解釈する者が出てきた。ある者は澤田を立てて自分に好意的に解釈をする。一方の澤田もその好意的に解釈された自分の像を利用している節があった。つまり、本当の自分かどうかは問題ではなく周囲によって作りあげられた虚構の自分を演じていたということだ。そのため、澤田本人に自分の言葉で語ることを求める介助者には、虚構の澤田像に苛立ちを覚える者もいたという。とくに二〇年の付きあいのある田中にとっては、実際の介助現場に長い時間、身を預けていたので、苛立ちを隠せなかったと思われる。

また、言葉数が少なくなってきたと同時に、澤田の言葉を自在に解釈する介助者が出てきた状況について、阪神・淡路大震災後に震災ボランティアとして神戸に来て、ボランティアで澤田の介助に関わった藤田慎一は以下のように語っている。

〔藤田の語り――筆者注〕けっこう謎ですよ。澤田さんがこうあってほしいというのは僕の幻想ですもん。（中略）ただ、高倉健じゃないですけど人情とかそういうのはすごいじゃないですか。それといい加減というかケセラセラつうんですか、なるようになれ的なところがあるじゃないですか。澤田さんに関しては僕なんかは神格化しちゃっているのかもしれないですよね。心のどこかで全然何も考えてないのかもしれないというのもありますけど、そう思って付き合うよりは何か神秘を感じてたほうが楽しいっていうか、そうあってほしい。（角岡 2010: 396）

先ほどの田中の語りと同じように、藤田も澤田の人物像は自分が解釈した幻想であると述べている。それは澤田の実像ではなく、架空の澤田像を作り出している。藤田は澤田のイメージを高倉健になぞらえて神格化しているという。実像の澤田は「何も考えていない」のかもしれないが、神格化した虚像の澤田を感じるほうが楽しいと藤田はいう。このように、介助者であった田中や藤田の言葉を引用しながら、角岡は澤田について「うさんくささを秘めながら神格化される澤田本人は、それぞれの介護者が思い描く澤田像を演じているのかもしれない」（角岡 2010: 397）と述べている。

この架空の澤田像は、澤田本人の「属性」をベースに構築されている。「属性」は「発話困難な重度身体障がい者」の少ない言葉をカバーする一つの指針となる。澤田の介助者が少ない言葉で彼の思考を予想することは属性を守ろうとする行為であるともいえる。介助者は、澤田の「兵庫青い芝会長」などといった属性を指針とし、各々の解釈によって澤田像を作りあげ、澤田自身もその解釈に乗じていた。

澤田は、文字盤を介助者に読ませ、先読みを否定していたときは介助関係を通して健全者を変革し、ともに生きる仲間へと育てていくモチベーションがあった。つまり、青い芝が求めた、障がい者と健全者が「しのぎをけずりあう」関係を追求していたのである。しかし、障がいが重度化して以降は、自分の主張を介助者に一文字一文字読みとらせるのではなく、先読みの許容などを通して介助者に類推させるようになった。そして多くの介助者が澤田を「兵庫青い芝会長」という属性によって解釈し、その解釈による「仮面」[32]を澤田に被せ、「神格化」ともいえる澤田像を描いていたと考えられる。また、澤田は「兵庫青い芝会長」である強い自己という仮面を被ることで介助者の解釈を促進し、その虚像を利用する側面があったとも考えられる。そのため、澤田は介助者と協働で澤田像を構築する関係性にあったといえるのではないだろうか。

4-4 運動面に力を入れすぎたつけ

以上のように、澤田と介助者の関係性が変化していったことにより、澤田の介助思想の実践にいくつかの課題が現れた。一九九〇年代の初めに兵庫青い芝で澤田と活動をともにした脳性マヒ者の高田耕志は、障がいが重度化して以降の澤田について次のように語っている。

〔高田の語り――筆者注〕青い芝で運動やって、それで介護者が来よった部分あるやん。今の状態は、澤田のおっさんにも原因はあると思う。若い頃自分の生活のことを考えんとイケイケでやっとった。自分の生活をつくってこんかった。青い芝だけでやっとったらあかんな。自分の生活をどないやっていくか考えんとあかんな。おっさんと突っ込んでしゃべったことないけど、青い芝の役員会で俺が

『自分のつけや』いうてる。おっさんも今の生活は多分おもろないと思う。ひとまわり違う俺からぼろくそ言われる。体だけ考えたらな、施設の方が格段に楽ちゃうかと思う。（角岡 2010: 290-1）

このように澤田は運動面に力を入れすぎたために生活面がおろそかになっていた。一九七〇年代当時、青い芝の運動に賛同する健常者の多くは学生であり、彼ら自身も学生運動に関わっていた。澤田の生活はそうした学生たちによって支えられていた。しかし、学生運動が衰退し同時に青い芝の活動も停滞していくなかで、澤田自身が運動以外の側面に活路を見いだしてこなかった。そのことの「つけ」が、その後の澤田の生活にしわ寄せとなって表れていると高田は指摘している。

さらに、障がいの重度化は澤田の生活を大きく変えた。障がいが重度化したため、介助が重労働化したのだ。その結果、介助者は澤田からますます遠ざかり、介助者は増えないという悪循環を繰りかえしていた。また、かつてのように学生運動から介助に関わる介助者が減るなかで、介助者十亀との対話で澤田が主張していたような、健常者と障がい者が「共に何かをヤル関係」には、全くなっていなかったという。そのため高田は澤田の状態を次のようにみていたという。

〔高田の語り――筆者注〕落ちぶれた障害者として見てたんよね。しっかりしてくれよ、自立障害者なのに、みたいな扱いをするから澤田さんはしょげてたなあ。（角岡 2010: 292）

このように、障がいが重度化して以降の澤田は、青い芝の介助思想からはかけ離れた状態にあった。そのため、同じ青い芝の仲間からは「落ちぶれた障がい者」としてみられるほどだった。しかし、自身も澤田の介助者であった角岡が「言葉で説明できない、説明しても時間がかかる澤田が、介護や健康管理に関わる情報を適宜伝えることは、不可能であった」（角岡 2010: 293）と述べているように、澤田の障がいの重度化は、もはや彼が青い芝の介助思想を実践することを不可能にしていた。その点で、澤田が「落ちぶれた」わけではなく、障がいの状態の変化によって、必要とする介助のあり方が変化していたのだと考えることもできる。つまり、従来の青い芝の介助思想では十分に包括できない状態を澤田は生きていたのである。

4-5 澤田隆司の介助思想のまとめ

ここまで述べてきた澤田の介助思想について、以下のとおり四点にまとめた。

第一に、澤田は、介助において先読みを否定していた。彼は青い芝の横塚の思想を色濃く受けつぎ、健全者を変革対象として捉え、ともに生きる仲間として育てるという思想をもっていた。しかし、先読みの否定は新人の研修や公的な場でのことであり、信頼のおける介助者には先読みをさせ、運動と生活を両立させていた点は見逃せない。

第二に、ボランティアの介助者を自分の裁量で入れることで運動性を確保した。それは、「介護付け」という方法で、制度や事業所に頼らない自由枠をとりいれ、個と個の関係性を作るための技でもあった。しかし、強制力がないために、この方法が介助体制を不安定なものにしたことも事実である。

第三に、澤田は障がいが重度化して以降、先読みを否定し自己を強く主張することが難しくなった。そして、介助者の類推や提案を受けいれる姿勢へと変化していった。つまり、それまでの文字盤中心のコミュニケーションから、先読み中心のコミュニケーションへと変化したのである。この変化はそれぞれの介助者の澤田の言葉への解釈も変化させた。その結果、両者は「しのぎをけずりあう」関係から、「協働で澤田像を構築する」関係へと変化していたことがわかった。

第四に、澤田は障がいが重度化して以降も「介護付け」やボランティアによる自由枠をやめずに、青い芝の介助思想を実践することを諦めなかった。しかしその一方で、コミュニケーション方法は変化せざるを得ず、かつてのような強く自己主張する障がい者であることが難しくなった。こうした現実に対して、澤田を批判する介助者や、「落ちぶれた障がい者」と形容する当事者も現れた。しかし、これは澤田が「落ちぶれた」わけではなく、障がいの状態の変化によって、必要とする介助のあり方が変わったのだと考えられる。

5 まとめ

本章の目的は、青い芝の介助思想が「発話困難な重度身体障がい者」にとっていかなる意義をもち、「発話困難な重度身体障がい者」を含めることができたかを考察することだった。本章はまず、青い芝の介助思想がどのようなものであったかを明らかにするために、その活動の中心を担った横田、横塚の思想を概観した。その後、「発話困難な重度身体障がい者」である、澤田の介助者との関係性に言及した。これらの流れを三つの点にまとめて述べ、そこからみえた青い芝の介助思想の限界について本章の結論として論じる。

第一に、青い芝の介助思想について確認した。青い芝の介助思想は、健全者を障がい者と敵対する関係にある他者と位置づけ、変革する対象として捉えた。そのために、障がい者は強烈な自己主張を行う、「強い主体」であることが前提とされた。また、介助者も障がい者を「強い主体」であることを認めていった。そうした関係を基礎として、介助はつねにしのぎをけずりあい、葛藤を続けていくものと考えられた。

第二に、青い芝の活動に関わった「発話困難な重度身体障がい者」として澤田の介助関係とコミュニケーションについて検討した。澤田は介助関係について「健全者は敵」でありながら「共に何かをヤル関係」と表現しており、青い芝の介助思想を内面化していたことがわかった。介助のコミュニケーションについても、先読みの否定や文字盤を一文字ずつ指すなど、「強い主体」であることを前面に出していた。

第三に、障がいが重度化して以降の澤田は自己表現が難しくなり、青い芝の介助思想を実践することができなくなっていた。青い芝は障がい者の自己主張を第一に考えるが、発話が困難になればなるほど澤田は自己を主張することも難しくなった。そのため、ある程度自分の言葉を介助者に解釈させる場面が散見された。こうした現実に対して介助者のなかには、兵庫青い芝の代表であるにもかかわらず、澤田がその介助思想から離れて変化していったことを批判する者が現れた。また、青い芝の当事者のなかには澤田を「落ちぶれた障がい者」と形容する者もいた。

これらの批判は、澤田を「兵庫青い芝会長」という属性と結びつけて理解することが前提となっており、介助者の受けとめ方にも青い芝の介助思想が強く影響していたことがわかる。つまり、「強い主体」とみられた澤田であるだけに、それが虚構の澤田像を作りあげ、介助者に先読みや解釈を含んだコミュニケーションを受けいれることを難しくさせていたのである。

もっとも、障がいが重度化し、発話の困難さが増してからの澤田の状態を、従来の青い芝の思想で捉えることには限界があったのではないだろうか。もはや青い芝の介助思想では捉えきれない現実を澤田は生きていたのではないか。

このことから、青い芝の介助思想には次のような限界があったと思われる。

一つには、青い芝の介助思想は、発話の困難さによってコミュニケーションが制限された、「発話困難な重度身体障がい者」を対象にしていないことである。発話が困難であると、明確な意思表示がしにくいため、健全者を変革対象として明確に位置づけることが難しくなる。その結果、「しのぎをけずりあう」介助関係を保ち続けることができなくなったのである。

二つには、障がい者を「弱い主体」として認めないことである。ここでいう「弱い主体」とは、コミュニケーションにおける先読みや介助者の解釈を受けいれる障がい者のことである。また、介助制度や介助者派遣事業所のサービスに頼る障がい者のことを意味している。障がいが重度化する以前の澤田は「強い主体」であることができたが、障がいが重度化して以降は次第に「弱い主体」へと変化していった。そうした「弱い主体」として自己を表現する方法を青い芝の介助思想はもっていなかったように思われる。また、介助者も障がい者に「強い主体」であることを望むので、先読みによるコミュニケーションの場面が増えると、介助者は澤田に対して不全感をもつようになる。それは多くの介助者が、澤田を「兵庫青い芝会長」という属性によって解釈していたからである。その結果、青い芝の介助思想は、むしろ澤田と介助者の間に軋轢を生んだと思われる。

以上のように、澤田は健常者のスピードに合わせることを積極的に否定したが、障がいが重度化して以降はさまざまな困難があった。本章では、澤田の生活実態を明らかにすることを通して、以前のような強烈な自己主張を行う「強い主体」ではなく、コミュニケーションにおける先読みや介助者の解釈を受けいれざるを得ない「弱い主体」となり、簡単に割りきることのできない、コミュニケーションの苦しみをみてとることができた。しかし澤田は、たとえ自己の主張を強く表現できなくても、制度や介助者に依存しない生き方が可能であるということを証明したともいえる。澤田の介助思想とその実践は、可能性と限界も含めて、「発話困難な重度身体障がい者」の介助思想に大きな示唆を与えるものである。障がいが重度化して以降の澤田と介助者の関係性でみえてきた、介助者が当事者の少ない言葉を属性という指針で解釈すること、当事者は自分自身に仮面を被せて介助者の解釈を促進すること、そうした両者のあり方は、「発話困難な重度身体障がい者」においては発生することが避けられないことのようにも思われる。

次章からは、筆者天畠大輔に視点を移して分析をしていく。天畠大輔とは、晩年の澤田と同様に「弱い主体」とされる「発話困難な重度身体障がい者」である。筆者は青い芝の介助思想では乗りこえられなかった限界にどのように向きあってきたのか。次章では、とくに筆者がコミュニケーションを喪失してから再構築をするまでの過程を詳細に整理することで、この問題を明らかにしていく。

■注

1　青い芝の会は、一九五七年に発会した脳性マヒ者の当事者団体である。日本初の公立肢体不自由学校、東京市立光明学校の卒業生である高山久子、金沢英児、山北厚によって立ち上げられた（鈴木 2012: 27-9）。

2　関西の障がい者運動は、部落解放運動や在日朝鮮人解放運動といった反差別運動との関連が深く、そうした観点から重度障がい者への差別を許さないという思想を強くもっていた。そのため、関西青い芝は在宅障がい者訪問を積極的に行い、介護の必要な重度の障がい者を多数、外に連れ出した（尾上 2013: 186-7）。

3　本章では障がいが重度化して以降の澤田を「発話困難な重度身体障がい者」として論じている。

4　「自立生活センター神戸Beすけっと」は一九九三年七月に設立し、初代代表には兵庫青い芝会長である澤田が就任した。「全身性障害者介護人派遣事業」がスタートし、神戸市に登録した介護者が障がい者に派遣され、介護料が行政から支払われるシステムの受け皿としての開所だった（角岡 2010: 298）。

5　横田弘の略歴を述べる。横田は、一九三三年五月一五日神奈川県に生まれる。出産時の医療事故により脳性マヒとなった。障がいの程度は1級2種であり重度の身体障がい者であった。一九四〇年、就学免除通知を受け、不就学。一九六〇年青い芝に参加。一九六四年一一月、かねて参加をよびかけられていたマハラバ村に参加。一九六六年永山淑子と結婚、一九六七年長男覚誕生、同年マハラバ村を出て横浜で自立生活を開始。一九六九年六月青い芝神奈川県連合会発足。同人誌『あゆみ』編集長に就任。一九七二年、主演映画『さようならＣＰ』完成、翌年にかけて上映運動を展開。一九七三年～青い芝神奈川県連合会会長。一九八一年三月～全国青い芝総連合会会長。一九九三年、障害者の自立と文化を拓く会「ＲＥＡＶＡ」創設、会長に。二〇〇〇年全国青い芝総連合会副会長。二〇一三年六月三日死去、享年八〇（横田 2015: 250）。続いて横塚晃一の略歴を述べる。横塚は、一九三五年一二月七日埼玉県に生まれる。一九五二年六月整肢療護園へ入園、小学六年に編入され、一九五三年三月小学校卒業。同年四月中学校入学、一九五四年一二月児童福祉法適用切れにより退園、以後不就学。一九五五年四月国立身体障害センター入所、一九五六年三月同センター終了。一九六四年四月マハラバ村に参加、一九六六年一〇月関口りゑと結婚、一九六九年二月マハラバ村を出て川崎市生田に移る。一九七〇年五月青い芝神奈川県連合会副会長。一九七一年三月川崎市有馬に移転、同年九月長男信彦誕生。一九七二年一一月青い芝神奈川県連合会会長。一九七三年一〇月～全国青い芝総連合会会長。一九七六年八月～全国障害者解放運動連絡会議代表幹事。一九七七年八月都立駒込病院に入院。一九七八年七月二〇日、同病院にて胃ガンのため死去、享年四二。

6　青い芝の会神奈川県連合会会報『あゆみ』一〇号、一九七五年より引用。

7　本書での表記は「行う」としているが、ここでの表記は「行なう」であったため、原典によった。

8　全国青い芝の会機関誌『青い芝』九八号、一九七六年より引用。

9 青い芝で使われている「健全者」という言葉について、小山は「一般には健常者と呼んでいるが（中略）五体が満足と思われている人々のことを健全者と呼ぶようになっていました。謂れはというと、手足が不自由でなければすべてが健康だという錯覚に落ちて、障害者のことを見てる人たちを指すのです。（中略）つまり、健常ということは、常に健康であるということの意味で、人間、常に健康であるはずがありません」と述べている。青い芝にとって、健全者という言葉は「障害者を差別する主体」という意味をもった概念なのである（小山 2005: 36）。また、当時の障がい者と健全者の「取っ組み合い」の関係については、荒井（2017: 18-9）に詳しい。

10 たとえば、荒井によれば、駅の電動リフトの使用について二つの立場があったという。電動リフトとは、駅の階段を車いすに乗ったまま上下することができるリフトだ。青い芝のなかでは第一に、「文明機器への危機感を強く持つ人は、通りすがりの人たちを自分で呼び止めて、その人たちに車椅子を運んでもらうべきだ」と考えた。そしてその「健全者」と直接関わっていくことが社会参加だと主張した。一方、第二に「リフトを使うべきだ」と考える障がい者もいた。彼らは、「別に階段の上に行くことが駅を使う目的じゃないし、車椅子を持ち上げてもらうことが社会参加ではない。電車に乗って、目的地に行って、目的の事柄をなすことが社会参加だ」と考える立場だった（荒井 2017: 182-3）。

11 グループ・ゴリラは、関西青い芝で障がい者の主体的な自立解放運動を支援する健全者組織である（金 1996: 93）。一九七二年青い芝結成に続いて設立、一九七三年一月に映画『カニは横に歩く』を上映、一九七八年三月に解散した。ゴリラは公的介護保障が皆無であった時代に、運動を支える重要な役割をはたしていた。

12 グループ・リボンは、姫路市の書写養護学校の卒業生からなる自立障がい者集団であり、一九七二年結成、兵庫青い芝の母体となった（角岡 2010: 96-7）。鎌谷の概略は古井（2001）に詳しい。

13 これは、文集「澤田隆司自立生活三〇周年記念」(2005: 13) より引用した。

14 そのことは河野秀忠の『障害者市民ものがたり』に詳しく書かれてある（河野 2007: 33-5）。

15 これは、文集「澤田隆司自立生活三〇周年記念」(2005: 7) より引用した。

16 これは、文集「澤田隆司自立生活三〇周年記念」(2005: 14) より引用した。

17 インタビューは、二〇一四年四月二六日に行った。

18 インタビューは、二〇一四年四月二六日に行った。

19 ここでいう運動性とは、介助者を自分の裁量で入れる自由度という意味に加え、自ら介助者を育成することで、澤田なりの主張を介助者に伝えていく運動の一環としての性質を含んでいる。

20 これは、文集「澤田隆司自立生活四〇周年記念」(2014: 19) より引用した。

21 インタビューは、二〇一四年四月二六日に行った。

22 この無償化についての議論は、深田 (2016) に詳しい。

23 インタビューは、二〇一四年四月二六日に行った。

24 文集「澤田隆司自立生活四〇周年記念」においては「介助付け」という言葉が用いられていたが、本書では『カニは横に歩く——自立障害者たちの半世紀』(角岡 2010) にあった「介護付け」という表記を採用している。

25 インタビューは、二〇一六年九月二七日に行った。

26 インタビューは、二〇一四年四月二六日に行った。

27 インタビューは、二〇一四年四月二六日に行った。

28 インタビューは、二〇一六年九月二七日に行った。

29 インタビューは、二〇一六年九月二七日に行った。

30 この「おじいさんみたい」という言葉は、ボランティアの学生に対する澤田の違和感を表した言葉だった。当時介助者だった柳本によれば、阪神・淡路大震災後にボランティアに来たある男子学生から「澤田さん大丈夫ですか？ 痛い所ありませんか？ お腹空きました？ 今日は良い天気ですね」とまるで高齢者に接するような態度をとられたことに対して澤田は強い反発を示したという。澤田は「障がい者だから優しくしないと、みたいな視点で関わられるのは断固拒否するという感じの考え方だった」と柳本は語っている。その男子学生の目的は澤田の介助をすることではなく、震災ボランティアをすることだった。

31 インタビューは、二〇一六年九月二七日に行った。

32 この「仮面」という概念については、鍋山 (1998) に詳しい。

第5章

天畠大輔とは何者か
――コミュニケーションの確立と拡張の経緯

本章では、前章の「発話困難な重度身体障がい者」の歴史から、本研究の研究対象である筆者、天畠大輔に視点を移す。第3章で既述のように、筆者は障がいを負ったのち、他者とのコミュニケーションが全く不可能となったが、「あ、か、さ、た、な話法」という新たなコミュニケーション方法を確立した。そのコミュニケーション確立までの個人史、並びに他者との関係や自己の活動範囲を拡大させていく筆者の生活歴を、当事者の観点から記述する。

1　概要——天畠大輔の生活史調査

1-1　調査概要と調査対象

本調査では、筆者のコミュニケーション確立までの個人史、並びに他者との関係性や自己の活動範囲を拡大させていく筆者の生活歴を、当事者の観点から記述する。これらの記述は、筆者の母に対するインタビューをもとに整理され、さらに筆者による分析と考察が加わる。とくに、コミュニケーションの喪失と再構築の過程のなかで、筆者が「個別的な関係性」の重要性を認識するまでの経緯に焦点を当てる。ここでいう「個別的な関係性」とは、「居宅介護派遣事業所が障がい当事者に派遣する不特定のものではなく、利用者の信認を得た特定の者が行う」（岡部ほか 2015: 304）通訳／介助関係を指している。

具体的には、生活史調査を用い、母へのインタビュー調査から知り得た筆者の歴史とその変遷をもとに分析と考察を加えていく。社会学者の岸政彦によると、生活史調査とは個人の語りに立脚した総合的な社会調査であり、語りを「歴史と構造」に結びつけ、そこに隠された「合理性」を理解し記述することを目的としている（岸 2016: 156）。当事者に話を聞くことを第一としながら、どれだけ正しい知識を集めることができるかが大切になってくる（岸 2016: 161）。しかし筆者は四肢マヒと視覚障がいを有しているため、パソコンに文章を入力することができず、自分自身の語りを記述するには限界がある。受障直後の記憶も鮮明ではない。そこで、当時の筆者とともに時間を過ごし、筆者のコミュニケーション確立までの変遷をよく知る父母の語りを用いることを選んだ。この際、「対象者の意識の流れや内省を重視して、柔軟に対応していく方法」

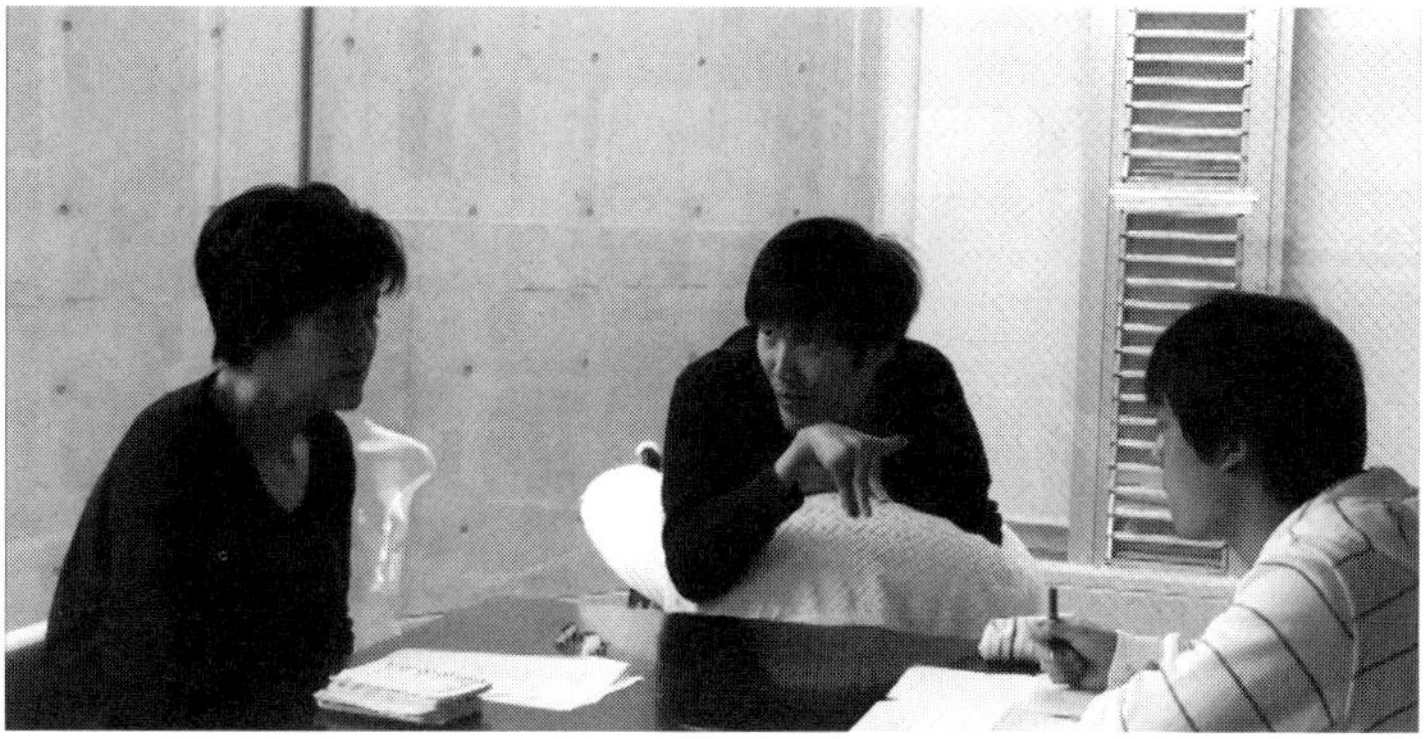

写真２　調査Ⅱの様子（左が母、中央が筆者、右が研究助手〈黒田〉）

（村岡 2002: 127）としての半構造化インタビューを用いる。このインタビューを通して、筆者自身の歴史を再構成し、全体像を描き出すことが可能だと考える。ただし、父母の語りは彼ら固有のものであり、これを一般化すべきではないという点（岸 2016: 163）に鑑み、インタビューで知り得た出来事をそのままの形で反映するのではなく、出来事をある秩序のもとに再配置すること（岸 2005: 122）に留意した。

1-2　調査手順

調査内容は以下のとおりである。

①幼少期の筆者のコミュニケーションについて（二〇一〇年一二月二五日実施）
②受障後の筆者のコミュニケーションについて（二〇一〇年一二月二六日実施）
③筆者の介助を利用した生活歴について（二〇一一年八月一四日実施）
④筆者の母の職歴について（二〇一六年二月一七日実施）

調査場所は筆者の自宅一室（当時）を使用した。各調査に関わるスタッフは、インタビュアーである筆者、筆者の通訳を担当する研究助手（黒田宗矢）の計二名である。なお、調査内容はICレコーダーに記録し、文字起こしを行い、インタビューの様子はビデオカメラで撮影した。

その他の資料として、母子手帳、父母間の手紙、筆者の手紙、筆者の入院時の手帳、筆者の自伝『声に出せない　あ・か・さ・た・な――世界にたった一つのコミュニケーション』（天畠 2012）を個人的記録資料として併用した[1]。以上の調査の結果および考察を、次節以降で述べる。

2　コミュニケーションの喪失と再構築

2－1　天畠家におけるコミュニケーションの重要性

筆者は一九八一年一二月広島県呉市にて生まれた。父、母との三人家族で、幼少期は千葉県千葉市で過ごした。父は大手広告代理店のコピーライターで、仕事が多忙であるため家を空けがちだったが、その分家族間で手紙などを介した間接的なコミュニケーションを楽しんでいた。一方母の仕事は服飾デザイナーで、絵や言葉で気持ちを表現することを得意とし、またそのことを子育てにおいても大切にしていた。両親のこの姿勢は子どもに受けつがれ、筆者は言葉でコミュニケーションをとることが好きだった。朝起きてから夜寝るまで一日中しゃべっていることから、「おしゃべり大輔」[2]とよばれていた。また、おしゃべりの延長で絵本が好きであり、コピーライターの父と教育熱心な母の影響もあって、よく本を読む子どもであった。さらに、それを話して聞かせる環境が常にあったことから、四歳から書き続けた絵日記や、忙しい父とやりとりしていた手紙を通して、文章で気持ちを表現することがごく当たり前だった。小中学校は千葉大学教育学部附属校に通っていた。まだ小学生のうちから、伯母にお小遣いなどをお願いする際には手紙を用い、初めにねぎらいの言葉を述べて相手を気づかってから目的を切りだすなど、伝え方も工夫することができるようになっていた。

また兄弟姉妹のいない筆者は、一人っ子でかつ両親にとってかけがえのない一粒種の子どもとして手塩にかけて育てられ、それゆえ愛情、お金、時間を十分にかけてもらえていた。母はできるだけ積極的に外の情報に触れさせようと、小学校卒業までに水泳、お絵かき教室、絵本読み聞かせ、ピアノ、塾、英語、習字、剣道、サッカー、カヌー・スキーサークルと一〇もの習い事をさせた[3]。筆者の家庭は経済的に余裕があったが、もしも兄弟姉妹がいたならば、受障後の在宅介護は経済的に難しく、入所施設に行くことを余儀なくされていた可能性もあり、現在ほどにはコミュニケーションが拡張しなかったであろう。

母は当時の天畠家について、「いつもコミュニケーションをとりあい、いいたいことをいいあえる和気あいあいとした雰囲気で、いい家族だった」と振り返る[4]。また、妊娠中に夫婦げんかをした際に、父は母に「一番悲しいことはコミュニケーションがなくなることだ」という趣旨の手紙を送った（写真3）。このように、筆者の家族はコミュニケーションの重要性を認識していた。このような両親のコミュニケーションに対する姿勢は、受障後の「あ、か、さ、た、な話法」誕生の要因に大きく寄与するものであり、現在の筆者のコミュニケーションの姿勢の根底にある。

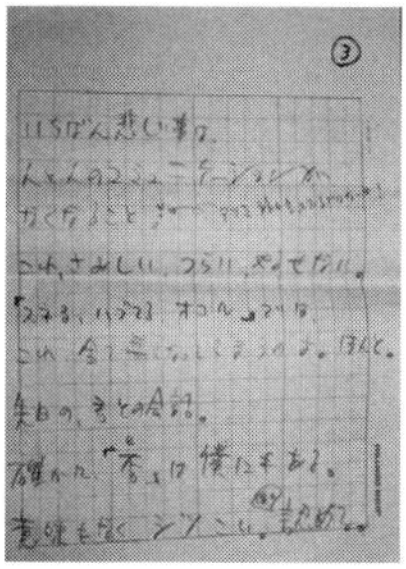
いちばん悲しい事は。
人と人のコミュニケーションが
なくなることと

写真３　父から母への手紙（一部）

2-2　コミュニケーションの喪失と「あ、か、さ、た、な話法」の誕生

●「あ、か、さ、た、な話法」誕生前――受障後初めてコミュニケーションがとれるまで

一九九六年二月（当時一四歳）、千葉大学教育学部附属中学校に在籍していた筆者は、進学校の雰囲気が合わず不登校になりイギリスへ留学したが、留学中に体調が悪化、ドクターストップがかかり帰国した（天畠 2012: 255）。同年四月、急性糖尿病により容体が急変して昏睡状態に陥り、救急車で病院に運ばれた。しかしその病院で医療過誤があり、心停止の状態が二〇分以上続いたため、低酸素脳症になり脳の運動野と感覚野が損傷を受けた。その結果、四肢マヒ、視覚障がい、発話障がいに陥った（天畠 2012: 5）。その後ＩＣＵ（集中治療室）に入ってからも、危篤状態が続き、医師からは、一生植物状態を覚悟するようにといわれた[5]。それでも父母は望みを捨てず、三週間続いた昏睡状態から覚醒した筆者に話しかけ続けた。とくに母は、会話は不可能な状態でも何か刺激があるほうが良いと考え、ＩＣＵで常に音楽をかけてもらえるよう看護師に頼んだ[6]。また母は、ユーモアを交えて会話をすると筆者の目が笑った気がすることから、いつかは筆者とコミュニケーションがとれるようになるという期待をもっていた。当時筆者は気管切開をしていたため、約半年間声を出せず寝たきりの状態だったが、母は声をかけ続けた。一方、筆者はその声に一生懸命応えようとしていたが、全く動かない自分の体に、悔しさとやるせない気持ちがあふれ、よく一人で泣いていた。筆者はＩＣＵにて覚醒したものの、自分に起こった状況が把握できないなか、何とかしてコミュニケーションをとろうと試みたが、目、口、体が全く自力では動かすことができず、伝わることはなかった（天畠 2012: 35）。また自分の枕元に「い・ろ・は・に・ほ・へ・と……」と刺繍された手ぬぐいが掛けてある夢をみたほどに、コミュニケーションを渇望していた（天畠 2012: 7-8）。

同年八月、千葉県立子ども病院の一般病棟に移ることができた。筆者は人工呼吸器がとれたが、窒息や誤嚥の危険性があったため、気管カニューレはそのままであった[7]。また、医師からは、知的レベルも幼児段階まで低下していると診断されたため、病院側は筆者を幼児とみなすかのような対応をした。例外的に、担当の男性看護師は、コミュニケーションのとり方がわからない筆者に、一四歳の青年として向きあって対応してくれた（天畠 2012: 135）。彼がくれた、「イエス」のときは右手を、「ノー」のときは左手を少し引くようにとのアドバイスは、後の「あ、か、さ、た、な話法」によるコミュニケーション誕生のきっかけとなっていった。しかし、同年四月～一二月の間入院していた同病院では治療が中心の生活であったため、イエス／ノーサイン以上にコミュニケーションが試されることはなかった。

同病院の一般病棟にいた一〇月のある日、一四時頃に母が面会に来るも、筆者が泣きやまない状態が続いていた。医者の診断はあくまで「感情失禁」であり、涙そのものに意味はないというものだった。知的レベルの低下によって自分の感情をコントロールすることができなくなったために泣いているだけだ、と説明された[8]。一方母は、筆者には何か伝えたいことがあると感じ、意思を聞きとる方法を模索した。試験的に行っていた舌を使用するイエス／ノーサインでは泣いている理由を特定するのは難しく、母がとっさに思いついたのが「あ、か、さ、た、な」を読みあげ、サインを送る方法だった。初めは一文字目「へ」を拾うのに三〇分。結果的に「へった（お腹が空いた）」三文字を拾うのには一時間もかかった。母は当時の心境をこう語る。

これはすごく不安でした。「へ」「つ」「た」って何だろう。「へ」「つ」「た」って何だろう。『へ』

『つ』『た』で間違ってない？」と聞いたら、間違ってないような顔をして目で訴えるんです。何だろ何だろと考えたとき、ちょうど枕元のところに、あのー、経管栄養がぶら下がっていたんですね。お昼なのに、普通だったら面会に来ているといっぱいに入っているのに、何にもなかったんです。それで「え？　もしかしたら経管栄養が大ちゃんの中に入ってないってこと？　それでお腹が減ったっていうこと？」といったときに、今まで泣いていたのが、急に泣き笑いしたんです。わぁーって。「え！合ってる？」というと、合ってるという表情するんです。お腹が空いたってことなんだって。そのときの言葉がやっと一時間かかりました。（中略）大輔はものすごく嬉しそうな顔をしました。親子のつながりがやっと戻ったというか。ものすごい喜びでしたね。これは多分大輔にとって、言葉が伝わったということよりも、自分の生きる道がつながった。私もそうでしたけれど、時間はかかるけど、やっていこうって思いましたね[9]。

このエピソードにより、筆者の知的レベルが受障前と変わらないと感じた母は、筆者が過去の記憶を失っていないことを客観的に証明できれば、周囲にもそれを示すことができると考えた。そして筆者しか知らない自転車の鍵番号を尋ねると、筆者は舌を出すサインで四桁の番号を伝え、結果として鍵を開けることができた。このことにより母は、筆者は知的に障がいを負っていないという確信をもつこととなった[10]。

●「あ、か、さ、た、な話法」誕生後――生に対する希望をもつまで

このように千葉県立子ども病院の一般病棟にて、母とのやりとりにより「あ、か、さ、た、な話法」の一

端が生まれるも、それが「意思疎通の方法」として軌道に乗るまでには時間がかかり、筆者は生に対する絶望感を感じていた。

一九九六年一二月（当時一五歳）同病院を退院し、千葉県立リハビリテーションセンター「愛育園」（以下、「リハビリテーションセンター」と記す）に入園し、施設から千葉県立袖ケ浦養護学校[11]中等部へ通学する日々を送ることになった。リハビリテーションセンターでは作業療法士により、意思伝達装置ソフトを用いて文章を書く訓練を行った。このソフトはパソコンが「あ・か・さ・た・な……」と音声で読みあげ、タイミングを合わせて机においてあるスイッチを押して、一字一字文字を打ちこんでいく仕組みとなっており、最初に打った言葉は「し」「に」「た」「い」であった。筆者はこの四文字を四〇分かけて打ち込んだ（天畠 2012: 146）。

一九九七年養護学校高等部一年生の頃、ようやく口と鼻で呼吸ができるようになり、カニューレをとるよう医師の指示があった。しかし、いざ外してみると、緊張が強いときには呼吸ができなくなり、その苦しさから意識がもうろうとなり、失禁してしまうということが度々あった。また、カニューレを外せば発話が可能になるとの医師の診断に期待していたが、結局発話はなく、絶望した。医師に尊厳死を求め、経管栄養を拒否するも認められず、尊厳死が認められているオランダやアメリカのオレゴン州に行きたいと訴えたが実現しなかった（天畠 2012: 161）。このことにより、筆者は自死行為すらできないことに対して、さらなる絶望感に打ちひしがれることとなった。一方で同時期に、子ども病院で仲の良かった脳性マヒの友達が亡くなったことで、目の前にある死の恐怖も感じた（天畠 2012: 159）。

当時、両親とその日の担当看護師間で筆者の言葉を読みとり、書きとめた「引き継ぎ手帳」[12]があった。

この一年間分のノートに書かれているものは、「いたい」「さむい／あつい」「のみたい」「せもたれおして」「しっこ（トイレ）」といった、自己の痛みや生理的欲求などを伝える身体感覚にもとづいたコミュニケーションが中心であり、とくに看護師とのコミュニケーションは非常に簡単な指示出しに限られていた（天畠・黒田 2014: 155）。ある日の「引き継ぎ手帳」には、「イイタイコト、イエナイツラサ、トウサンニワカルカ！（泣きながら）」という言葉が記されている。リハビリテーションセンターでは当時の担当看護師は筆者の専属ではなく、父母を除けば一日中誰ともコミュニケーションをとれない受け身の状態が続くこともあった。そのため、車で寝ていて病室に来るのが遅れた父に、コミュニケーションができない悔しさをぶつけたのである。筆者の苦痛は身体的なものに伴う精神的な苦痛が大きく、だからこそ、自分のいいたいことが伝わった時は、自己の生をとりもどしたかのような、大きな高揚感と喜びを感じた。

一九九八年高等部二年生の頃（当時一六歳）、リハビリテーションセンターにて臨床心理士によりＩＱテストを受けたが、「あ、か、さ、た、な話法」に不慣れな心理士は回答をうまく理解できず、結果はＩＱ三〇と記録されてしまう。カルテにも数字は記載されたため、知的レベルが低下していると判断され、医師や看護師から不本意な幼児扱いを受けつづけた。筆者は母を通して再検査を要求するも実現することはなく、周りの人々の対応はまだ幼児に対するもので、プライドは深く傷つけられていった（天畠 2012: 144-5）。

しかし、先述の「引き継ぎ手帳」は、記述を始めて半年が過ぎた第三巻にもなると、次第に看護師も積極的に介入をするようになる。それに伴い筆者もノートを介して、その日の担当看護師に指示を出すようになる。

あのときといれといつたのはのおぱんだったから、ちゃんとパンツをはかせてほしいから　パジャマ

のままはいや　そのことをまさきさんにいって　くんれんがいやではない[13]

マダ、ゴエン〔誤嚥――筆者注〕スルノデ、ノドをふさぐのはふあんだ[14]

前者は「訓練をするときはきちんとした服装でしたい」、後者は「気管切開を塞ぐのは、食べ物の誤嚥があるのでまだ不安だ」といっており、自分の気持ちやその理由だけでなく改善のための指示も示されている。これらの「引き継ぎ手帳」での筆者の指示は、周囲の状況判断ができているものであることから、医師や看護師が信じていたＩＱテストの結果を徐々に覆すこととなった。

さらに生に対する絶望感から筆者が立ち直るきっかけとなったのが、同時期養護学校二年生の時の担任溝口勝美との出会いである。筆者は当時リハビリテーションセンターに入園しており、両足の内反回復手術を受けたばかりでベッドから動くことができず、廊下を隔てた学校にさえ行けない状態だった。しかし、溝口は勤務時間外の早朝から深夜まで、病室から出られない筆者の傍にいつもいてくれた。また、手先が器用で生徒に必要な遊び道具や福祉機器を自作することが多く、筆者の世界を広げた。たとえば、学校の倉庫に眠っていた古い電動車いすを改造し、筆者が一人でも行動できるようにした。ときにはパソコン作りに夢中になり消灯の二一時まで一緒にいることもあった。また、彼は修学旅行の行き先の定番だった京都を車いすでの移動が困難という理由から北海道へ変更し、受障してから飛行機に乗ることなど考えもしなかった筆者の考えを変えてくれた（天畠 2012: 166-75）。彼との出会いにより、今まで家と養護学校と病院を往復する毎日だった筆者の行動範囲は次第に広がることになった。そしてそのことにより障がいを負っても自分が生きやすいように環境を変えていくことによって楽しく過ごすことができるのだという、生きる可能性に気づいた。このように溝口は学校での授業、食事、トイレ、雑務と多くの時間をともに行動したうえに、放課後も施設に迎えに来てはともに時間を過ごした。また、他の学校に異動となってからも修学旅行先に現れたことがあったり、卒業後もコンサートや旅行、飲み会などに来て家族ぐるみの付きあいをしたりするなど、筆者と積極的に関わってくれた。

ではなぜ溝口は、教師の職務を超えて筆者と関わってくれたのだろうか。溝口は中途障がいをもつ筆者を「ガラス細工」（天畠 2012: 170）と例え、「なりたての中途障がい者の扱いはとても難しく、慎重に対応しないと壊れてしまう」（天畠 2012: 170）と考えていたという。そのため、学校だけでなく生活の場も共有することで筆者に寄りそい、真意を量り、筆者と外界との接点をつなごうとしたのであろう。こうした教師との出会いにより、筆者の行動範囲は広がり、大学受験に挑戦しようとするなど、生きることの可能性をみいだせるようになっていった。

2-3 「あ、か、さ、た、な話法」誕生の条件

「あ、か、さ、た、な」を使用するコミュニケーションの発案には、病院側からのアドバイスはなかった。母は当時の病院の対応を振り返ると、言語療法士[15]の存在があればもっと早くから筆者のコミュニケーションを促すことができたのではないかという。唯一「あ、か、さ、た、な話法」に類似する事例として挙げられるのが、母がテレビのニュースでみた、中学生の女の子がストレッチャーに乗って学校に通っている

映像である。彼女の母親が五十音を読みあげ、まばたきでサインをして女の子のいいたいことを読みとっていたという[16]。

しかし、彼女の事例をみたのは母が「あ、か、さ、た、な話法」を生み出した後の話であり、母自身もインタビュー中に記憶を手繰っていた。つまり、この事例は「あ、か、さ、た、な話法」のきっかけになったとはいえない。そこで筆者の母が「あ、か、さ、た、な話法」を発案したきっかけを探ると、母の職歴が関係していることが推察された。

母は服飾デザイナーとの兼業で、筆者が生まれる前まで、商社に八年間勤めていた[17]。商社では、電話交換手、電報、和文タイプライター、テレックス[18]などを扱うオペレーターとして勤務していた。当時イラン・イラク戦争の最中であったため、テレックスを用いてイランのテヘラン在住関係者に向けて避難連絡などを送信していたという。テレックスの操作は、日本語をローマ字にして、母音と子音をキーボードに打ち、紙テープに文字をパンチングする。穴の開き方で文字が決まるため、間違えると穴をボンドで塞いで直す。母はこのテレックスのオペレーターとして常に文字を扱い、コミュニケーションを媒介する仕事に従事していた。そのため、五十音を一文字ずつ拾い、組み合わせるという方法を母自身のなかに経験として蓄積していた。こうして、母は文字を打つという仕事上の経験から無意識に着想を得て、筆者の「あ、か、さ、た、な話法」を考案した可能性がある。つまり、「あ、か、さ、た、な話法」の成立のきっかけには、筆者の母のなかに経験としてあったことが蓋然的に影響していたのではないかと考えられる。

以上、筆者自身の生活史の記述を通して、コミュニケーション方法の拡張の様子を述べてきた。次にコミュニケーション方法の拡張の条件と課題について考察していきたい。

3　コミュニケーションの拡張の経緯と「情報生産者」への道のり

3－1　制度利用の変遷と介助者の広がり

●脱母親への意識

前述のように、筆者の生活を支えていたのは、基本的に両親による付きっきりの介護であった。しかし、その両親による介護から少しずつ脱し、介助者を利用する契機となったのは、筆者のリハビリや大学受験で関わるようになったグリコ[19]のボランティアメンバーであり、その決定打となったのは、二〇〇六年（当時二四歳）の東京都多摩障害者スポーツセンターで開催された三日間のピアカウンセリングであった。

筆者は当時障がい者になってからの期間が健常者であった期間の半分を過ぎ、自分の障がいに向きあわなければいけないと感じていたため、障がい受容を目的としてピアカウンセリング講座へ参加した。参加者の一人である岩手県在住の五〇代男性は、施設から出て生まれて初めて自立したと発言した。傍らの女性はパートナーではなく支援者で、彼女は彼を自立させるために社会の金銭感覚を教えるところからサポートしていると話した[20]。筆者はコミュニケーションに時間がかかるため母と参加したが、親族と参加しているのは一人だけで、重度障がいのため宿泊せず帰宅形式を採っていたのも筆者のみであったことに強い衝撃を受け、自分が親と行動していることに恥ずかしさを覚えた。このことが契機となり、筆者は親亡き後の生活を意識するようになった。筆者が親と行動することに恥ずかしさを感じていたことは、現在筆者の「通訳者」であり、筆者を題材にして修士論文を執筆した嶋田拓郎による、筆者の母へのインタビューで明らかになっている。

大輔も私も、あぁこれはもう私たちは親子で一緒に動いちゃいけないと思ったし、大輔自身も私が車いすを押すことで凄く恥ずかしがっていた。だから大輔が大学二年の時、母さん後ろは恥ずかしいと言われて。それで私はああこの子は外を向いているんだなと（嶋田 2015: 41）。

そして、このピアカウンセリングで出会った西東京市在住の重度身体障がいをもつ二〇代女性（頸椎損傷・日本福祉大学卒）が四～五人の専属ヘルパーを雇っており、四～五人の給料を払えるという事実、生活保護を受けながら働いている姿を知り、筆者に重度の障がいがある者でも自立できるという強い意識が芽生えていった[21]。とくに、介助者を使い日常生活をするだけではなく、介助者を雇い生産活動を通じて社会参加をするという姿に憧れを抱いた。

なお、筆者が受障した当時、両親はどちらが面倒をみるかで衝突していたことも嶋田の調査で明らかになっている。当時母は青山で服飾専門学校を開校し、その責任者に就任する予定であり、一方の父も大手広告代理店で働いていた。また当時は、筆者の障がいは治るものだと思っており、治療に専念する選択肢以外は想定していなかったことから、筆者の二四時間介護を両親のどちらかが請け負わなければならなかった。母は専門学校の責任者であったため、介護に従事することは他の人に迷惑がかかると悩みながらも、息子の介護は自分以外にはできないと決断し、学校を他人に譲った（嶋田 2015: 35）。こうして父は引き続き会社で働き、母は筆者の病院に毎日通い、付きっきりで看病する生活が始まることとなった。

●介助者の広がりとそれに付随するさまざまなコストの変遷

筆者の介助者は、活動の場の変遷とともに、次第に家族から他者へと広がっていった。一九九七年四月〜二〇〇〇年三月（当時一五歳〜一八歳）、養護学校の高等部に在学していたが、その前年の一九九六年一二月〜一九九九年三月（当時一四歳〜一六歳）までの約二年間は、リハビリテーションセンターに入園しながら養護学校へ通学していた。日中の養護学校での通学以外は、毎日リハビリテーションセンターに通っていた父母と、看護師たちによって介護体制が敷かれていた（嶋田 2015: 38）。先述した「引き継ぎ手帳」もこの頃に使用しており、当初は父母間で引きつぎとして記録していたものが、次第に看護師も参加するようになり、父母不在時の筆者の様子を看護師が記入するようになった。また、父母に代筆してもらう形で翌日の看護師に、筆者が依頼したいことを伝える手段とするなど用途が拡大していった。

一九九九年四月（当時一七歳）にリハビリテーションセンターから退園し、在宅に移行してからは日中の養護学校への通学以外のすべての時間における介助を主に母が担っており、仕事から帰宅した父が就寝などの介助を担っていた（嶋田 2015: 38）。

その後、二〇〇四年四月（当時二二歳）にルーテル学院大学に入学するまでは、在宅生活のなかで、千葉大学のサークル「グリコ」による訓練のボランティアが始まり、五年間で約七〇人もの学生が関わった。以下に自伝から当時の様子を引用する。

グリコの面々には、主に機能回復訓練を手伝ってもらった。この回復訓練は、私一人に対し五人のスタッフが必要であった。私はうつ伏せの状態でスタッフそれぞれが私の動かない首と両手足の関節を同時に大きく動かす、ドーマン法と呼ばれる訓練法だった。そもそもグリコというこのチーム名は、ドーマン法をしている時の私の両手を上にあげた格好がグリコのマークに似ていることからつけられたのだ。

(天畠 2012: 184)

筆者は学生をつなぎ留めておく手段として、さまざまなコストを両親に払わせていた。まず母による提案で、訓練はボランティアで行ってもらう代わりに、食事を謝礼として出していた。この食事の場は、学生間の情報交換および年配の地域ボランティアや父母による進路相談の場としても機能し、コミュニティの形成にも一役買っていた。一方で筆者の家族には経済的負担、生活介助の身体的負担の他に、不特定多数の他者が家庭に入りこんでくるという精神的負担もあった。また介助の責任は、依然として両親に集中していたことが課題であった。また、ボランティアのなかから数人が大学受験における家庭教師や介助者に発展し、家庭教師の学生に支払う時給二〇〇〇円は、親が全額負担していた。そのため、親の一月当たりの持ち出し金額は二〇万〜三〇万円に上っていた(天畠 2013a: 166)。一方、彼らとは友人としての付きあいも長いため、後にともに一泊旅行をするまでになり、関係性はより深まっていった。

二〇〇四年四月(当時二二歳)、ルーテル学院大学に入学すると、身の回りの介助は主に母とグリコのメンバーが行った。彼らには時給一〇〇〇円で有償ボランティアに入ってもらったが、その費用は月額約一〇万円だった(天畠 2013a: 166)。

二〇〇五年四月(当時二三歳)大学二年生になり大学の講義でのレポート課題などを、大学障がい学生支援団体のLSS(ルーテル・サポート・サービス Luther Support Service)に所属する学生に筆者自宅にて作成介助するように依頼する。この際には、両親が自費で時給一〇〇〇円を支払っていた[22]。彼らは介助者ではなく学生の有償ボランティアであったため、テスト期間など多忙な時期にはボランティアを中断する人が多く、学校側に課題提出期間の延長などの配慮をしてもらうことも多かった。筆者は、彼らに仕事としての責任をもってもらえれば、遠慮せずに頼みごとができ、安定した学生生活を送れるのに、と考えるようになっていった。この時期はグリコのメンバーが大学卒業に伴い有償ボランティアから離れていった時期でもあり、両親の持ち出し金額は、一時月額四万円となった（天畠 2013a: 166）。この時期の筆者の生活は、介助体制が脆弱なために不安定であったといえる。

二〇〇六年（当時二四歳）ルーテル学院大学の学生が主にアルバイトで介助を行うようになり、次第に、筆者が自費で有償ボランティアへ報酬を支払うシステムから、資格を取得した者には、介助者派遣制度（日常生活支援）[23]を利用し、筆者の自薦ヘルパー[24]として介助を担ってもらう介助システムが誕生した[25]。なお、資格未取得のアルバイトの介助者に筆者の両親が支払っていた金額は月額約八万円であった。この頃から、一人一人の介助者に専門性と責任をもたせる試みを始め、それぞれの介助者から「あ、か、さ、た、な話法」をより円滑なコミュニケーションにしようという積極的なアプローチが増えていく。一方で母は、筆者の生活介助を行ううえに、介助者派遣制度受給に関する事務作業、シフト作成や介助者間の引きつぎ、新人育成を一手に担う身体的負担に加え、ときには他人が家族の価値観に介入し、介助者間のトラブルを調整するときもあったため、精神的負担も限界に達していた。

二〇〇七年（当時二五歳）大学四年生では主に卒業論文の執筆にとりくみ、有償ボランティアで卒業論文の執筆介助を依頼した。時給は一〇〇〇円で両親の月当たりの負担額は八万円程度だった。

二〇〇八年（当時二六歳）からは大学側からＬＳＳの運営予算が付き、授業に支援に入った学生に一コマにつき図書カード五〇〇円が支払われるようになった。この変化によって、ＬＳＳの運営と同時に筆者の学生生活の安定性も向上していった。

二〇一〇年四月（当時二八歳）に、立命館大学大学院に入学すると、立命館大学より障害学生支援金として、ティーチングアシスタント（以降ＴＡ）に謝金支払いが開始されるようになった。このため同時間帯に二人で介助に当たることができるようになり、一人は介助者、もう一人はＴＡとして利用可能になった。一方で支給時間も増えたが、持ち出し金額は月々二〇万円ほどかかるため、家計に負担がかかるようになってしまった[26]。筆者は累積する家計への負担や、学生をつなぎ留めておくさまざまなコストの負担を軽減するために、事業所設立をめざすこととなった。また母の負担を軽減することで、筆者の介助で立ち止まってしまったデザイナーの仕事に再度挑戦するなど、母にはこれから自分のために生きてほしいという願いもあった。

二〇一一年八月頃（当時二九歳）、筆者の事業所始動に伴い、行政を通して介助者に給与が支払われる都合上、介助者はすべて有資格者に限定される。立命館よりＴＡの謝金として月々支払われる額が八万円程度ということで、事業所から給与が支払われる介助者と、立命館から給与が支払われる論文執筆支援者による、二人体制で支援する時間が増加するようになった[27]。事業所を設立してからは、「通訳者」の仕事へのモチベーションはほぼ金銭的インセンティブに集約されているが、ときには研修などのキャリア形成や進路相談などの心理的サポートも行い、彼らの仕事への意識や質の向上を図った。

このように、筆者と家族はさまざまなコストを負担しながら介助者を確保してきた。とくに介助者派遣制度（重度訪問介護）の利用で経済的負担が軽減され、事業所設立により母への身体的、精神的負担が減少していった。しかし、母の負担が次第に父へとシフトしただけであり、家族の負担総数が劇的に減少したわけではなかった。

●友情関係から個別的な関係へ――「通訳者」への気づきと強い意識

既述のグリコの仲間たちとの出会いを契機として、筆者は家族以外とのコミュニケーションをさらに深めていった。彼らとは同世代ということもあり、訓練を通して次第に友達関係へと発展していった。筆者は自伝でこのときの関係について以下のように回想している。

この訓練を週三回、夕方から二時間程行うと、みんな汗だくになり空腹感でぐったりとし、その後みんなで食べる遅い夕食は唯一の楽しみで、そこで出てくる雑談――大学の様子や恋愛話など――は、普段家族からは得られない新鮮なものだった（天畠 2012: 184）。

訓練や勉強だけでなく、グリコのみんなとはよく遊びにも出かけた。年齢が近いこともあり、価値観が共有できた部分も多かった（天畠 2012: 187）。

グリコの仲間に出会うまでは、コミュニケーションは両親がいないと成りたたないことも多く、他者と関係性を深めることは極めて困難であった。しかし、筆者は彼らと多くの時間を共有するにつれ、訓練や家庭教師だけではなく、友情関係を築くことができた。

こうして筆者は友達を作ることで他者とのコミュニケーションの幅を広げていくが、大学進学後、筆者が求めるものは友達から「介助者としての役割」へと次第にシフトしていった。その結果、大学生活を送るなかで介助者が増え、筆者のコミュニケーションの幅は格段に広がっていった。とくに二〇〇八年九月（当時二六歳）に完成した卒業論文の制作を機に、筆者は介助者の「通訳者」としての役割を強く意識するようになる。卒業論文の執筆を「あ、か、さ、た、な話法」で行うには、筆者と「通訳者」との間に「共有知識」がなければ難しい。当時筆者は卒業論文を、十分に時間をかけ丁寧に思考を整理し述べていくことができるため、自分のコミュニケーションや学習方法に合っていると捉えていた（天畠 2012: 216）。そのため筆者は特定の「通訳者」と共有知識を積み重ねながら、卒業論文を完成させた。これ以降、筆者は一人一人の「通訳者」に特定の役割をもたせ、分業化することを試みる。その結果、筆者の介助者は「通訳者」としての専門性が高まり、家族を介さずとも密度の濃いコミュニケーションが可能になったのである。この期間に、「通訳者」への条件や意識の変化が起こった。「通訳者」の語彙力や知識不足によってコミュニケーションがうまくとれず、筆者と「通訳者」の双方が苛立ちを抱えるストレスフルな状況が続いていたこと、筆者が大学院へ進学するためには「通訳者」にも大学レベルのレポートが書ける以上の学力が必要不可欠になることから、男女を問わず介助者に対してより学力の高い「通訳者」という条件を強く意識し始めた[28]。いいかえれば、この「通訳者」への意識の変化は、筆者が論文執筆を志向するようになったからこそ起こった現象であった。

そこで、二〇一〇年四月（当時二八歳）立命館大学大学院入学後より、筆者の支援をする者をこれまでの介助者から「通訳者」へと変更し、それ以降は「通訳者」という呼称を使用するようになった[29]。本書で使用する通訳とは、障がい者の個々の特性に合わせた「コミュニケーション支援」を指しており、広義の意味での通訳全般を指しているものではない。筆者の「コミュニケーション支援」には、基本的に家事などの生活介助や、食事、排せつ、風呂、睡眠などの身体介助が含まれている。筆者の支援をする「通訳者」はこの介助技術を基盤とし、介助者として支援できるうえに、「通訳者」が筆者の意思を読みとり、第三者に伝えるという役割が多くを占める。他にも、論文やメールなどを書く際に「通訳者」が筆者の意思を読みとり文章化する役割も含まれる。なお、事業所設立当初は介助者と「通訳者」の役割を分け、それぞれの専門性を高めた人材を育成しようとした時期もあったが、筆者の日々の支援は通訳介助と身体介助の仕事にまたがっており、両者は明確に分けられるものではなかったため、すべてを「通訳者」として育成することにした。

一人一人の「通訳者」に専門性と責任をもたせると、それぞれの「通訳者」から、「あ、か、さ、た、な話法」をより効率的なものにしようとする積極的なアプローチが多発した。また二〇〇九年四月（当時二七歳）ルーテル学院大学臨床心理学科三年次編入学した頃、「通訳者」からの提案でパソコンでのノートテイクを導入し、情報管理、情報共有が容易になった。解読した言葉がわからない際はインターネットで調べ、効率化を担保できるようになった。さらに、同時期に「大輔の介助心得」[30]を作成したことで、「あ、か、さ、た、な話法」に「通訳者」が積極的に提案していくプロポーザルな面が強化された。たとえば、筆者は結論から先にいう工夫をしているため、「通訳者」は結論や目的を聞きとったら「誰が」「誰に」「何を」（主語、目的語）など、「通訳者」の不思議に思った部分の質問をして答えを聞く形で、文章化していく作業が必要となる。何文字か読みとれたら、想像をして先読みをする。複数での会話の場合、話が流れることも多いので、臨機応変な会話を心がけることも重要である。

また、引きつぎ方法については、二〇〇九年七月三〇日以前（当時二七歳）は、介助者間で共有すべきことや、申し送る事柄を伝える際は、主に筆者の母を介した口頭で行い、二〇〇九年七月三〇日以降は、筆者の母が管理する大学ノートによる「引き継ぎ帳」を使用していたが、二〇一〇年七月一三日から現在は、インターネット上の個人用ドキュメント管理システムのEvernoteを利用した引きつぎを導入したため、「通訳者」が筆者の情報を随時共有することができるようになり、限られた時間を有効に使うことができるようになった。

このように、筆者は円滑なコミュニケーションをとるために、「通訳者」が主体的に筆者に対して働きかける姿勢を求めている。それを実現するためには、筆者は彼らと「利用者の主導」で「個別的な関係性」を結び、かつ「包括性と継続性」を維持させることが必要不可欠である。この三つの条件は「パーソナルアシスタンス」を成立させるために必須である（岡部ほか 2015: 304）。ここでいう「パーソナルアシスタンス」とは、障がい当事者がイニシアティブをもって介助者と個別の関係性を築き、介助者は当事者の生活と一体となって継続的な支援を提供するシステムである（岡部ほか 2015: 304）。それは筆者が「通訳者」の主体性を重視し、協働作業を通してコミュニケーションを図っていたからこそ構築される関係性である。その一方で、筆者の意図を的確に汲みとり、言語化していく通訳作業は、特定の「通訳者」との「個別的な関係性」に依存しているといえるだろう。また、家庭内の情報を「通訳者」と共有する必要もあることから、「通訳者」は信頼をおける人でなければならない。さらに彼らは「あ、か、さ、た、な話法」を身につけ、身体介助ができる介助者以上の存在でなければ難しかった。とくに「情報生産者」を支える「通訳者」には、当事者の成長を支えることへの理解と技術が必要であった。そのため、いくつかの課題が新たに浮かびあがり、さらなるコミュニケーションの拡張を阻む要因となっていった。その課題とは、「通訳者」との関係性が代替不可能であること、「通訳者」と信頼関係を築きあげる必要があること、「通訳者」の入れ替わりによる慢性的な人手不足であった。

3-2　コミュニケーション支援機器利用の変遷

●さまざまな福祉機器の利用

一九九六年一二月（当時一四歳）リハビリテーションセンターにて、作業療法士（OT）によるリハビリで、意思伝達装置ソフト「ディスカバースイッチ」[31]を使い、最初に四〇分かけて打った言葉は「し」「に」「た」「い」の四文字だった（天畠 2012: 146）。

一九九七年四月（当時一五歳）、養護学校在学時に校長から福祉機器「トーキングエイド」[32]使用の提案があったが、筆者はすぐさま断った。その理由は、筆者は視覚障がいがあるため、トーキングエイドの五十音のボタンを正確に押すことができないからであった。

一九九八年四月（当時一六歳）リハビリテーションセンターから通学していた養護学校高等部一年生の頃、担任溝口のアドバイスを受け、携帯に接続する「ポケットボード」という機器[33]を使用した。これは入院中の看護師とのやりとりのなかで、直接筆者の言葉を解読できなかったときに、後で自分の言葉を伝える補助手段として有効だった。看護師は、筆者の言葉を読みとる時間的余裕がないことが多く、その場で伝えるよりも、両親に言葉を読みとってもらい、「ポケットボード」を用いてメールで言葉を伝える、という方法が筆者のコミュニケーション方法には向いていた。

一方で、他人にみられたくない文章や手紙、一字一句自分の言葉で文章を書きたいときは特殊な文章作成ソフトを使った。一九九九年（当時一七歳）国立障害者リハビリテーションセンターで、筆者に合った意思伝達装置の開発のため二週間入院し、意思伝達装置ソフト「オペレートナビ」[34]を試用したが長くは続かなかった。なぜならば筆者は視覚障がいにより文字がよくみえないため読みあげ機能を使うが、不随意運動からの押し間違いが多く、スイッチをタイミングよく正確に押すのが困難であった。そのため、ささいな文章を作成するのに二、三日もかかってしまい、直接コミュニケーションをとり第三者が文章にしていく「あ、か、さ、た、な話法」が一番スムーズにいくことがわかったからである。筆者の障がいの症状とソフトが技術的に合ったものではなかったことから、その後開発も中断された。

しかし、この意思伝達装置ソフト「オペレートナビ」を用いて手紙を書いたことがある。二〇〇〇年（当時一八歳）千葉県知事に「県立子ども病院の診療拒否、センター入試の受験拒否、自立への援助拒否」の理由を問いたいと、嘆願書を書き、送付した（資料1）。平仮名のみの三八〇文字の手紙は丸三日かかった。知事を相手どって医療裁判を起こしたときに知事宛てに出した手紙である。また母による介助のもと、医療裁判の担当弁護士に漢字も用いて六時間かけて七一〇文字の文章を書いたこともあった（資料2）。これら意思伝達装置を使って自分の言葉で文章を書くことは、体力的、時間的にコストがかかることを認識することとなった。

二〇〇九年一一月（当時二七歳）には国立障害者リハビリテーションセンターにて、脳波を使用してコ

はじめまして

ぼくは、てんばただいすけともうします。

おもいだしましたか？

そうです、ちばけんをあいてどって　いりょうさいばんをしている　１９さいのしょうがいしゃです。

しってますか？　いまのぼくのげんじょうを

・けんりつこどもびょういんのしんりょうきょひ
・けんりつリハビリセンターのたった２かげつにいちどのくんれん
・センターしけんへのじゅけんきょひ
・じりつへのえんじょきょひ

そこで、ぼくはネットでしらべたけっか　シカゴにあるリハビリセンターへいってきました。

そこでは、まだにほんでは、にんかされてないクスリとまいにちのくんれんが　ぼくにとって　ベストということでした。

おまけに、だいがくも　じりつもゆめではない。

らいねんの１がつまでには、とべいするつもりです。

ちじにおねがいがあります。
なぜ、ぼくは、しんりょうきょひをうけるのか、
はなしをきかせてください。

７がつ　じゅうごにち
てんばた　だいすけ

資料１　千葉県知事宛ての手紙（原文）

拝啓

初めまして、僕は天畠大輔と申します。
第一回口頭弁論では、僕のために
鈴木弁護士さん
飯塚弁護士さん
小栗弁護士さん
どうもありがとうございました。
会ってお礼が言いたいけど、僕は喋れないからここでお礼を言います。

この一ヶ月、いろんな人から「テレビで観たよ」「新聞に載ってたね」と言われ
今までじっと僕を見てた人達から声をかけられるようになりました。
僕個人のことが活字になり、社会に出ていき、裁判が具体化されていく様子をじっと家の中で見ているのは、なんか歯がゆい感じもします。
そして、父母が４年かかって、やっといい弁護士さん達に巡り会い、協力してもらって一歩前進できた事に感謝してます。

父母は去年まで、僕には内緒で裁判の準備をしてました。

でも、僕ももしかしたら医療ミスじゃないか？、そして自分の事がちゃんと知りたい！と思ってました。

それまで、僕は死ぬことばかり考えていました。父母は「ミスだと知ったら、人のせいにして障害を受け止められない・・・」と思って黙っていたそうです。

でも、今は大丈夫です。

この障害は、どこでどうしてなったのか、ちゃんと知っておきたいです。

僕の体だから・・・

北里大学の教授が僕に言ってました。
「ヘレンケラーが三重苦なら、確かに君は四重苦だね」って
前の僕だったらきっとショックだったけど、今はファイトがでます。
よ〜っし！　じゃあここから頑張るぞ！　長期戦だ！
裁判も長期戦になるかもしれないけど、よろしくお願いします。

敬具

追伸、
常盤木の会報をありがとうございました。
恩師や親戚中にコピーしまくって送りました。
みんなが「大輔のことをよく理解してくれてる弁護士さんに巡り会えて良かったね」と喜んでくれてます。

９月２０日　　天畠　大輔

資料２　弁護士宛ての手紙（原文）

ミュニケーションをとるＢＭＩ（Brain-machine Interface）の治験に参加するも、緊張による不随意運動のためうまく読みとれなかった。

このように、筆者はできるだけ人を介さないコミュニケーションをしたいとの思いから、幾度となくコミュニケーションを補助する福祉機器を試してきたが、視覚障がい、四肢マヒ、不随意運動と多岐にわたる障がいの状態により、いかなる福祉機器も筆者に合うものではなく、「通訳者」を介するコミュニケーション「あ、か、さ、た、な話法」の必要性を感じざるを得なくなった。

確かに、意思伝達装置は直接自己の意思をアウトプットでき、また、自分の言葉でいいきれるという点で、アウトプットに障がいのある人々にとって非常に有効である。自分の言葉で最後までいいきれるということは、「通訳者」を介さないため、筆者のように「通訳者」のボキャブラリー量やコンディションに左右されないということで

ある。しかし、障がいの内容と意思伝達装置の機能がかみあわない場合、ささいな文章を書くために、膨大な時間と労力を費やさなければならず、その割に文章の正確性にも欠けるのが現状である。反対に「通訳者」という媒体を通してアウトプットする場合、筆者の発するキーワードをもとに彼らとの協働作業が可能になり、筆者の感情の微妙なニュアンスを察知して表現したり、足りない言葉の補いあいが可能になる（天畠 2016a: 37）。筆者は福祉機器に対して、一字一句自分の言葉で伝えることができる利点がある一方、無機質で感情を伝えることが難しい手段であると感じ、文章を書くようになってからは人力によるコミュニケーションに重きをおく過程をたどっている。

●学習方法の変遷

筆者は生きる可能性を学びに求めた。幼少期から教育熱心な両親のもとで、学ぶことで他者に自分を認めてもらいたかったことに加え、障がいを抱えながらも健常者に比べて知的であるという自己肯定感を得たかったからである。そして、何より施設で一生を過ごすのではなく、施設以外の居場所が欲しかった（天畠 2012: 178）。そのため、自分の障がいに合った勉強方法を試行錯誤する日々を送り、やがて「通訳者」のマンパワーとＩＴ技術との併用という学習方法に行きつく。

二〇〇〇年（当時一八歳）養護学校を卒業し、筆者は外界と接触するチャンスを求めていた。機能回復のためのリハビリテーション「ドーマン法」を自宅で行うためには、家族だけでは難しく、人手が必要であった。在宅でのリハビリテーションを手伝ってもらうために、ボランティア募集の告知をすると、数十人の学生が集まり、週三回の訓練を行うようになった。この仲間たちといることで刺激を受け、大学進学をめざす気持ちが強くなっていった。進学への思いから、千葉大学看護学部の学生七名に家庭教師を頼み、まずは「英語検定」三級をめざした。その際に、英語の勉強法に対して試行錯誤した。英語の勉強にはスペルを覚えることが必要だが、筆者は上肢と視覚障がいのためノートに記述して覚えることができず、困難を抱えていた。ある日、筆者の視覚能力に微妙な色の差異を見分けることができることがわかり、母が仕事で使うカラーカードを用いて、アルファベット二六文字に対し、二六色の色分けを考案した。パソコンのキーボードを参考に、使用頻度の高い母音はビビッドな色にするなど工夫した。しかし、当時の目的は受験であり、筆者の受けることのできる聴覚のみの受験方法、選択式問題のためには、スペルを暗記することは必要性に乏しく、この手法は断念した。

二〇〇二年（当時二〇歳）耳から入ってくる音声情報のみによる勉強方法の困難さを痛感するようになる。筆者は視覚障がいにより平面の絵や文字がみえにくく、教科書や参考書を読むことができない。四肢マヒにより、紙にメモをとったり、途中計算をすることもできない。そのため、歴史の勉強には、京都での治療の傍ら実物を目にしようと家族や友人と京都・奈良を一年間に四回も訪ね歩いた。英語の勉強については、図表をみて選択する問題や途中に計算が必要な問題など捨て問題が二、三割あり、残りの七、八割を確実にとらなければ合格ラインには達しないことを痛感していた。ルーテル学院大学の受験における英語試験問題は、ネイティブティーチャーが代読することとなり、英語の発音に慣れる必要があった。そのため家庭教師は外国人にお願いし、オーストラリア人、インドネシア人、イラン人が家庭教師となる。家庭教師は日本人、外国人各四人で大学受験をめざした。

ルーテル学院大学の受験問題は選択形式の英語と面接だった。一年目に受験し不合格となってからの一年間は英語漬けの日々を送り、家庭教師に昼夜兼行で手伝ってもらった。文字が読めない、英語のスペルが判読できないため、家庭教師に単語の発音とその意味を吹き込んでもらうという耳からの勉強方法で、ときにはインパクトがあるよう駄洒落を作ってもらい、覚えた単語は六〇〇〇ワード以上だった。並行して文法や長文問題も過去問を用いて勉強した。二度目の受験は、思ったより捨て問題が少なかったこと、確実に学力が向上していたこと、受験体制に慣れていたことから、試験終了後には手応えを感じ、ほぼ満点で合格することができた（天畠 2012: 43）。

二〇〇七年二月（当時二五歳）ルーテル学院大学社会福祉学科三年生から、四年間学んできたことの集大成として卒業論文を書き始める。卒業論文は時間をかけて考えを形にするため筆者に適していた。筆者はコミュニケーションに時間がかかるため、他の学生と同じ時期に始めても間に合わないと考え、三年から四年に上がるまでの期間を個人的に卒業論文の準備期間とするも、期限内に完成できず、卒業を半年延期した。そして、卒業論文「肢体不自由養護学校高等部における進路支援のあり方について」（天畠 2008a）を二〇〇八年六月に完成させ、二〇〇八年九月大学を卒業した。

二〇〇九年四月（当時二七歳）大学卒業後は、所属するコミュニティが家庭しかなく、それゆえ社会から孤立したかのような錯覚と、居場所のない不安を感じていた。それにあいまって、自分自身の理解を深めるために勉強したいと考え、ルーテル大学総合人間学部臨床心理学科に再入学した。勉強方法が耳からの情報しかないということは、「通訳者」の理解に頼るということである。たとえば、必修科目の統計学では、「通訳者」の理解も十分でなかったため、筆者の理解も不十分なものになることが多くあった。一方、時間をかけて作りあげた卒業論文の評価が高かったことで学びに自信が生まれ、研究者をめざして大学院進学を真剣に考えるようになった。「障がい者のコミュニケーション」を専門とするフィールドを模索するうちに、東京大学先端科学技術センターの福島智と立命館大学大学院先端総合学術研究科の立岩真也に出会った。全盲ろうという障がいをもつ福島は情報のインプットに、筆者はアウトプットに大変な苦労があるという点で、健常者とは異なる極限状態で生活していることが共通している。そして、そのうえで研究者として活動している福島の姿に、将来の可能性が一気に開けたように思えた。一方社会学と障害学を専門としている立岩は、筆者のような重度障がいをもつ学生が大学院で学ぼうとすることを「ついに来たか」と歓迎し、親身になって受験やその後の学生生活へ最大限配慮してくれた。その点に筆者は将来への可能性を感じ、立命館大学大学院への受験を決意し、準備を始めた（天畠 2012: 235）。

●一般的なＩＴ機器の利用

二〇一〇年四月（当時二八歳）立命館大学大学院先端総合学術研究科先端総合学術専攻に入学してからは、自宅のある東京と大学院のある京都という遠隔地の受講スタイルのため、パソコンの機能を駆使して研究を行うようになった。例としては、Skype 参加するゼミナールをメインに年に数回通学し、自宅で受講する際は大学院生のＴＡ[35]に送ってもらう音源を聞き、課題レポートを提出、自習には日本語音声合成エンジン「ドキュメントトーカ」[36]などを使い、参考文献などを確認している。また、「通訳者」の一人に iPad をもって買い物に出てもらい、昼食の買い出しなどを、自宅に居ながら中継しつつ「通訳者」に指示を送ることもある。母は筆者がさまざまな挑戦ができる理由の一つとして、在宅でさまざまな人とアクセスができるＩＴ機器を使用していることだと語ったが[37]、一般的なＩＴ機器を使用するこれらの方法は筆者だけでなく、外出に困難がある人のコミュニケーションの拡張の手段ともなるだろう。

また、Skypeの効用は他にもある。筆者は大学院進学を機に、京都への通学や学会への参加などの遠出要員の確保として、男性介助者の増員を検討するようになった。加えて同性介助の原則から入浴や夜勤などには男性介助者が必要であり、一時期は有資格者の男性介助者を確保することは死活問題だと捉えていた。しかし、Skypeを利用することによって、移動時の負担が激減し、さまざまなコストも削減できるようになった。コスト削減の一つには事故発生リスクの軽減が挙げられる。この点について筆者は、過去に以下のとおりまとめている。

> 発話障がいを伴う重度身体障がい者にとって、介助者を伴って外出をすることは他の発話可能な障がい者に比べても、外出にかかるリスクが非常に大きい。発話障がいを伴う重度身体障がい者は、たとえ危険を察知しても、すぐに介助者に知らせることが難しく、介助者は障がい者の安全確保と、コミュニケーションの聞き取りの双方を同時に行わなければならない。よって、安全に外出できる介助体制を取れないならば、障がい者自身は外出を控えるなどして、自らの行動を抑制せざるをえなくなる。(天畠ほか 2013: 20)

つまり、Skypeを用いることで安全確保のハードルが下がり、筆者と介助者双方の負担軽減が図れるのである(天畠ほか 2013: 20)。通常、外出の際には、外出先の設備・構造に関する情報収集や外出時間の計画、移動手段の検討に加えて、行先や天候によって変わる移動手段の選択、宿泊を伴う場合はリスクマネジメントから通常の介助体制と同様のスタッフの確保がある。これらの外出に関わる金銭的・体力的・精神的コストが、Skype利用によって激減することは画期的である。そのため、現在も男性の手が重要であることに変わりはないが、Skypeを活用することによって以前よりは男性に固執することはなくなった。

●障がい者を対象とした福祉機器から一般的なＩＴ機器へ

筆者のコミュニケーションの拡張をたどってみると、筆者は「あ、か、さ、た、な話法」と併用して、障がい者用に用いられている福祉機器から、広く一般的に使用されているＩＴ機器を使用するに至っている。その理由は、筆者が求めるものは筆者の個別性に特化した介助者と、誰でも使える支援機器であるからだ。さらに、二〇一〇年頃からわずか一年の間にSkypeだけでなくFacebook[38]・Twitter[39]・LINEなどが世間に浸透し、コミュニケーション方法が多様化した。その多様化に伴い、さまざまな通信機器を通じてコミュニケーションをとるようになった現在、第三者の手を借りながら暮らす筆者にとって、介助者の通信機器操作の可否は非常に重要である。

筆者は社会参加していくことを追求するなかで、障がいのある個人に提供される福祉機器ではなく、誰もが使用できるように規格されたユニバーサルデザインのものを活用したいという考えのもとで、Skypeを利用している。その理由は、自分のために特別にデザインされた機器は値段が高いこと、故障時に相談できる「コールセンター」のような場所が制限されてしまうことが挙げられる。一方で、誰もが使用できるように規格されたユニバーサルデザインのＩＴ機器やソフトは、使用するユーザーが多く需要が大きいため、改良やバージョンアップなどが頻繁に行われる。さらに費用が安く、使用方法も扱いやすいことも大きな利点である。たとえば、Skypeはインターネット環境、ビデオなど周辺機器さえ整えば、無料でアプリケーションをダウンロードしサービスを受けることができる。障がい者が人力と福祉機器のどちらを使用すべきかという問題については、以前筆者が雑誌に投稿した文章にも示されている。

私は福祉機器（意思伝達装置）を効率良く使うことを諦めて、広く一般的に使用されているＩＴ機器の利用にスイッチした。つまりコミュニケーション方法は通訳者という人、を介しながら、ＰＣなどのＩＴ機器を駆使することでそのコミュニケーションをさらに拡張していったのだ。（中略）個々人による障害の程度の違いから、一般的な福祉機器を使うことのできる障害者と、その障害の専門性によって、介助者の力を借りる障害者が二極化し、今後明確化していくのではないか。私の場合はこの後者にあたるが、もしもアンドロイドが今よりも性能を高め、人による介助と同じ機能を持った福祉機器として発明されるのなら、私も福祉機器を活用するユーザーの一人になるかもしれない（天畠 2016a: 36-7）。

このように障がい者が特別な福祉機器の利用から脱却し、家電量販店でとりあつかう商品のような皆が使っているものを使用しながら、働いたり自立した生活を送ったりすることは、障がい者がコミュニケーションをさらに拡張するうえで重要である。

3-3　自分以外の障がい者のサポートへ

二〇〇四年四月（当時二二歳）念願叶い、ルーテル学院大学総合人間学部神学科に入学するが、入学して最初の課題は、授業時間のノートテイク、レポート提出、教室の移動、空き時間、食事、トイレ、通学などに、多くの介助を必要とすることだった。養護学校時代は障がい者に対して周囲の配慮があることが当然だったが、健常者に囲まれた環境に入っていくことで、自らの障がいの重さを痛感した。まずは、千葉在住時代に家庭教師をしてくれていた大学生の仲間「グリコ」がサポートし、ノートテイクなどのボランティア募集のチラシの作成、配布を行った。新入生のオリエンテーションでのよびかけや授業の合間に説明会も実施した。ルーテル学院大学でのボランティアは、後期にはグリコから完全に引きつぎ、参加者は七〇名に及ぶ大きな集団となった。いつの間にかこのボランティア活動を「ダイボラ（大輔ボランティア）」とよぶようになった（天畠 2012: 201-2）。

二〇〇五年四月（当時二三歳）大学二年生の頃、一年間試行錯誤してきた自分自身の経験を生かし、大学に入学してくる障がい学生に安定した学びの場を提供したいと考えはじめる。筆者は一年目の「ダイボラ」の経験をもとに、障がい学生のノートテイクや学内での活動をサポートできる組織を作ることを考え、動きはじめた。大学内で障がい学生サポートの必要性も高まり、他大学と交流の機会をもちながら、有償ボランティアのシステムの仕組みなど、情報交換をした。学校関係者との交渉事は母を介していたが、「ダイボラ」のメンバーにも有償ボランティアのあるべき姿を伝え、徐々に賛同を得るようになっていった。そして、二〇〇六年四月（当時二四歳）大学三年生の頃、学生有志組織として障がい学生を支援するＬＳＳが開始された。なお、この年から有償ボランティアへの移行を大学と交渉し、二〇〇八年度からは大学直轄の団体として認められ有償ボランティアになった。これらのことから、筆者は自分から何か発信できる、という自信をもつようになった。

二〇〇八年二月（当時二六歳）日本社会事業大学の障がい学生支援サークルの学生から講演会の依頼があり、東京ボランティア・市民活動センターでの分科会の講師を務めたことをきっかけに、障がい学生支援の他にも、自分の経験が他の障がい者の役に立たないかと考えはじめる。二〇一〇年二月（当時二八歳）には立命館大学大学院の先輩から講演会の依頼があり、川崎市社会福祉協議会「重度訪問介護従業者養成研修」にて講演する。これらの経験により、限られた時間内で伝えるべきことを語れるよう事前準備と「通訳者」との練習に多くの時間を必要とするようになっていった。

二〇〇九年（当時二七歳）、自宅のある東京都武蔵野市で重度訪問介護事業所を運営することを考えはじめる。目的は筆者の自立と家族の負担を軽減するために、専門性のある「通訳者」を安定的に供給することであるが、今後は自らの自立だけではなく、地域の障がい者支援を目的とした事業所となることもめざした。

二〇一一年二月（当時二九歳）東京都武蔵野市を中心に、「高等教育に在籍または進学をめざす障がい学生への支援」にとりくむＮＰＯダイジョブ＋（プラス）を立ちあげ、毎週のミーティングおよび定期的な特別支援学校への訪問や関係者への聞きとり調査などの活動を開始した。とくに筆者の経験を伝える活動にも力を入れ、小学校、特別支援学校、地域社会福祉協議会、ＣＩＬなどで開かれる講演会において、積極的に講演活動をしている。これらの講演を行う目的は二つあった。一つ目は、障がい当事者には、筆者の経験を進学のロールモデルとし、障がい学生が自身の活動を諦めず、可能性を広げるきっかけにしてもらうこと。二つ目は、健常者には、障がい者とのコミュニケーションに興味関心をもって視野を広げ、コミュニケーションを考えるきっかけとしてもらうことである。また同年八月、筆者の「通訳者」を派遣する重度訪問介護事業所・株式会社スカイファームを父とともに立ち上げる。

二〇〇八年（当時二六歳）に筆者の大学受験の経験をまとめた「『あ・か・さ・た・な』で大学に行く」という体験記録が第四三回NHK障害福祉賞の優秀賞を獲得した（二〇一〇年に書籍化）。そのことを契機に、徐々に活字でも自分の経験や思考を社会に伝える機会が増えていった[40]。また、二〇一五年四月（当時三三歳）には、一般社団法人脳損傷者ケアリング・コミュニティ学会理事に就任し、地域と障がい者をつなげていく活動に力を入れ、社会的な活動の場を広げていった。

さらに、二〇一七年一〇月（当時三五歳）、株式会社スカイファームから独立し、筆者が代表取締役を務める重度訪問介護事業所・株式会社 Dai-job high を「通訳者」とともに立ち上げた。筆者だけでなく、地域の重度身体障がい者へ介助／通訳者を派遣している。また、二〇二〇年三月（当時三八歳）には一般社団法人わをんを設立し、相談支援などを通して、日本全国の重度身体障がい者の社会参加を進めるべく啓発活動を行っている。

4　コミュニケーションの拡張に向けてのエコマップ

本節では、生活史調査で得られた要素から、筆者をとりかこむ社会資源との相関関係をネットワークとして可視化するために、図2「天畠大輔におけるコミュニケーションの拡張に向けてのエコマップ」を作製した。エコマップとは、Ann Hartman が考案した、評価、援助計画の立案、介入のため手段としての生態地図である。これにより生活空間における人間または家族をとりかこむ境界を明らかにすることができる（Hartman 1978: 467）。また湯浅典人はエコマップの利点として「援助の結果による関係性の変化を時系

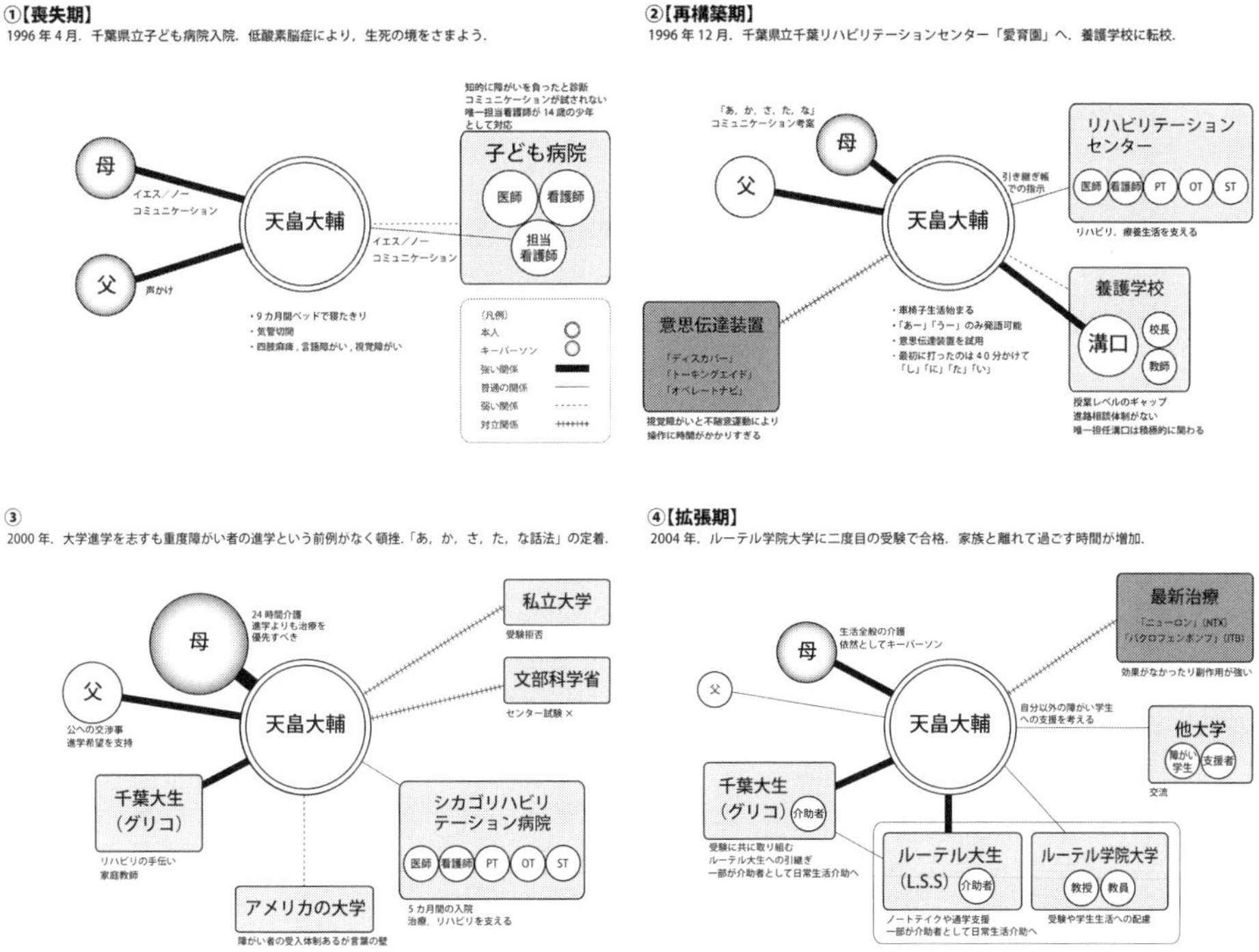

図2-1　天畠大輔におけるコミュニケーションの拡張に向けてのエコマップ①〜④
（筆者と「通訳者」［北地智子・斎藤直子］が協働で作成した）

列に把握することができる」ことを挙げている（湯浅 1992: 133）。そこで本節ではとくに、筆者におけるコミュニケーションのエコマップを喪失期・再構築期・拡張期に分けて表現することで[41]、筆者がどのようにコミュニケーションを拡張していったのか、またその拡張とともにどのように新たなコミュニケーション上の制約が立ち現れてきたのかを視覚的に明らかにすることを試みた。具体的には、実線などを用いて筆者と周囲の関係性を表した。実線の太さはコミュニケーションにおける関係の強さを表しており、太いほどに関係性が強いことを表している。また、破線は弱い関係を、横線が加わった実線は対立関係を表している。

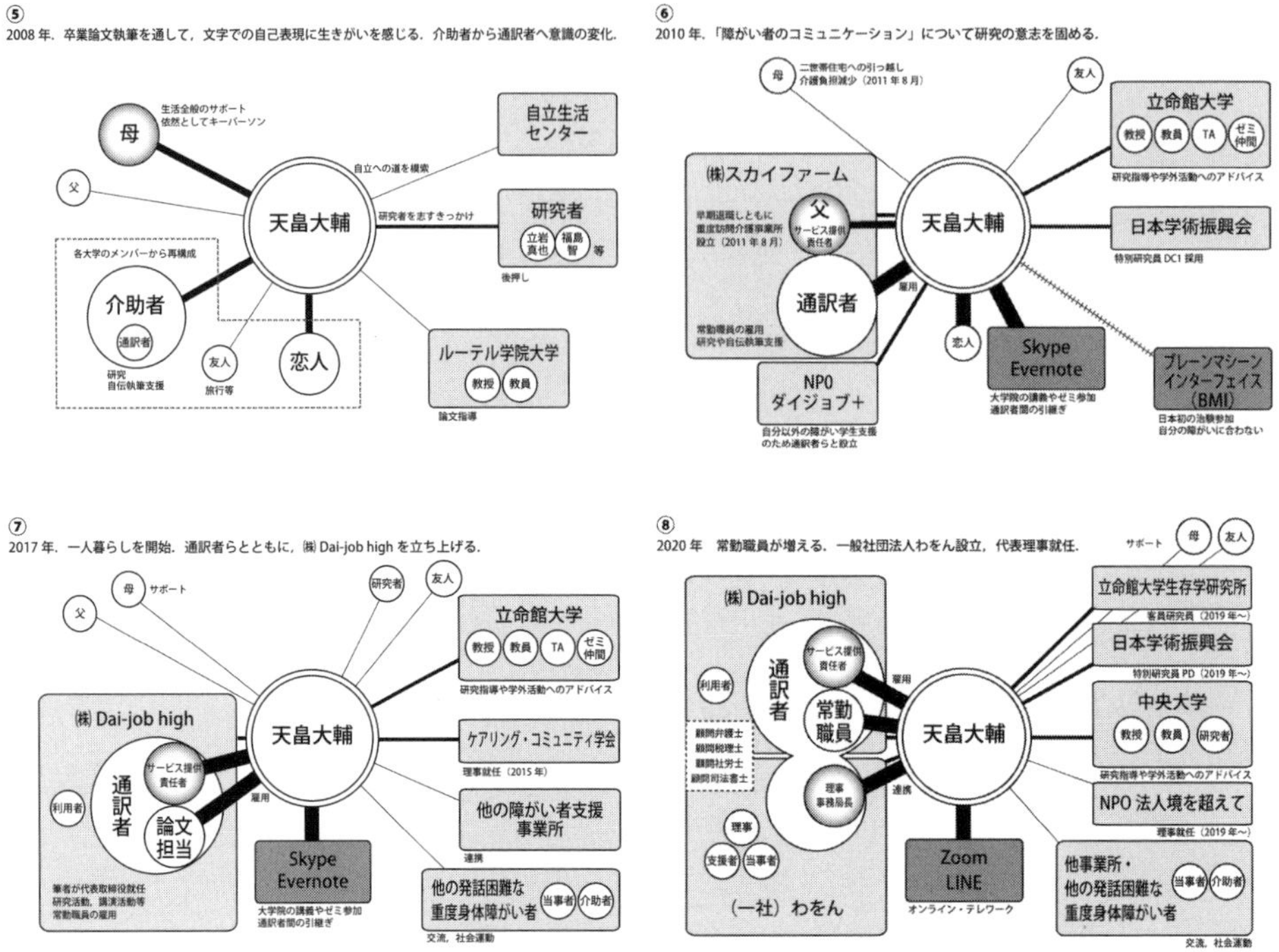

図2-1　天畠大輔におけるコミュニケーションの拡張に向けてのエコマップ⑤〜⑧
（筆者と「通訳者」［北地智子・斎藤直子］が協働で作成した）

筆者のコミュニケーションの流れを、喪失期・再構築期・拡張期の三つに分類し、さらに八つの場面に区切って、エコマップにまとめた。エコマップを通して、筆者と筆者をとりかこむ社会資源との相関関係の変遷を以下のとおり考察した。

第一に、エコマップにより複雑に絡みあった筆者と環境との関係性を簡略的に図式化したことで、筆者自身がコミュニケーションを拡張するとともに、社会との関わりが増え、筆者がもつ社会的役割が拡張していったことが可視化できた。とくに、喪失期・再構築期では両親を中心とするコミュニケーションに限定されていた筆者と周辺環境との関わりが（①〜③）、拡張期には両親に限ったものではなくなり、実線の太さもより太くなったうえに、また新たな関係が幾重にも重なっていった（④〜⑦）。その際、筆者の社会的役割は、大学生（④・⑤）、大学院生（⑥・⑦）という属性だけでなく、日本学術振興会特別研究員（⑥・⑧）・NPO代表（⑥）・重度訪問介護事業所代表取締役（⑦）・特定非営利活動法人理事（⑧）・一般社団法人代表理事（⑧）などの新たな社会的役割が付随していったことは特筆すべきである。

第二に、それぞれの時期のキーパーソンとなる人物が変化していったことがわかる。ここでいうキーパーソンとは、筆者との共有知識が豊富で、「クライアント特化能力」[42]に最も長けた人物を指す。筆者のキーパーソンは、コミュニケーションや社会的役割の拡張に伴い、両親から特定の「通訳者」（兼サービス提供責任者[43]）へと推移した。具体的には、喪失期は両親ともにキーパーソンであったが（①）、再構築期には母へ負担が集中し（②〜⑤）、拡張期の中盤に父に代わった（⑥）。この変化は、筆者の介護の責任を背負っていた母の負担を少しでも減らすために、父にサービス提供責任者という役割を担ってもらったためである。しかし、いずれにせよ両親への負担の総量は変わることはなかった。そのため両親への負担を解消するために、常勤の「通訳者」にサービス提供責任者の役割をおき、キーパーソンを父から第三者へと変移させた（⑦）。また他の「通訳者」のなかでも「論文担当」や「一般社団法人の理事兼事務局長」など、重要なタスクごとに分業する体制に変容したことが明らかとなった（⑦・⑧）。

第三に、コミュニケーションの意味も変化した。すなわち、エコマップの作製を通して、筆者はコミュニケーションの役割が、他者に必要な介助などを単に「要求」することから、自ら「思考」し、その「思考」を他者に伝えることへ変化したことを明らかにした。この点において転換期となったのは、拡張期の⑤である。この時期に卒業論文を書きあげたことで、文字での自己表現に生きがいを感じ、「情報生産者」を志向するようになったため、コミュニケーションの内容が次第に変化していったといえる。

5　まとめ

本章では、母への生活史インタビューをもとにした、コミュニケーションの喪失と再構築およびその拡張の整理を通じて、筆者が受障から「研究者」というアイデンティティを選ぶまでの経緯を記述し、筆者が社会参加を実現していく過程を明らかにした。一方で、筆者の活動範囲の拡大と同時に立ち現れてきたコミュニケーション上の制約と通訳介助体制の変遷も示した。

たとえば、このコミュニケーション拡張の過程において、「通訳者」との関係性という課題にも直面することになった。筆者はコミュニケーションの再構築を通して、さまざまな福祉機器を試用したが障がいの特性から使用には至らず、結果として「通訳者」という人力に固執していった。とくに、こうした人力と併用して一般的なＩＴ機器の使用にもこだわり、社会を障がい者の目線にするのではなく、障がい者を一般的な目線に合わせることでコミュニケーションを拡張していった。さらに、筆者がルーテル学院大学時代、卒業論文を執筆するに当たり、「通訳者」の能力差が論文執筆の一つの足かせとなった。また、「通訳者」の大半を占める学生に対し、筆者は共有知識や語彙を教育していくのだが、卒業を機に筆者のもとを離れていく彼らを見送る度に、筆者は大きな喪失感を抱く。彼らが手慣れた「通訳者」であるほど、まして人数が多いほど筆者の喪失感は大きい。しかし落ち込んでいる間もなく、筆者は新たな「通訳者」の確保と再度白紙の状態から筆者との共有知識を積みあげていくことを迫られる。毎年この苦悩を繰りかえしていては、「情報生産者」としての道は閉ざされてしまうと、焦燥感に駆られた。そのため、安定した「通訳者」を維持するために、パートの学生ではなく常勤の「通訳者」の確保を試みるようになっていった。

これらの記述を通して、「通訳者」との代替不可能な「個別的な関係性」が浮き彫りになった。筆者が「通訳者」に対して感じる喪失感は、「通訳者」との「個別的な関係性」がなくなることの喪失感を表しているといえる。ある特定の「通訳者」との関係性でのみ実現される代替不可能なコミュニケーション手段を失ったことで、それが大きな喪失感につながったのである。第6章以降では、この筆者と「通訳者」との「個別的な関係性」が、大学院での論文執筆を通して「強固な依存関係」へと変容する様子を記述していく。

■注

1 本章は二〇一〇年および二〇一六年のインタビューをもととしているため、現在の状況を補う資料として筆者・天畠大輔のホームページも併用した。(http://www.tennohatakenimihanarunoka.com/news/index.html)

2 筆者の母を対象にした第一回目のインタビュー。「幼少期の筆者のコミュニケーションについて」をテーマとして、二〇一〇年一二月二五日に行った。

3 一〇の習い事の種類と年齢は以下のとおりである。水泳(一～一〇歳)、お絵かき教室(二～四歳)、絵本読み聞かせ(三～六歳)、ピアノ(三～六歳)、塾(三～一二歳)、英語(六～七歳)、カヌー・スキーサークル(六～一〇歳)、剣道(六～一二歳)、サッカー(六～一二歳)、家庭教師(八～一二歳)。

4 筆者の母を対象にした第一回目のインタビュー。

5 筆者の母を対象にした第二回目のインタビュー。「受障後の筆者のコミュニケーションについて」をテーマとして、二〇一〇年一二月二六日に行った。

6　筆者は受障前から音楽が好きで、ICUでは以前から好きでよく聴いていた「ムーン・リバー」などをかけてもらっていた。

7　自力で呼吸がしにくいと、気管内挿管の処置を行う場合がある。長期化する場合は気管を切開し、気管支から左右の肺が分岐する部分まで管を挿入し気道を確保する。カニューレとは管（チューブ）のことである。

8　筆者の母を対象にした第二回目のインタビュー。

9　筆者の母を対象にした第二回目のインタビュー。

10　筆者の母を対象にした第二回目のインタビュー。

11　学校教育法の改正により、二〇〇七年四月一日から現在の学校名のは「千葉県立袖ケ浦特別支援学校」である。

12　リハビリテーションセンターでの「引き継ぎ手帳」は通称「大輔ノート」とよばれ、父母間の引きつぎに使用していたが、次第に看護師も参加するようになった。第一巻一九九六年一二月三日〜一九九七年二月三日、第二巻一九九七年二月四日〜一九九七年五月二一日、第三巻一九九七年五月二三日〜一九九七年九月二日までである。

13　引き継ぎ手帳第三巻に記された一九九七年七月二四日の文章。

14　引き継ぎ手帳第三巻に記された一九九七年八月二八日の文章。

15　当時は言語療法士といったが、一九九七年一二月に言語聴覚士法が制定され、国家資格として言語聴覚士（Speech Language Hearing Therapist：ST）に統一された。

16　筆者の母を対象にした第四回目のインタビュー。「筆者の母の職歴について」をテーマとして、二〇一六年二月一七日に行った。

17　筆者の母を対象にした第四回目のインタビュー。

18　「テレックス」とは、文字情報を交換するネットワーク通信機器のことで、主にビジネス用途に使われた、ファクスやEメールの前身。キーボードの付いた電話という形式で、送る側が送りたい文をキーボードで打って送信すれば、相手のテレックスが印刷する仕組みである。

19　千葉大学のサークル。グリコの詳細は本章の後半で詳細に記述する。

20　筆者の母を対象にした第三回目のインタビュー。「筆者の介助を利用した生活歴について」をテーマとして、二〇一一年八月一四日に行った。

21　筆者の母を対象にした第三回目のインタビュー。

22　筆者の母を対象にした第三回目のインタビュー。

23　二〇〇三年施行の支援費制度に位置づけられたホームヘルパー事業。二〇〇六年障害者自立支援法施行に伴い「重度訪問介護」に名称変更された。筆者が有償ボランティアのメンバーに声を掛け、資格取得を企画した当時は重度訪問介護に改正される直前で、「日常生活支援従業者養成研修」を修了することが資格要件であった。同研修を受講するには、訪問介護大手のコムスンやニチイ学館などの民間の事業所にて三万円弱／人を要していたところ、社会福祉法人幹福祉会は自ら講座を企画し二〇人程度人数を集めることを条件にして、二万円／人での講座開講を引き受けてくれた。

24　自薦ヘルパーとは、障がい当事者が自分で関係を築いた介助者を事業所に登録し、自らシフトを組み、介助をマネジメントする方法である。一方、一般的な事業所を利用した場合は、事業所専属のヘルパーが派遣されてくることになる。後者が事業所で養成された介助者を当事者のもとに派遣するという「レディメイド」であるのに対し、前者は「当事者が介助者を育てる」という「オーダーメイド」の発想がある（渡邉 2011：132）。筆者の場合、当初生活面の介助を家族へ、介助者には主に勉強や研究の介助をお願いしていた。筆者の介助者には、基礎学力や難度の高いコミュニケーション方法の習得が求められること、また長時間筆者と過ごすため、筆者と性格の相性が合う介助者をみつける必要があった。そのことから事業所から派遣される介助者では、自らの求める介助者を利用することが難しく、近隣を大学に訪れスカウトするなど、自ら介助者を募集し自分に合う介助者へと育成する自薦ヘルパーを利用することとなった。

25　筆者の母を対象にした第三回目のインタビュー。

26　筆者の母を対象にした第三回目のインタビュー。

27　筆者の母を対象にした第三回目のインタビュー。

28　筆者の母を対象にした第三回目のインタビュー。

29　この「通訳者」という呼称は、本研究の問いでもあるオーサーシップ問題の観点から便宜上あえて使用している。日常においては「介助者」「ヘルパー」「通訳者」などの用語をほぼ同義として用いている。

30　「大輔の介助心得」とは、筆者の介助に入る際に常に心掛けてもらう前提を記したもので、二〇〇九年（当時二七歳）から新人研修の際に使用するが、二〇一一年（当時二九歳）事業所設立からは所長である父による研修にとってかわった。

31　「ディスカバースイッチ」とは、ディスカバープロ with インテリスイッチのことで、一つまたは複数のスイッチを使って、マウス操作やキーボード操作を代替する福祉機器である。

32　「トーキングエイド」とは、言語障がい者や身体障がい者などで会話や筆談が困難な人のための携帯型意思伝達装置である。利点としては、一文字ずつ入力できるため、時間はかかるが自分の言葉を伝えることができる。しかし筆者の場合は視覚障がいがあることに加え、不随意運動によってスイッチの操作が困難であり、適さない。

33　「ポケットボード」とは、一九九七年にＮＴＴドコモが発売した、電子メール用の携帯端末の名称で、小型のキーボードと液晶ディスプレイを搭載していた。筆者がリハビリテーションセンターに入所していた当時はもち運べるパソコンがなく、携帯にメール機能が付いていなかったため、引きつぎなどを効率的に行えるよう「あ、か、さ、た、な話法」の補助手段として利用していた。

34　「オペレートナビ」とは、キーボードやマウスの使用が困難な上肢障がい者向け Windows 操作支援ソフトである。入力スイッチとテンキーなどにより、Windows を操作することができる。「あ、か、さ、た、な……」と自動的に音声で流れる間に、自分がいいたい言葉のときに合わせて手で特殊なスイッチを押して文章を作るソフトで、機械の設置までは母が行った。

35　ここでいうＴＡは、立命館大学に所属し不特定の障がい学生支援を担う大学院生を指している。

36　「ドキュメントトーカ」とは、文書ファイルの読みあげが可能なアプリケーションである。筆者は主に「通訳者」がいない時間での読書や論文の推敲などで使用している。

37　筆者の母を対象にした第三回目のインタビュー。

38　Facebookとは、二〇〇四年にアメリカの学生向けにスタートした、ソーシャルネットワーキングサービスである。二〇〇八年には日本語版も開設された。実名制であるため、現実世界の知り合いとネット上で交流できることが特徴。筆者は自らの意見を発信する場として、二〇一五年から使用を開始した。

39　Twitterとは、二〇〇六年にアメリカで開始されたソーシャルネットワーキングサービスである。二〇〇八年には日本語版も開設された。「ツイート」とよばれる一四〇字以内の短い文章の緩いつながりが特徴。筆者は二〇一〇年から使用している。

40　筆者がこれまでに商業誌などにおいて発表している文章は以下のとおりである。①「『あ・か・さ・た・な』で大学に行く」ＮＨＫ厚生文化事業団編『雨のち曇り、そして晴れ――障害を生きる13の物語』日本放送出版協会、二〇一〇年。②ＤＰＩ日本会議機関誌『ＤＰＩ　我ら自身の声』26（2）「書籍紹介」内に、片桐健司著『障害があるからこそ普通学級がいい――「障害」児を普通学級で受け入れてきた一教師の記録』紹介文執筆、二〇一〇年七月。③「『あ・か・さ・た・な』で大学へ」全国障害学生支援センター機関誌『情報誌　障害をもつ人々の現在』61、二〇〇八年。④「『あ・か・さ・た・な』で大学院へ」全国障害学生支援センター機関誌『情報誌　障害をもつ人々の現在』68、二〇一〇年。⑤「学びはやめられない」『ノーマライゼーション――障害者の福祉』33（8）日本障害者リハビリテーション協会、二〇一三年。⑥「あ・か・さ・た・なで学び続ける」『リハビリテーション』565鉄道身障者福祉協会、二〇一四年七月。⑦「第10回私の生き方――『学び』で広がる関係性」『すべての人の社会』403日本障害者協議会、二〇一四年。⑧『リハビリテーション』564「図書紹介」内に、中村尚樹著『最重度の障害児たちが語りはじめるとき』紹介文執筆、鉄道身障者福祉協会、二〇一四年六月。⑨ＤＰＩ日本会議機関誌『ＤＰＩ　我ら自身の声』30（1）「書籍紹介」内に、報告書『障害のある女性の生活の困難――複合差別実態調査報告書』紹介文執筆、二〇一四年七月。⑩「私が選んだ今年の五大ニュース」『ノーマライゼーション――障害者の福祉』34（12）日本障害者リハビリテーション協会、二〇一四年一二月。⑪「ロックトインシンドローム患者３人へのインタビューを通して――天畠大輔inフランス」『ノーマライゼーション――障害者の福祉』35（4）日本障害者リハビリテーション協会、二〇一五年四月。⑫「ダレと行く?·からはじまる私の外出」『リハビリテーション』575（4）鉄道身障者福祉協会、二〇一五年七月。⑬「『あ・か・さ・た・な』より『喋りたい!』」『私の生きてきた道50のものがたり』NHK厚生文化事業団、二〇一五年一二月。⑭「1000字提言」『ノーマライゼーション——障害者の福祉』36（2）、（6）、（10）日本障害者リハビリテーション協会、二〇一六年二月、六月、一〇月。⑮「人力 versus 福祉機器」『ノーマライゼーション——障害者の福祉』36（4）日本障害者リハビリテーション協会、二〇一六年四月。⑯「生き方わたし流——事業所のすゝめ」『ノーマライゼーション——障害者の福祉』38（2）日本障害者リハビリテーション協会、二〇一八年二月。⑰「『あ・か・さ・た・な』で合理的配慮を考える」『リハビリテーション』605鉄道身障者福祉協会、二〇一八年七月。⑱「甘え甘えられ、そして甘える関係」『季刊福祉労働』164福祉労働編集委員会、二〇一九年九月。⑲「私のお墓の前で泣かないでください」『ひとりふたり‥』156法藏館、二〇二〇年。⑳「『あ・か・さ・た・な』で研究する」全国障害学生支援センター機関誌『情報誌　障害をもつ人々の現在』109、二〇二〇年。

41 なお、喪失期・再構築期・拡張期と分けたが、これらは明確に分けられるものではない。再構築期・拡張期においても、「通訳者」の喪失は繰りかえしているからだ。たとえば「通訳者」の大半を占める学生は毎年春に入れかわるため、事業所設立後は常勤の「通訳者」の増員を試みるようになったが、安定的な「通訳者」の確保については未だ十分ではない。現在は、事業所の常勤職員を増員することで、この問題の解決を図っている。

42 「クライエント特化能力」については、第7章で詳しく述べる。

43 サービス提供責任者とは、介助者と利用者の間に立ち、介助サービスが適切に提供されるように調整するコーディネーターの役割を担う者である。

第6章

天畠大輔における「通訳者」の変遷を通してみる通訳介助体制のあり方と課題

前章では、筆者である天畠大輔のコミュニケーションの喪失と再構築の過程を整理した。そして、筆者は介助者の「通訳者」としての役割を重要視し、各通訳者と個別の関係性を構築していることが明らかとなった。本章では、筆者が「通訳者」の役割を強く意識しだしてから、事業所を設立し、独自の通訳介助体制を整えていく過程を詳細に記述する。さらに、筆者が独自の通訳介助体制を構築するなかで、筆者にとって「通訳者」が「頼れる存在」から「依存する存在」へと、その関係性が変容していく様を明らかにする。

1　概要——天畠大輔の生活史調査と「通訳者」の業務分担調査

1-1　調査概要と調査対象

本章で扱う調査は、「筆者の父に向けた筆者の生活史についてのインタビュー」および、「筆者の『通訳者』の業務分担調査」である。

まず「筆者の父に向けた筆者の生活史についてのインタビュー」は、前章で母を対象として行った調査と同じものを父に向けて行った。とくに筆者への介助者派遣を目的とする事業所の共同経営者（二〇〇九年〜二〇一七年）であった父に対象を変更することで、筆者の社会参加の過程を整理し、筆者自身の行動範囲の広がりに伴ってコミュニケーションや社会的困難がどのような形で現れ出てきたのかを分析していく。なお、本調査の手法は前章の生活史調査のものと同様である。

次に「筆者の『通訳者』に向けた業務分担調査」は、通訳者間の引き継ぎ帳（Evernote）に記録された筆者の「通訳者」（二〇一一年〜二〇一二年）の言説をもとにして、業務分担の方法やそれぞれの「通訳者」が抱える業務の負担度を明らかにする。業務の種類については、引き継ぎ帳を参照しながら、業務内容のうち、該当期間において各通訳者が何種類の業務を担ったか集計した。なお、業務内容は以下の二一種類であり、その系統によって四つに大別した。

・生活支援
入浴介助、排せつ介助、就寝介助、洗顔・着替えなど、家事援助、食事介助
・プライベート介助
外出介助、通院・リハビリ付き添い、メール処理、金銭関係（各種支払い、口座管理など）、ＩＴ関係（パソコン・ＳＮＳ関連など）、その他通訳業務（友人との交流、飲み会への参加など）
・学習介助
博士（予備）論文関係、学振関係（日本学術振興会特別研究員の申請書作成、採用後の手続き・事務処理、科研費処理など）、大学院における授業補助、助成金による研究関係[1]、本読み、自伝執筆補助、学会などイベント参加時の通訳など
・その他
介助者のシフト作成、その他事務処理

筆者の「通訳者」のプロフィール表（表2）は引き継ぎ帳（Evernote）に記載された二四人を匿名化し、表記はアルファベットA～Xを使用した。これら、「筆者の父に向けた筆者の生活史についてのインタビュー」および、「筆者の『通訳者』の業務分担調査」の二つの調査結果から、筆者独自の通訳介助体制の変遷や筆者にとっての「通訳者」のあり方を考察していく。

1-2 調査手順

本調査の手順を述べる。

まず「筆者の父に向けた筆者の生活史についてのインタビュー」は、具体的に以下のとおりである。

①事業所設立の経緯と雇用体系について（二〇一二年六月二二日実施）

②事業所における人材育成制度について（二〇一二年七月七日実施）

調査場所は筆者の自宅一室（当時）を使用した。各調査に関わるスタッフは、インタビュアーである筆者、筆者の通訳を担当する研究助手（黒田宗矢）の計二人である。なお、調査内容はＩＣレコーダーに記録し、文字起こしを行った。

次に、「筆者の『通訳者』の業務分担調査」は、通訳者間の引き継ぎ帳（Evernote）に記録された各通訳者の介助時間と介助内容を調べ、三つの調査対象期間それぞれの期間において、各通訳者の介助時間の総計と担った業務の種類を集計し、グラフ化した。調査対象期間は、筆者の通訳介助体制に特徴的な変化が生じた二〇一一年五月〜六月、二〇一二年五月〜六月、二〇一二年一〇月〜一一月の三つである。これらの期間は筆者の大学院における研究関連の業務が増え、また介助／通訳者の派遣方法や養成システムが変化する過渡期にあり、「通訳者」の業務も多岐にわたることから調査対象期間として採用した。

2 結果——通訳介助体制の変遷と「通訳者」の業務量

2-1 通訳介助体制の構築——重度訪問介護事業所設立に向けて

表2-1　筆者・「通訳者」のプロフィール表（2011年～2012年調査当時）
（筆者と「通訳者」［黒田宗矢］が協働で作成した）

	筆者
性別	男性
年齢	20代後半
学歴	文系大学院在学（障害学専攻，博士後期課程在籍）
職歴	重度訪問介護事業所の代表取締役（調査当時現職）

	通訳者A	通訳者B	通訳者C
性別	女性	女性	女性
年齢	20代後半	20代前半	20代前半
学歴	理系大学院卒（自然科学専攻，修士号取得）	文系大学卒（社会福祉学専攻）	文系大学卒（社会福祉学専攻）
職歴	公園管理機関（2年間）	障がい者センターの常勤職員（調査当時現職）	精神障がい者施設の常勤職員（調査当時現職）
勤務年数	3年（通訳歴10年）	5年	6年
勤務頻度	週1日	週1日	月1～2日
特記事項	研究支援担当	交渉担当	自伝執筆担当

	通訳者D	通訳者E	通訳者F
性別	女性	女性	女性
年齢	20代前半	20代前半	20代前半
学歴	文系大学在学（社会福祉学専攻）	文系大学在学（社会福祉学専攻）	美術系大学在学
職歴	なし	なし	なし
勤務年数	3年	3年	1年
勤務頻度	月1～2日	月1～2日	週2日
特記事項	シフト作成担当	本読み担当	本読み担当

ここでは事業所設立と通訳介助体制の変遷の理由を明確化するために、筆者の立命館大学大学院入学までの経緯を時系列に沿って振り返りたい。

筆者は卒業論文執筆に時間を多く費やしたため、卒業を半年遅らせ、二〇〇八年九月に卒業した。卒業論文作成を機に「通訳者」の必要性を痛感し、それに伴い、自立した生活を送るために新しい通訳介助体制を構築できる場として当事者主体の事業所運営を検討しはじめた。

しかし、事業所を実際に運営するには大きなハードルがあった。指定重度訪問介護事業所を運営するにはサービス提供責任者が必要だが、それには介護福祉士などの資格を取得しなければならない。筆者は重度障がいのため資格取得がきわめて困難であることから、事業所運営への道が閉ざされていた。そこで、

表 2-2　筆者・「通訳者」のプロフィール表（2011 年～ 2012 年調査当時）
（筆者と「通訳者」［黒田宗矢］が協働で作成した）

	通訳者 G	通訳者 H	通訳者 I
性別	女性	女性	女性
年齢	20 代前半	20 代前半	20 代前半
学歴	文系大学在学（言語学専攻）	文系大学卒（文化人類学専攻）	文系大学在学（政治学専攻）
職歴	なし	教育機関の事務職員（調査当時現職）	なし
勤務年数	2 年	2 年	1 年
勤務頻度	週 2 日	月 1 日	週 1 日
特記事項	担当なし	英訳・和訳担当	英訳・和訳担当

	通訳者 J	通訳者 K	通訳者 L
性別	女性	男性	男性
年齢	30 代後半	20 代前半	20 代前半
学歴	文系大学院卒（ジェンダー研究，修士号取得）	文系大学在学（文学専攻）	文系大学在学（神学専攻）
職歴	宗教法人の事務職員（8 年間）	なし	なし
勤務年数	1 年	3 年	2 年
勤務頻度	週 2 日	週 3 日	週 1 ～ 2 日
特記事項	担当なし	研究支援担当	担当なし

	通訳者 M	通訳者 N	通訳者 O
性別	男性	男性	男性
年齢	30 代前半	20 代前半	20 代後半
学歴	文系大学卒（社会福祉学専攻）	文系大学在学（政治学専攻）	文系大学卒（哲学専攻）
職歴	高齢者施設の常勤職員（調査当時現職）	なし	飲食店店員（パートタイム勤務、調査当時現職）
勤務年数	1 年	2 年	1 年
勤務頻度	週 1 日	週 2 日	週 2 日
特記事項	移動外出担当	研究支援担当	担当なし

二〇〇八年冬、父に介護福祉士を取得し、サービス提供責任者として事業所をともに運営しないかと打診した。それを受けた父は、介護福祉士資格取得をめざし、二年間専門学校に通うことになった。

二〇〇九年四月、父の専門学校入学と同時に、ルーテル学院大学総合人間学部臨床心理学科に三年次編入学した。ルーテルの社会福祉学科を卒業し、編入学を決めるまでの半年間の所属先のないブランクは、社会からの隔絶や関係からの排除に対する恐怖心を感じるのには十分だった。さらに編入学後は将来について苦悩の時期が続いた。障がいの重さから仕事の糧となるような資格がとれないうえに、就職するにしても働く場

表 2-3　筆者・「通訳者」のプロフィール表（2011 年～ 2012 年調査当時）
（筆者と「通訳者」［黒田宗矢］が協働で作成した）

	通訳者 P	通訳者 Q	通訳者 R
性別	男性	女性	女性
年齢	20 代前半	20 代後半	20 代前半
学歴	文系大学在学（経営学専攻）	文系大学院卒（社会福祉学専攻，修士号取得）	文系大学卒（法学専攻）
職歴	なし	筆者運営の重度訪問介護事業所の常勤職員（調査当時現職）	障がい児の放課後デイサービス（パートタイム勤務，調査当時現職）
勤務年数	1 年未満	5 年	1 年未満
勤務頻度	週 1 日	週 5 日	週 1 ～ 2 日
特記事項	担当なし	研究支援担当	担当なし

	通訳者 S	通訳者 T	通訳者 U
性別	女性	女性	女性
年齢	20 代前半	20 代後半	40 代前半
学歴	文系大学在学（神学専攻）	社会福祉系専門学校在学	社会福祉系専門学校卒
職歴	なし	なし	障がい者関係施設の事務職員（調査当時現職）
勤務年数	1 年未満	1 年未満	1 年未満
勤務頻度	週 1 ～ 2 日	週 1 日	週 1 日
特記事項	移動外出担当	担当なし	担当なし

	通訳者 V	通訳者 W	通訳者 X
性別	女性	女性	男性
年齢	20 代前半	20 代前半	20 代後半
学歴	文系大学卒（社会福祉学専攻）	文系大学卒（文学専攻）	文系大学院在学（歴史学専攻，博士後期課程在籍）
職歴	総合病院のソーシャルワーカー（調査当時現職）	なし	地方公務員（1 年間）
勤務年数	5 年	1 年未満	1 年未満
勤務頻度	月 1 日	週 1 日	週 2 日
特記事項	自伝執筆担当	担当なし	研究支援担当

所が限られてしまうことを自覚していた。そのようななかで、盲ろうという重い障がいを抱えながら研究の第一線で活躍している東京大学教授の福島に出会い、研究者を志すようになった。その後自分の専門を模索するなかで、大学院入学をめざすようになっていった。

このように、将来の居場所を求めながら送った第二の大学生活と並行し、自己の居場所作りや経済的に自立する方法を探っていた。そのなかで、事業所を運営する障がい当事者である大学院生が、専門的な介助者を安定的に供給するために、自らが事業所を設立することを勧めてくれた。

二〇一〇年に入ると、大学院入試や事業所設立の準備と並行し、講演会など対外的な場への参加が増えていく。この頃から筆者は、時間短縮のために「あ、か、さ、た、な話法」における敬語の表現を極力なくしていった。筆者の発した言葉をその場に合った敬語に変換して第三者に通訳する役割は「通訳者」に委ねるようになった。

二〇一〇年四月に立命館大学大学院先端総合学術研究科に入学し、事業所運営よりも、研究生活へ関心が移行する。入学後は膨大な参考文献の講読や専門性の高いレポート作成など、作業量が増加したことから、「時間コストの削減」の必要性が出てきた。研究にとりくむ前は、「生存」や「機能回復のためのリハビリ」を優先事項とし、「通訳者」の先読みによる「時間コストの削減」はそこまで強く意識することはなかった。しかしこの頃から、自身の「通訳者」を募集する際には、「偏差値の高い大学を卒業しているか」など、「先読みができる『通訳者』に育つか」という観点を重視し、その「通訳者」と「代替不可能な関係性の構築」による「時間コストの削減」を意識するようになった。その結果、徐々に大学院での専門的な研究に時間を割けるようになっていった。

2-2　事業所設立と通訳介助体制の課題

二〇一一年三月には、父が専門学校を卒業し介護福祉士の資格を取得した。同年八月、筆者に介助／通訳者を派遣することを目的とした事業所を設立し、筆者は当事業所から派遣される介助／通訳者を利用しはじめた。

事業所の運営開始に伴い、それまで自薦ヘルパーだった介助／通訳者たちは事業所の登録ヘルパーとなった。事業所設立以後は、父がサービス提供責任者となり、介助／通訳者派遣を担うようになった。そのため彼らの育成やシフト調整は、今までどおり筆者自身も関わるが、事務的な負担は大幅に減った。

自力で介助／通訳者を調達することに限界を感じていたため、事業所のオープンに先駆けて二〇一一年二月からリクルート社のタウンワークに求人広告を掲載する。不定期な学生スタッフだけでなく、長期間安定的に働ける社会人や主婦の応募を狙ってのものだった。その結果、長期間安定して働ける主婦や、仕事の空いている日に働ける社会人の応募があった。そのなかには大学院修了者もおり、大学院での授業・研究の補助が可能な素地を備えている者もいた。

事業所が動きはじめてから、研修期間や時給の設定についても大幅な変更を行った。重度訪問介護従業者養成研修修了者[2]は時給一〇〇〇円、ホームヘルパー2級[3]は一一〇〇円、介護福祉士は一二〇〇円という基準にした。さらにキャリアと実績に対し一〇〇円を時給に上乗せすることにした。事業所設立後に新しく入ったスタッフに関しては、基本的に二〇時間を「お見合い期間」として、筆者の介助／通訳の様子を間近でみて、一部体験してもらう。資格をもっていない場合は、障害者自立支援法（二〇一一年当時）を適用できないため、資格取得まで事業所から時給八五〇円（二〇一一年当時）が持ち出しとなる。資格を取得した場合は先述のとおり資格に応じた時給で働いてもらう。

二〇一二年四月に、事業所で常勤職員を雇用して以降、常勤職員を中心に、学生が補佐するというシフトに移行した。また、両親の体調不良によって、介助／通訳者を必要とする時間が増加し、二四時間介助／通訳者が派遣されるようになった。そのため家計の経済的負担は減少したが、二〇一二年三月を機に数人の介助／通訳者が辞めたため、依然として人員不足の状態であった。

これらの事業所の運営開始とともに変容した制度利用や人件費およびその資金繰りの変遷を表3に整理した。

表3　天畠大輔における「通訳者」への人件費及びその資金繰り（筆者と「通訳者」[黒田宗矢] が協働で作成した）

時期	所属	詳細	①家計			②重度訪問介護サービス制度利用			③大学補助，その他		
			単価(時給)	家計持ち出し金(月額)	支出費目	単価(時給)	支給時間[1]	支出費目	単価(時給)	限度額(月額)・備考	支出費目
2000年〜2004年	自宅による勉強からルーテル学院大学1年生	地元国立大学生による家庭教師．（英語・歴史）	1,000〜2,000円	20万〜30万円（家族の貯金）	家庭教師	—	—	—	—	—	—
2005年	ルーテル学院大学2年生	ルーテル大学生による「有償ボランティア」．（レポート作成）	1,000円	4万円程度（家族の貯金）	有償ボランティア	—	—	—	—	—	—
2006年	ルーテル学院大学3年生	「有償ボランティア」に資格を取得させ，CIL小平の自薦ヘルパーとして登録．そこから派遣する制度を利用．	②の単価に準じる．制度利用しても足りない分を家計から補填[2]	8万円程度（家族の貯金）	介助者（②不足分）	1,400円	8h／日（家族同居）×18日（大学のない日）=144h／月（2006年3月より）	介助者通訳者	—	—	—
2007年	ルーテル学院大学4年生	有償ボランティアに卒論執筆補助．（自費）	1,000円		通訳者		8h／日×31日＝248h／月（2007年12月より）		—	—	—
2008年	ルーテル学院大学4年生 卒業を半年間延長（2008年9月卒業）	有償ボランティアに大学補助金．	—	—	—		8h／日×31日×1.5倍＝372h／月（2008年12月より）		500円/1コマ＋交通費	8万円程度相当の図書カード支給（ルーテル学院大学）	有償ボランティア
2009年	ルーテル学院大学臨床心理学科3年次編入	CIL小平が優良事務所として評価を受けたことにより時給アップ．	②③の単価に準じる．制度利用及び，大学他補助金を受けてもなお不足分が発生．	8万円程度（奨学金）	介助者・通訳者・TA（①＝②不足分＋③不足分）	1,800円			—	—	—
2010年	立命館大学院一貫制博士課程1年生（修士1年）	立命館大学より障がい学生支援として，ティーチングアシスタント（以下，TA）に謝金支払が開始．（2010年8月より，授業補助として）					16h／日（基準時間）×31日＝496h／月（2010年12月より）		1,000円	3万円／月程度（立命館大学）	TA
2011年	立命館大学院一貫制博士課程2年生（修士2年）	TAへの謝金支払が減額．（2011年4月より）								8万円／月程度（立命館大学）	
		(株)スカイファーム開業，CIL小平の自薦ヘルパーから，(株)スカイファームの登録ヘルパーに移行，給料規定改定．		5万円程度（奨学金）[3]		資格取得まで用期間：850円 重度訪問介護：1,000円 ホームヘルパー2級：1,100円 介護福祉士：1,200円+100円（キャリア加算）+100円（コミュニケーション加算）					
		修士論文執筆のため，家計持ち出し金が増大．		20万円程度（奨学金）							
2012年	立命館大学院一貫制博士課程3年生（修士3年）	父母の体調不良により，以後重度訪問介護サービス支給時間が1日24時間に．（2012年1月5日以降）	②③の単価に準じる 介助に24時間支出になってもなお不足分が発生[4]．	5万円程度（奨学金）通訳者への交通費補助は自費(+500円)	通訳者・TA（①＝②不足分＋③不足分）		24h／日×31＝744h／月（2012年1月5日より）				
		独立行政法人日本学術振興会特別研究員DC-1採用，科学研究費助成金の一部をTAに支払．								人件費として2万円／月（日本学術振興会）	

注
1　重度訪問介護サービスでは，障がいの程度や家族との同居の有無により市区町村ごとに支給時間の目安が決められているが，筆者は幾度となく不足を訴え，支給時間の改善を実現してきた．
2　当時の障害者自立支援法では通学や授業中の重度訪問介護サービスの利用は認められていなかった．現在は就学にあたり一部利用が認められてきたが限定的で社会参加を支援する制度とはいえない．
3　(株)スカイファーム設立後，持ち出し金が一時減った理由は，資格取得前のスタッフは試用期間として時給850円支払う給料体系に変えたため．以前は家計持ち出し金から時給1,000円で支払っていた．
4　2012年1月5日より重度訪問介護サービス支給時間が1日24時間分になり，介助への支出は減ったが依然として不足分発生．講演会は制度利用不可で②の単価．TAへの不足分は③の単価．

2-3　二〇一一年〜二〇一二年の「通訳者」の業務量

ここからは、「筆者の『通訳者』に対する業務分担調査」の結果について述べる。表4〜9は、調査の各期間における介助時間と業務の種類を数値化したグラフである。介助時間は各通訳者が該当期間に勤務した時間数の総計を示している（表4・6・8）。また、該当期間において各通訳者が何種類の業務を担ったか集計しグラフに示した（表5・7・9）。

3　考察――「通訳のルーティン化の困難さ」と「依存」

3-1　通訳のルーティン化の困難さ

筆者の通訳介助体制において浮かびあがる課題は、専門的な「通訳者」を育てることの困難さである。そもそも介助者のなり手が少ない状況において、専門的な通訳スキルを習得できる適性やボキャブラリーをもった介助者は限られている。とくに筆者の生活の中心が研究論文の執筆へ移行するにつれて、コミュニケーションの内容が専門的になり、それに対応できない介助者が多く出てきた。筆者は通訳も介助もこなせる人材を育てようと尽力してきたが、介助技術については一定期間訓練すれば習得できても、通訳技術はなかなか育たない現状があった。そのため介助者によっては、筆者の裁量でメールの処理や基本的な指示の読みとりなど、日常的なコミュニケーション技術の習得にとどめる場合もあった。

こうした「通訳者」を育成する困難さは、介助者の語彙力の差や筆者・介助者間の共有知識の構築と関係している。前述のように筆者のコミュニケーション内容が専門的になるにつれ、「通訳者」の語彙力によって通訳のスピードに差が出てきてしまった。これは元ＡＬＳ協会会長の橋本操が、介助者の教育で一番難しいことは「会話ですよ。育った環境も違うし、第一、日本語が伝わらない！　今の若者はボキャ貧なのよ」（山崎 2006: 178）と述べていることにも共通する。

また、筆者と通訳者間の共有知識は、筆者が伝えようとする言葉を「通訳者」が想像できるか、あるいは「通訳者」の言葉を筆者が想像できるかという点が重要になる。しかし、「通訳者」はさまざまな背景をもつ「他者」であり、両者の共有知識を育てることは、非常に時間と根気の要るプロセスである。障がい者とその家族の関係について研究する土屋葉は、障がい者の介助について、利用者の習慣や嗜好性などをどこまで理解して対応できるかという、個別性を重要視している（土屋ほか 2011: 94）。さらに土屋は、コミュニケーション介助を必要とする障がい者にとって介助／通訳者との「共通認識」の育成は重要な課題である、とも述べている（土屋ほか 2011）。ここでいう「共通認識」は筆者の用いる共有知識と同義である。共有知識がなければ、筆者の言葉を読みとることに時間がかかるだけでなく、筆者の意図が伝わらない場合もある。結果として筆者は意思疎通を諦め、なるべく簡単な指示出しをせざるを得ない。

「通訳者」との共有知識は「あ、か、さ、た、な話法」の形式（方法）を変えたところで高まるものではなく、これは、筆者にとってコミュニケーションをルーティン化することの困難さを示している。介助現場の研究をしている社会学者の前田拓也は「障害者にとって、透明で邪魔にならない介助者とは、毎度ルーティン的に『型』にはまった作業を、静かに、まるで決まり切ったようにおこなってくれる人のことなのかもしれない」（前田 2009: 142-3）と述べている。しかし筆者の場合、コミュニケーションにおいて介助者は筆者のいいたいことを解読し、ときにはそれを他者に通訳する必要がある。筆者の介助者は排せつや食事の介助だけでなく、「通訳者」としての役割も担うのである。さらに、積極的な予測変換（先読み）や発展的な意訳（通訳の発展性）が求められることから、筆者にとって「透明で邪魔にならない介助者」になることは不可能である。

一方で、利用者が介助者に対して一方的に指示を出す場面では、コミュニケーションをルーティン化することは不可能なことではない。前田は入浴介助の例を用いて以下のように述べている。

> 利用者による「お風呂入れて」という介助者への指示はそのまま、その利用者にとってのルーティンを身につけた介助者にとっては自動的に、浴槽を洗い、栓をし、ガスのスイッチを入れ、お湯を出し、タオルはこのあたりに設置して、マットはこのあたりに敷いて……という一連のタスクの連なりを指すことになる。（前田 2009: 148）

利用者の「お風呂入れて」の一言で、介助者はより詳細な流れをも了解し、実行に移すことができる。確かにこれはコミュニケーションが「ルーティン化されている」ということだろう。筆者と通訳者間で入浴の流れについて共有知識があれば、日々変わらぬタスクとしてルーティン化され、筆者の「お風呂入れて」の一言ですべてが円滑に進む。

しかし筆者は、自身にとってコミュニケーションのルーティン化が不可能な場面があると考えている。それは筆者と他者の間における通訳や大学院における研究に関わる場面である。たとえばメール作成における通訳の場面では、多様な会話やメールの内容を入浴や排せつのようにルーティン化することは不可能である。

「通訳者」は経験を積むことで、筆者との共有知識を増やし、状況に応じた通訳も可能となる。しかし、こうした通訳は決してルーティン化されることはない。とくに筆者の研究に関わる場面では、研究という日々変化しながら進んでいくものを、毎日同じように通訳できるものではない。さらに研究が日々変化すると同時に、「通訳者」も日々変わる。そして研究という膨大な情報量をもつ事柄を、毎日異なる「通訳者」に引きつぐことは不可能に近い。そのため研究に関わる会話やメール、論文執筆における通訳においては、コミュニケーションをルーティン化することは不可能だろう。

筆者はこの「コミュニケーションにおけるルーティン化の不可能性」を認める一方で、ある特定の「通訳者」が継続して長期間関わることができれば、より円滑なコミュニケーションをとることができると考えた。筆者の場合は、社会参加の手段として研究活動を行っており、研究結果を社会に発信する「情報生産者」として活動している。しかし前述したように、日々異なる「通訳者」に引きつぐことのできる情報は限られており、研究に関わる膨大な情報においては、筆者と「通訳者」の共有知識はなかなか高まらない。したがって、特定の「通訳者」が継続的に筆者の研究に関わり、筆者と「通訳者」の共有知識を高めることで、初めて筆者のコミュニケーションはスムーズになる。筆者はこうした筆者の介助／通訳において専門的な「通訳者」を育成するため、自分自身で事業所を設立するに至った。筆者にとっての事業所の必要性や役割については次項で詳しく述べる。

事業所設立以降も「通訳者」の質・量の確保は追いついていないため、筆者自身の希望に合わせて「通訳者」を配置することは難しく、行動の制約が依然として残っている。また、論文執筆などの専門的な作業を担える「通訳者」を育成することで、その特定の「通訳者」に負担が集中してしまうという課題も浮かびあがってきた。自らも筆者の介助を担う嶋田は、修士論文において筆者への介助労働の内実を分析し、「通訳者」が抱える負担感についても言及している。

（筆者の）介助ニーズに応えられる介助者であればある程、介助時間内に様々な介助業務を同時に行わなくてはならず、介助者には大きな負荷がかかってくる。（嶋田 2015: 53）

つまり、筆者の複雑なニーズに応えられる専門的な「通訳者」は、それだけ業務量も多く、負担感が大きいことが伺える。ここから筆者が特定の「通訳者」への依存度が高くなっていく状況が推察される。

3-2 事業所設立の必要性と役割

そこで筆者は通訳介助体制を構築するため、自ら事業所を設立することを模索するようになっていった。同時期に、障がい当事者として介助者を派遣する事業所を運営している知人から、「事業所を作って、あなた自身でヘルパーを育てればいいのよ」という前向きなアドバイスをもらい、大きな後押しの一つとなった。

筆者が主体となって事業所運営をする理由は、まず前項で述べたように筆者の介助/通訳において専門的な「通訳者」を育成するために、「通訳者」の採用から育成まですべて筆者の裁量でマネジメントできる環境が必要だったからである。自薦ヘルパーの利用を開始した頃から、通訳介助体制を筆者の裁量で構築し始めていたが、リクルーティングやシフト管理などの事務的な負担は家族の負う部分が大きかった。筆者には、事業所を設立して常勤職員を雇い、こうしたマネジメント業務を一任する狙いもあった。

筆者が自己の活動範囲に合う「通訳者」をカスタマイズするためには、当事者である筆者と事業所の関係性が緊密でなければならない。たとえば、筆者は他事業所に入浴介助だけを頼むことがある。しかし、他事務所から派遣される介助者は介助時間が細切れであり、コミュニケーション訓練も満足にできないため、「通訳者」として育成しづらい問題がある。また、筆者の通訳は大学院での研究に関するものが多く、筆者自身が学歴も加味して採用の是非を決めたいというニーズもあった。したがって当事者・介助者・事業所の三者が密接な連携をとれる新たな関係、つまり事業所方式で介助者を育てる方法を構築する必要があった。

この事業所方式を選択することは、学生主体の通訳介助体制から脱却することも同時に意味する。自薦ヘルパーに登録する学生は、基本的に学業を優先するため、安定的にシフトに入ることは難しい。そのため学生同士のつながりだけを頼りに、介助/通訳者が安定して供給されることに限界を感じていた。さらに学生は大学を卒業すると通訳介助を離れてしまい、筆者はまた一から「通訳者」を育てなければならなかった。この繰りかえしに筆者は大きな喪失感を抱いてきた。前田も類似の経験を代弁しており、「慣れ親しんだ介助者が抜け、一度リセットされた状態から、再びやり直さねばならない。それは想像しただけで気が滅入るようなしんどさであるだろう」（前田 2009: 147）と指摘している。このように利用者と深い共有知識をもった介助者が抜ける問題点は、とくに重度障がい者の介助体制において共通している。したがって常勤職員を雇用することによって、介助/通訳者が安定的に供給されるようにする必要があった。

さらに、筆者が主体となって事業所運営をする、より重要な理由は、事業所の運営自体が筆者の自立生活を実現し、さらには自己の承認欲求を満たす手段になり得るからである。筆者が「通訳者」を育成するのは自己の活動範囲を広げるため、つまり社会参加のためであるが、それには経済的な自立が必要となる。なぜならば、先に述べたように筆者が希望する「通訳者」を雇用するためには当事者事業所が必要であるが、その事業所の経営には、「通訳者」の賃金だけでなく、常勤スタッフの福利厚生費・事務所の光熱水費などの管理費・法人税などの税金とさまざまな経費がかかるからである。さらには、事業所の運営は自己の「通訳者」を育成しながら、同時に他の障がい者へ介助者を派遣し、自己の生計も立てていく意図も含まれている。しかしこの背景には、単なる金銭的な動機のみならず、筆者以外の障がい者の自立生活にも貢献したいという思いがあった。さらにいえば、社会へ何か還元し、社会から認められたいという承認欲求が大きなモチベーションとして存在していたのである。

このように、事業所設立の動機は「通訳者」の育成、社会参加という二つの要素に集約される。これまでの記述から、筆者のコミュニケーション拡張に伴う問題と、「通訳者」を育成することの苦心がわかるだろう。また、事業所設立自体が社会参加のための手段となることが明らかになった。これは事業所という場が筆者にとって、自立生活を送りながら社会参加を企てる活動の拠点であることを物語っている。それと同時に、筆者自らが事業所を運営することで「通訳者」との関係性はより親密になり、筆者が「通訳者」へ過度に依存する関係性が生成されたとも考えられる。次項では筆者が特定の「通訳者」へ依存している現状を明らかにする。

3-3　依存先の分散と偏りの顕在化

次に、調査Ⅳで明らかとなった各通訳者の業務量と該当期間における筆者の生活状況を分析し、筆者による「通訳者」への業務分担の実態および特定の「通訳者」へ依存する要因について考察する。

●二〇一一年五月〜六月——日本学術振興会・特別研究員への採用をめざして

二〇一〇年一一月頃から、それまでは筆者の母が行っていた介助者のシフト作成・調整を、筆者自身が行うようになり、その際の通訳は一人(通訳者D)に依頼していた。この時期は事業所運営を開始する前(事業所運営は二〇一一年八月から)のため、筆者の通訳介助体制は他の事業所を介した自薦ヘルパーであった。当時、筆者は立命館大学大学院の二回生で、博士予備論文(修士論文に相当)の執筆が生活の中心にあった。さらに日本学術振興会の特別研究員の選考に向けて、申請書の準備が佳境を迎えていた。この博士予備論文の執筆・特別研究員の申請書作成においては、主に二名の「通訳者」が担当していた[4]。こうした研究関連の作業に加え、自伝の出版に向けて校正作業も行っていた。

まず二〇一一年五月〜六月の二か月間における各通訳者の介助時間の総計をみてみると、一六人の「通訳者」のうち、通訳者K(一四九・五時間)、通訳者N(一四四時間)、通訳者B(一三五・五時間)、通訳者O(一二七・五時間)の四人がともに一〇〇時間を超えていることがわかる(表4)。さらに各通訳者が担当していた業務の種類においては、通訳者K(一五種類)、通訳者N(一四種類)、通訳者O(一四種類)、通訳者B(一二種類)の四人が介助時間と同様に上位を占めている(表5)。一方で、通訳者D(六時間・三種類)、通訳者E(九・五時間・六種類)、通訳者H(八時間・四種類)のように、短時間関わっている「通訳者」は、負担する業務が少ないという傾向にあった。つまり表面的には、長時間携わっている「通訳者」ほど負担する業務が多岐にわたっているといえる。

次に、介助時間の長かったK、N、O、Bの四人が実際にどのような業務を担っていたのか詳しくみていく。通訳者K、N、Oは男性であるため、生活支援においては食事介助・家事援助に加え、排せつ・入浴・

表４　天畠大輔の「通訳者」の介助時間（2011 年５～６月）

（筆者と「通訳者」[黒田宗矢] が協働で作成した）

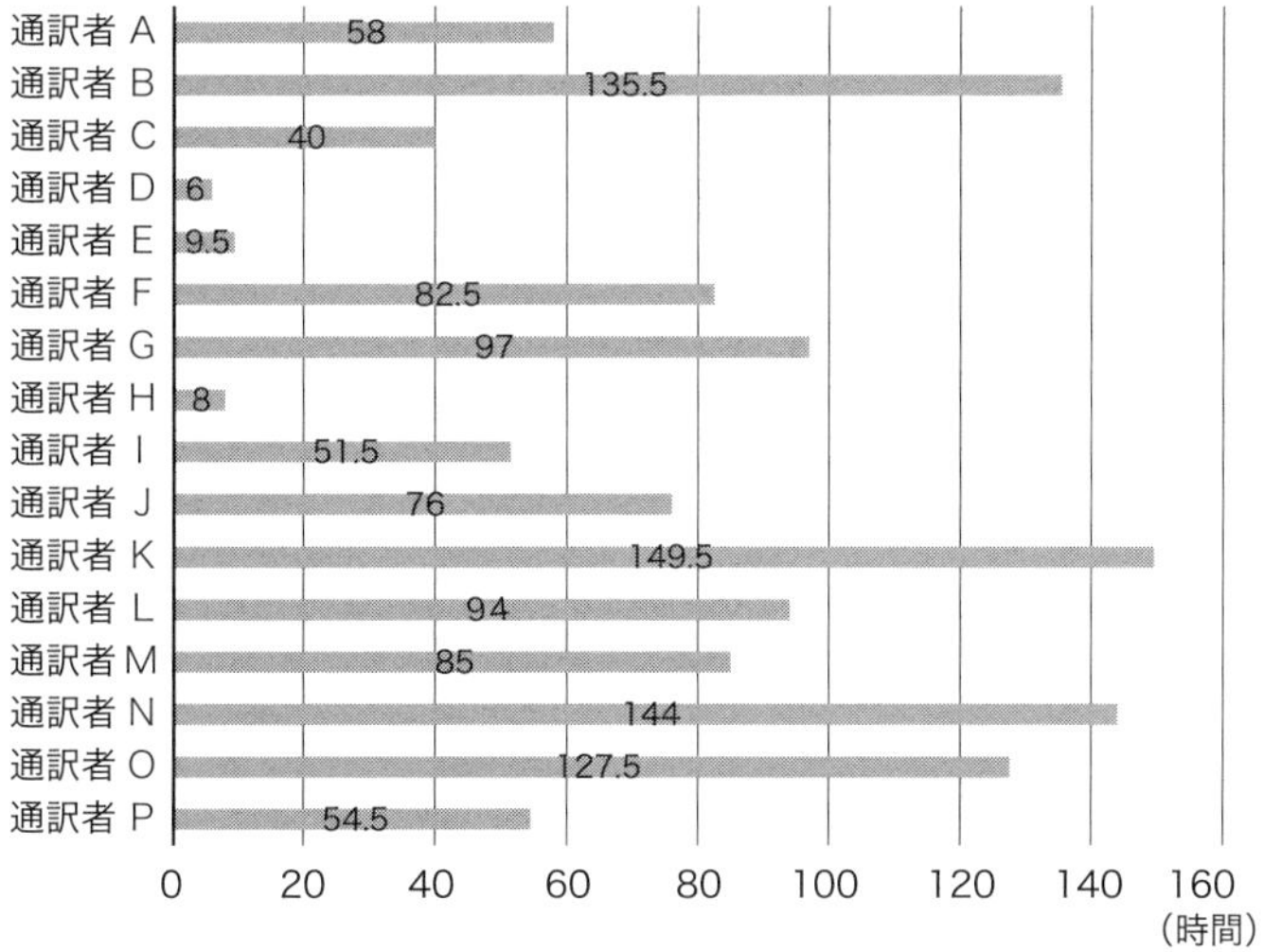

表５　天畠大輔の「通訳者」の業務の種類（2011 年５～６月）

（筆者と「通訳者」[黒田宗矢] が協働で作成した）

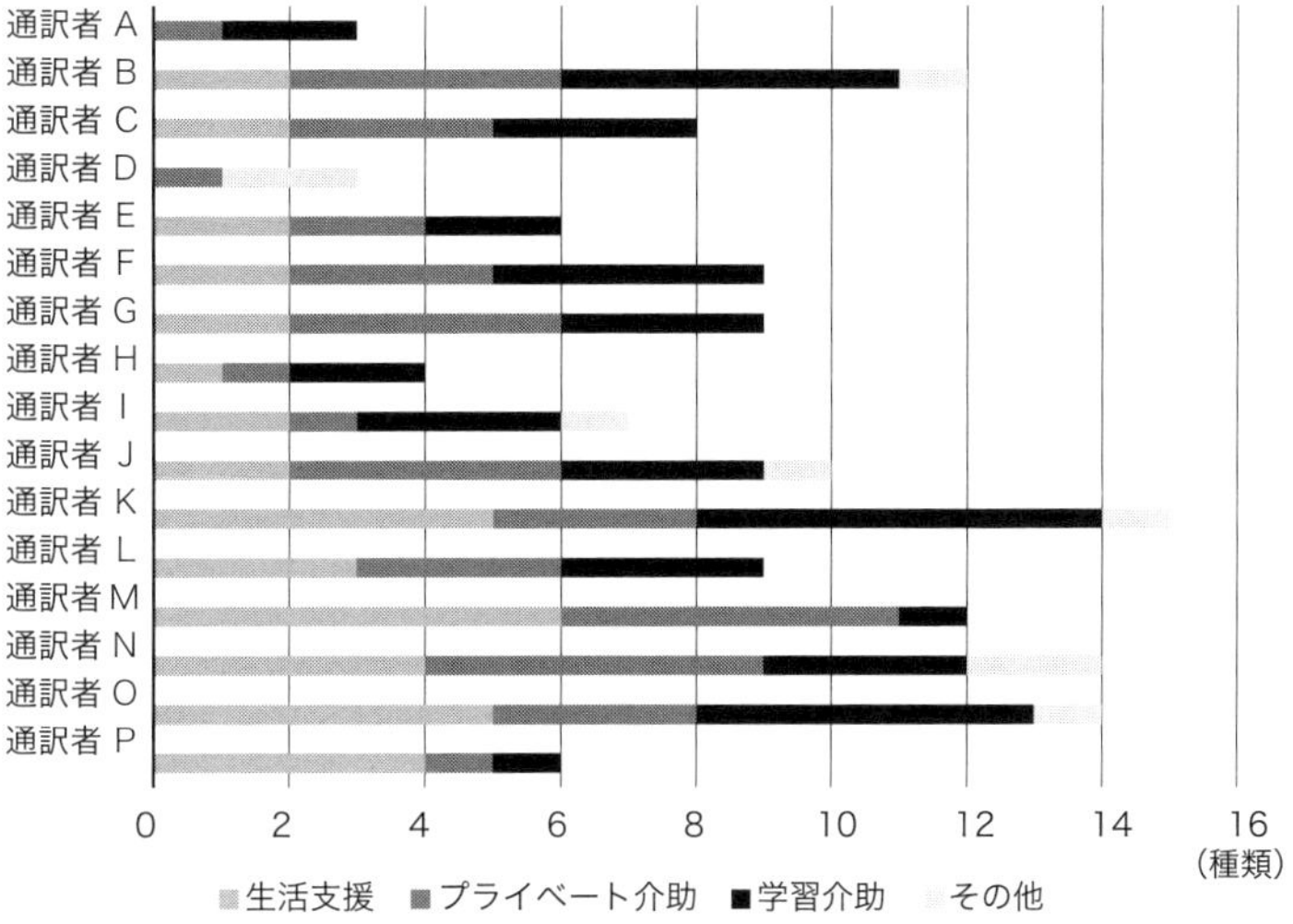

就寝介助と筆者の二四時間すべてに携わる「介助者」としての役割が先にある。この男性三人のほうが、通訳者B（女性）と比べても、生活支援の占める割合が大きいことがわかる（表5）。しかし表5で明らかなように、計六人いる男性通訳者の全員において生活支援の割合が大きい傾向にある。そのなかでも通訳者K、N、Oが他の「通訳者」と比べて顕著な違いは、プライベート介助・学習介助の占める割合の大きさだろう。とくに通訳者K、Oは学習介助の占める割合が大きく、大学院の授業（授業内での発表・課題作成を含む）、博士予備論文の執筆、特別研究員の申請書類作成、自伝の校正作業における通訳を行い、筆者の高次なアウトプットを支える存在であることがうかがえる。とくに通訳者Kは先に述べた修士論文に相当する博士予備論文の執筆など、筆者の研究支援を主に担当する「通訳者」の一人である。一方で通訳者Nは学習介助に携わりながらも、プライベート介助の占める割合のほうが大きい傾向にある。外出介助やパソコン関係の設定、SNSへの投稿など、より筆者のプライベートな生活に密着した通訳介助を行っている。通訳者Bは生活支援の割合が少ない代わりに、プライベート介助、学習介助の占める割合は他三人と同様に大きく、筆者のコミュニケーションの部分に特化した「通訳者」であるといえるだろう。

このように質（業務内容）・量（介助時間）ともに、通訳者四人（K、N、O、B）にとくに業務負担が集中している。第一にいえることは、介助時間が長ければ長いほど、より多岐にわたる業務をこなす必要があるということだろう。各通訳者の介助時間はあらかじめシフト調整時に決められているため、シフトに多く入る「通訳者」ほど筆者とコミュニケーションをとる時間が長く、それだけ筆者との共有知識が増え、よりスムーズな先読みができると考えられる。しかし、これらの「通訳者」はたまたま介助時間が長かっただけなのだろうか。筆者の通訳介助体制の変遷で既述のように、大学院入学以降の筆者は「通訳者」の「予測する力」を育てることに尽力した。具体的には特定の「通訳者」に研究担当という役割を担わせ、その「通訳者」と研究に関する情報を共有することで、筆者の指示を円滑に読みとれるようにした。その結果、通訳者間の通訳スキルの差が露呈することとなった。この事実は表5をみても明らかである。生活支援やプライベート介助においては通訳者間の担う業務の種類に大きな隔たりがない一方で、学習介助の占める割合には差があり、とくに通訳者K、O、Bの学習介助への関わりが顕著である。そのなかでも通訳者Kは、後述の通訳者Aとともに、筆者の研究を支援する中心的な「通訳者」であり、研究に関わる頻度や情報量はより多いと考えられる。

その一方で、通訳者A、Dのように、担う業務の種類が極端に少ない「通訳者」も存在する。二人のプロフィールをみてみると、Aは大学院卒で修士号をもち、筆者の介助歴は一〇年以上と他の「通訳者」に比べても非常に長い。そして、分野は違うが大学院での研究経験があり、文章を書く能力にも長けている。このことから通訳者Aは、筆者の大学院入学当初から研究担当を担い、大学院の授業補助や課題作成、論文執筆の介助に当たっていた。さらに調査対象の時期は日本学術振興会の特別研究員への申請時期と重なり、通訳者Kとともに申請書の作成介助を主に担当していた。実際に表5が示すように、通訳者Aの担う業務は「学習介助（博士予備論文関係・学振関係）」と「プライベート介助（メール処理）」のみである。このように生活介助は行わず、介助時間の大半が研究支援に注力されていたことがうかがえる。一見介助時間や業務の種類からすると業務量が少なくみえるが、詳しくみていくと他の「通訳者」に比べてより専門的に業務を担っており、他の「通訳者」よりも特定の情報を多くもっていることがわかるだろう。また、通訳者Dは筆者のシフト作成を主に担当しており、介助時間も極端に短いことから、筆者のシフト作成と通訳者間の連絡調整のみを行っていたといえる。既述のように筆者のシフト作成は一人の介助者に一任していたことから、通訳者D以外にシフトに関する情報をもっていた「通訳者」は少なかったといえる。

以上のことから大きく二つのことが考えられる。一つは介助時間・業務の種類が多い通訳者K、N、O、Bは、他の「通訳者」と比べて学習介助に関わる頻度が高く、筆者の研究をはじめとして特定の情報を多くもっている。次にいえることは、たとえ介助時間・業務の種類が少なくても、通訳者A、Dのようにある業務に特化した「通訳者」もおり、その者たちも筆者と共有する情報量は多い。そのなかでも通訳者A、Kは、筆者の生活の中心となる論文執筆の介助を中心的に担うメンバーである。筆者と彼らの関係性は他と異なることが予見されるが、詳しくは第3部で実際の論文執筆介助の分析を通じて論じる。

●二〇一二年五月～六月――事業所設立、常勤職員採用を経て

この時期は父と設立した事業所からほとんどの介助／通訳者が派遣され、さらに二〇一二年四月から父以外の常勤職員一人を雇用した。この常勤職員は学生時代に筆者の介助／通訳者を行っていたため、事業所の運営や他の利用者の介助にも携わりながら、筆者の通訳介助を中心に行っていた。シフト調整や介助／通訳者の育成などは、筆者と父や常勤職員で連携をとりながら行い、事業所運営に関する事務的作業は父に一任していた。筆者はこの頃立命館大学大学院の三回生で、修士論文に相当する博士予備論文はすでに提出し、博士論文の執筆に向けて準備を始めていた。とくに博士号取得に必要な投稿論文三本の発表という条件を満たすため、投稿論文の執筆に多くの時間を割いていた。さらに二〇一二年四月より日本学術振興会の特別研究員に採用され、科研費の申請など、事務的な処理も増えていた。

まず二〇一二年五月～六月の二か月間における各通訳者の介助時間の総計をみてみると、一七名の「通訳者」のうち、通訳者K（二一二・五時間）、通訳者Q（二〇四・五時間）、通訳者M（一四七・五時間）、通訳者N（一三五時間）、通訳者L（一三一時間）の五人がともに一〇〇時間を超えていることがわかる（表6）。さらに各通訳者が担当していた業務の種類においては、通訳者Q（一七種類）、通訳者K（一四種類）、通訳者G（一一種類）、通訳者N（一一種類）、通訳者B（一一種類）、通訳者M（一〇種類）の六人が上位を占めている（表7）。介助時間の長い通訳者K、Q、M、Nの四人は業務の種類も幅広いが、通訳者Lは介助時間に比べて業務の種類が九種類と通訳者B（一一種類）よりも下回る。さらに通訳者B、Gは介助時間が一〇〇時間を超えないが、業務の種類では通訳者Lを超え上位に入っている。つまり介助時間と業務の種類は前期間と同様にほぼ比例しているが、通訳者B、G、Lのように必ずしも比例しない場合がある。この頃は自治体からの支給時間が増えたことで、夜間の介助も可能になった時期である。その結果として男性介助者全体の介助時間が大幅に増加したといえる。業務の種類が多い通訳者B、Gは女性介助者のため、夜間の介助がない分介助時間が短くなる。以上のことから今回のような例外が生じたと考えられる。

次に、本期間において介助時間・業務の種類の両方で上位を占める通訳者二人（通訳者K、Q）の業務内容を詳しく分析する。まず通訳者Kは前期間と同様に介助時間が一番長く、一方で業務の種類は二番目に多い。通訳者Qは先述の常勤職員だが、介助時間は通訳者Kに次いで二番目に長く、逆に業務の種類は一番多いという結果である。この二人について比較すると、通訳者Kのほうが就寝介助などを行っている分、一回の介助時間が長くなるため、通訳者Qよりも介助時間が長いと考えられる。一方で通訳者Qは事業所の常勤職員であるため、平均週五日勤務であり、介助に入る頻度としては通訳者Qのほうが多いといえ

表６　天畠大輔の「通訳者」の介助時間（2012 年５～６月）
（筆者と「通訳者」［黒田宗矢］が協働で作成した）

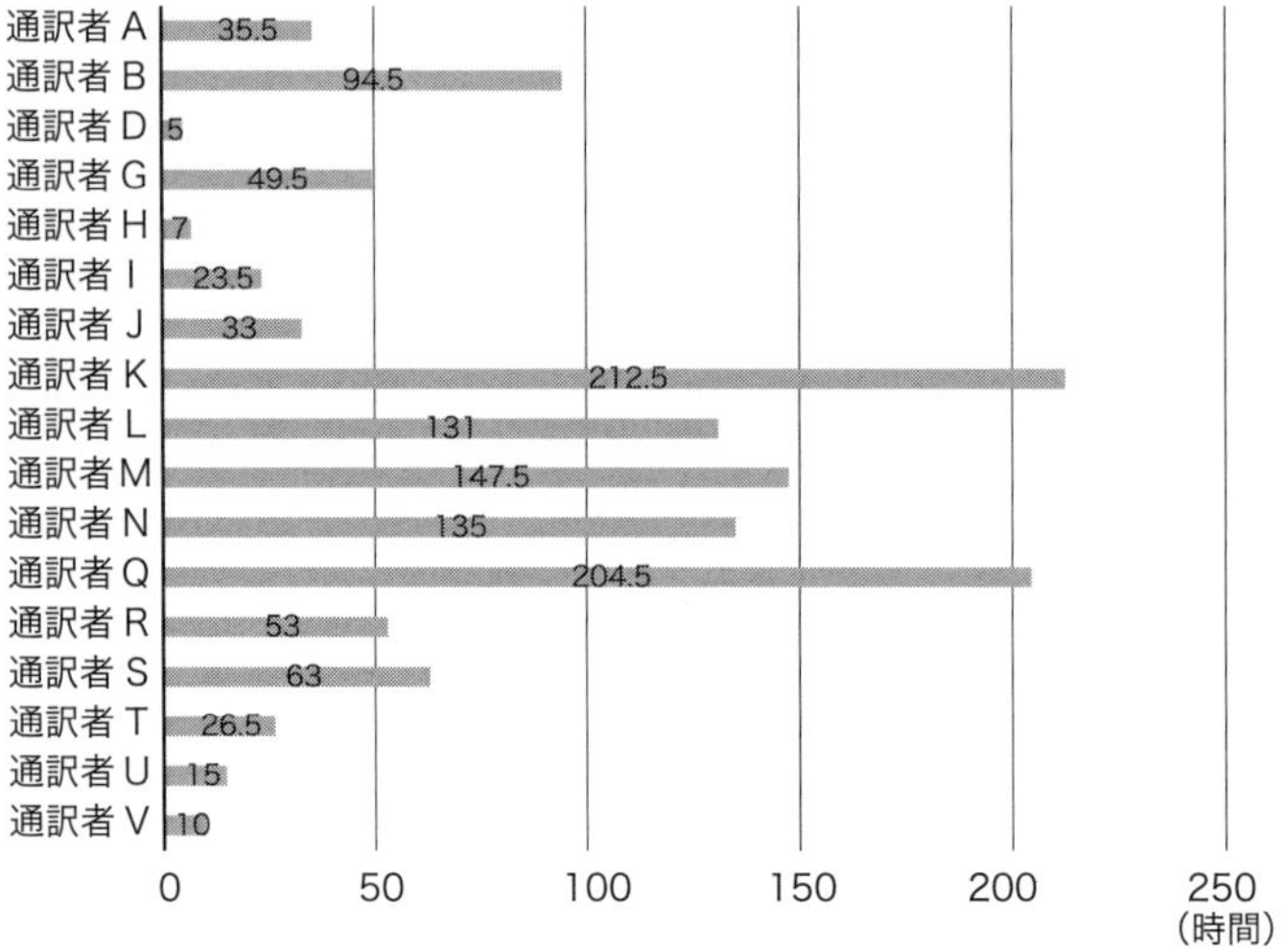

表７　天畠大輔の「通訳者」の業務の種類（2012 年５～６月）
（筆者と「通訳者」［黒田宗矢］が協働で作成した）

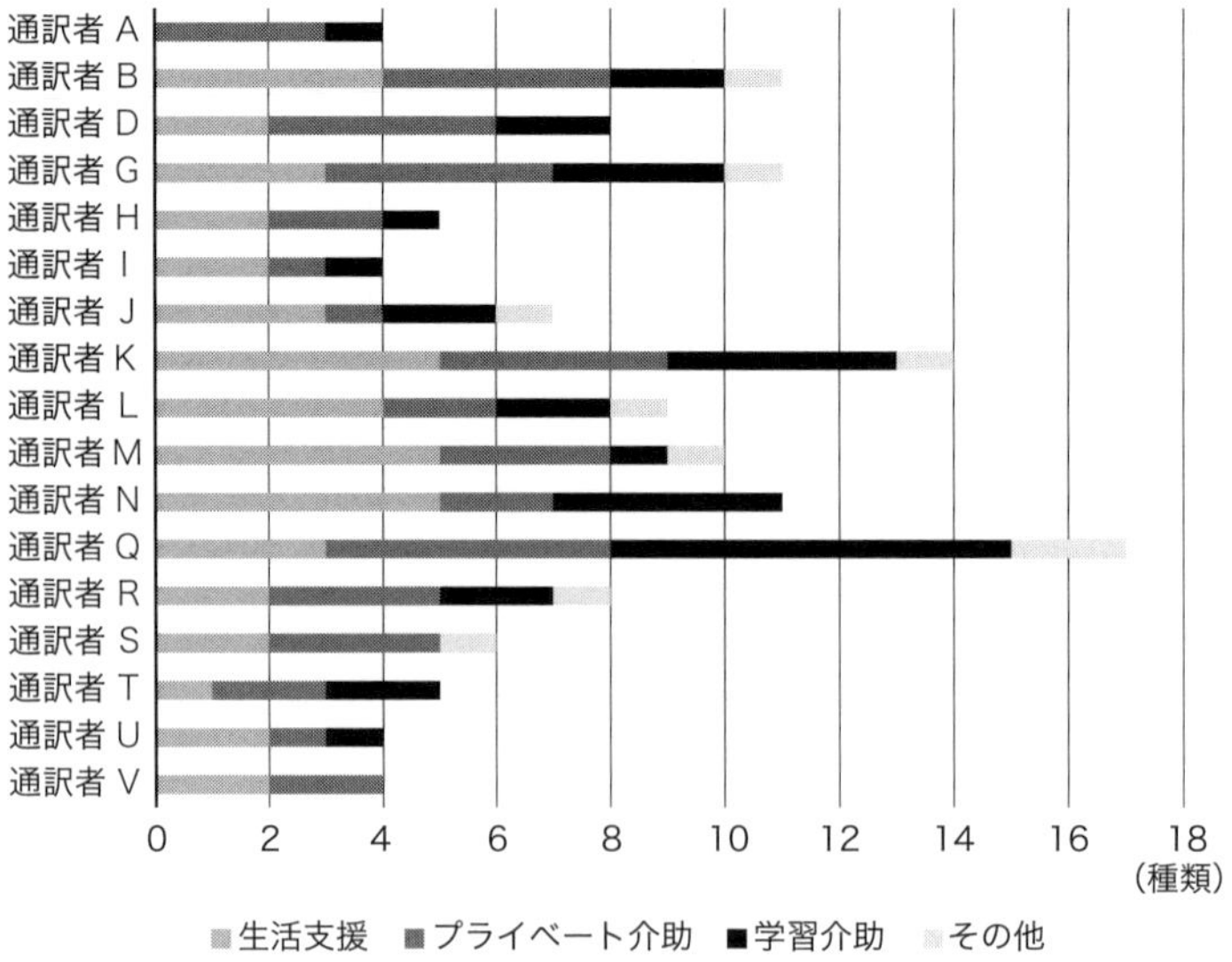

る。さらに通訳者Qについては、調査で算出された時間はあくまでも筆者の介助・通訳に当たっていた時間のみで、実際には他の利用者や事業所運営に関わる業務も行っていた。通訳者Qは他の「通訳者」に比べ、筆者に関わる頻度が高いことから、業務の幅広さにつながったといえる。表7でも明白なようにすべての業務分野をまんべんなく行い、とくに学習介助に関してはずばぬけて多いことがわかる。通訳者Qはプロフィールからもわかるように、筆者の大学院入学前から研究支援を中心的に担うメンバーで、通訳者Qが関西の大学院進学のため介助に入らなくなってからも、定期的に筆者の博士予備論文の執筆に関わっていた。また通訳者Q自身も福祉の分野で修士号を取得しており、近似の分野において研究の経験がある。こうしたことから通訳者Qの学習介助への関与が増えたといえる。常勤職員として日々筆者の介助に入っていることを考慮すれば、筆者に関するあらゆる情報を把握していたと考えられる。

通訳者Qの学習介助の内容をより詳しく分析すると、博士論文・投稿論文などの研究に直結した業務の他、依頼原稿の執筆や学会などのイベント参加にも関わっている。通訳者A、Kは博士予備論文に引き続き、博士論文や投稿論文などの執筆介助を担っているが、通訳者Aは介助の頻度があまり多くなく、また通訳者Kは男性介助者として夜勤をはじめ身体的な介助も多いことを考えれば、通訳者Qに学習介助の業務が集中することは必然だったといえる。ここまで幅広く業務を担っていれば、筆者の研究に関する知識だけでなく、筆者の生活のルーティンを理解していることから、筆者のニーズを素早く読みとれることができるだろう。「情報生産者」として活動するなかで、ルーティン化困難な通訳介助を円滑に行えるよう尽力してきた筆者としては、こうした「通訳者」へ、とくに学習介助に関する業務を依頼することは理にかなっている[5]。

●二〇一二年一〇月～一一月——論文執筆支援者の増加を経て

この時期は二〇一二年五月～六月と状況はあまり変わらないが、投稿論文の執筆や博士論文に向けた調査・データの文字起こしなどの作業が頻発していた。また、新たに論文執筆をメインに担当する男性介助者が採用され、その者の業務負担が増えていた。

まず二〇一二年一〇月～一一月の二か月間における各通訳者の介助時間の総計をみてみると、一七人の「通訳者」のうち、通訳者Q（三〇三・五時間）、通訳者M（一七一・五時間）、通訳者L（一五九時間）、通訳者X（一四四・五時間）、通訳者K（一三一・五時間）、通訳者N（一一八・五時間）、通訳者B（一〇九・五時間）の七人がともに一〇〇時間を超えていることがわかる（表8）。さらに各通訳者が担当していた業務の種類においては、通訳者Q（一六種類）、通訳者K（一四種類）、通訳者B（一一種類）、通訳者X（一一種類）、通訳者L（一〇種類）、通訳者M（一〇種類）、通訳者N（一〇種類）の七人が上位を占めている（表9）。介助時間においては、常勤職員の通訳者Qが圧倒的に多く、二〇一二年五月～六月と比べても介助時間が一〇〇時間ほど増加している。二〇一二年四月に採用されて以降、筆者に関わる時間や業務量は増加傾向にあることがわかる。また、通訳者M、L、X、K、Nは男性介助者で、前期間と同様に夜勤介助の増加により、すべての男性介助者の介助時間が長時間になっていることがわかる。一方で通訳者Bは女性介助者であるものの、就寝介助も定期的に行うようになり、それに伴って介助時間も増加した。介助時間が一〇〇時間を超えたこの七人は、業務の種類においても上位七人に入っているが、順位は多少前後している。たとえば通訳者Kは前期間と比べて介助時間は減少しているが、業務の種類は変わらず多く二番目である。これは介助の頻度にかかわらず、筆者が「通訳者」の特性に合わせて役割分担をしているためといえるだろう。

表８　天畠大輔の「通訳者」の介助時間（2012 年 10 ～ 11 月）
（筆者と「通訳者」［黒田宗矢］が協働で作成した）

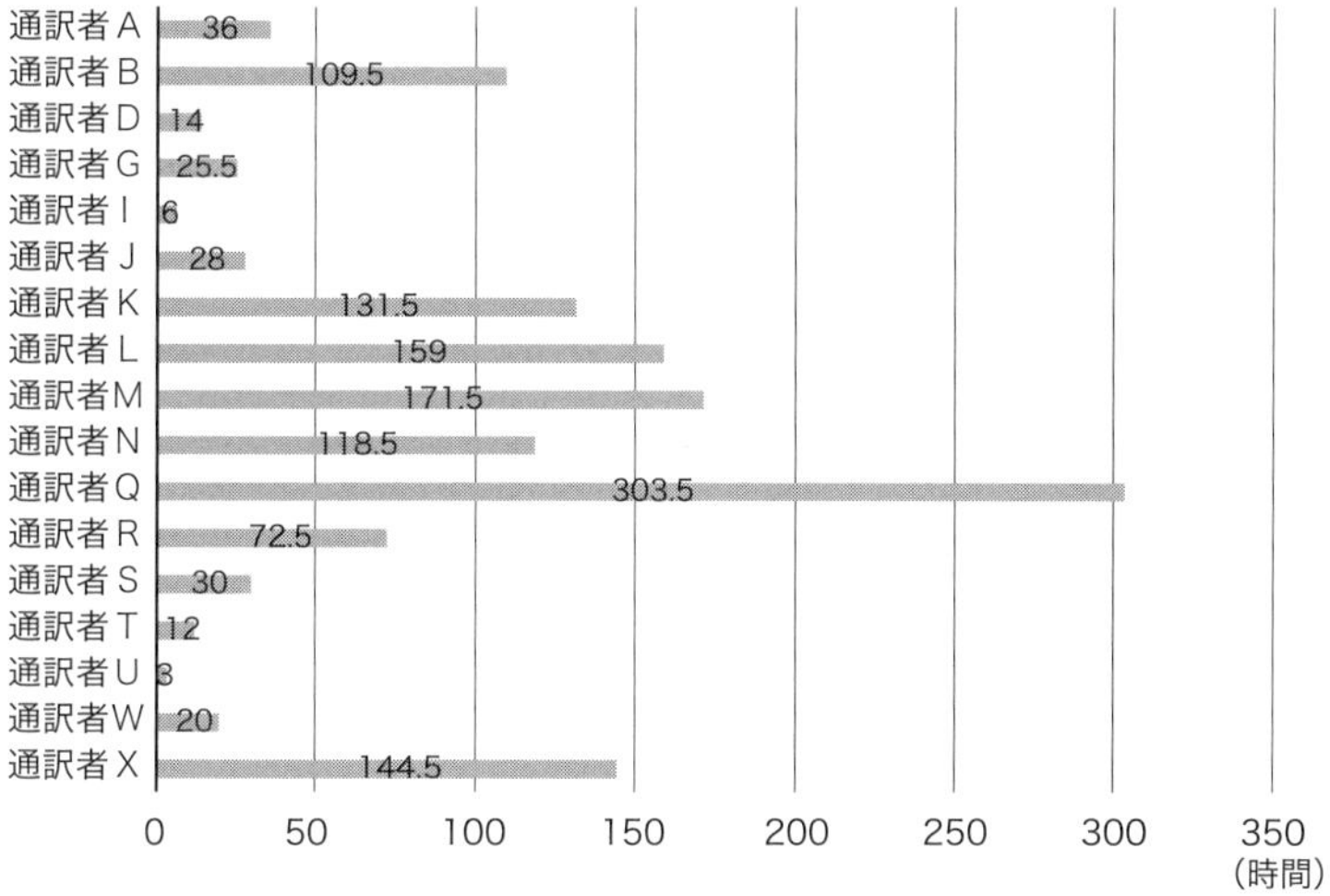

表９　天畠大輔の「通訳者」の業務の種類（2012 年 10 ～ 11 月）
（筆者と「通訳者」［黒田宗矢］が協働で作成した）

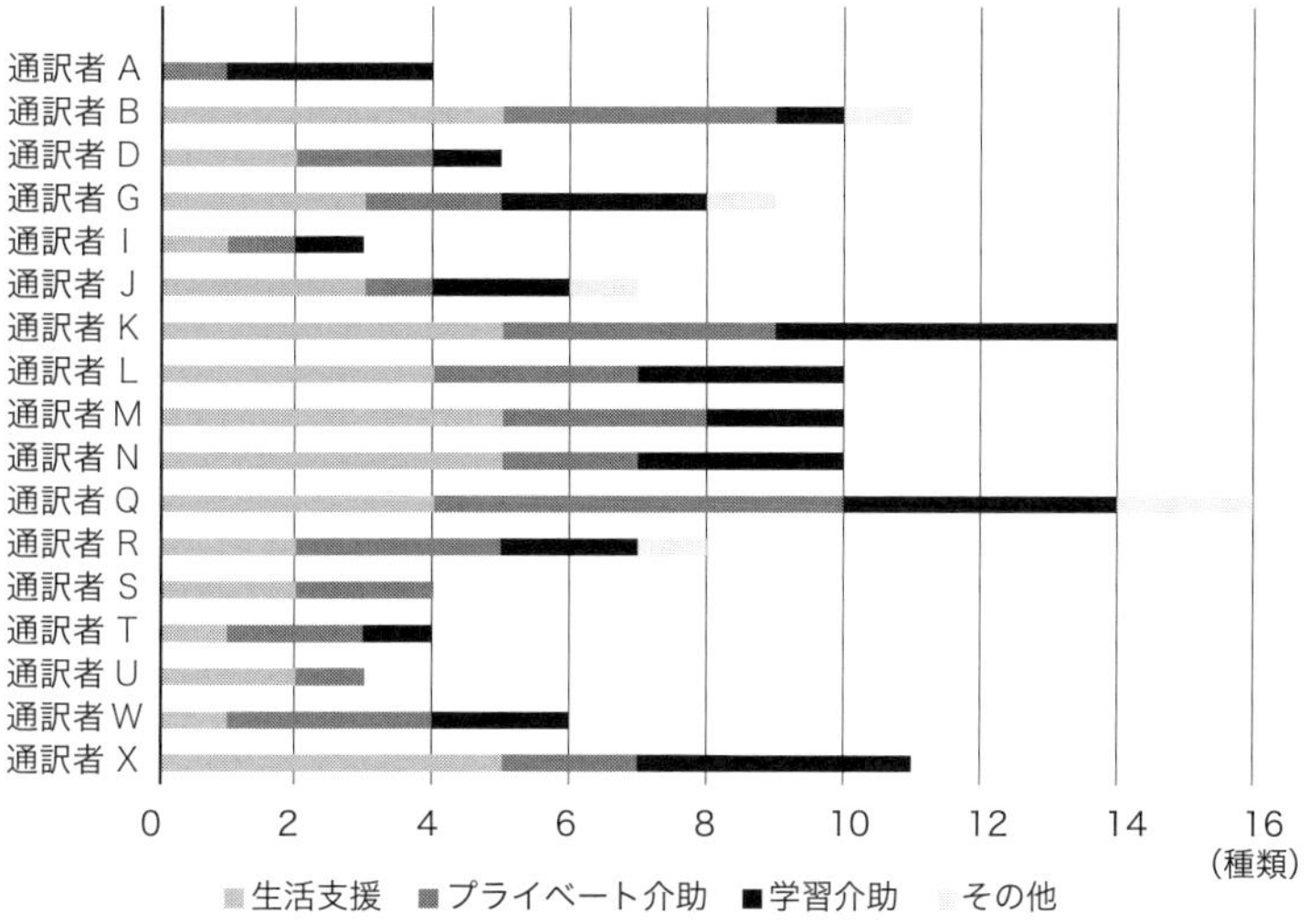

本期間でとくに注目すべき点は、新しく筆者の介助に入った通訳者Xだろう。通訳者Xは筆者と同様に博士課程に在籍する大学院生である。歴史学専攻のため筆者の研究分野やテーマからは離れているが、社会学部に在籍していたため社会学一般の知識があり、初見の学術論文を読みこなし、またアカデミックな文章を書く能力に長けていた。筆者の「通訳者」でもある嶋田は通訳者Xへのインタビュー調査を行っているが、通訳者Xが筆者の通訳介助を始めた経緯について以下のように記述している。（引用文中のAは筆者、Cは通訳者X、事業所Xは筆者が代表を務める事業所を指す）

介助歴二年のCさんは、三一歳男性（二〇一四年当時）でAの一つ下である。現在は都内大学院の博士課程に在籍し、アメリカ史研究をしている。Cさんは修士論文を執筆する際に、研究に集中するためアルバイトなどを全て辞めていた。博士に進学することになった際、在学中の生活費を稼ぐため、アルバイトとして知的障害者の行動支援・移動支援の資格であるガイドヘルプの資格を取得した。ガイドヘルプの資格を取得した理由として、Cさんは「アメリカの監獄の研究をしている際に、累犯障害者の存在を知り、その世界を知りたくて、軽い気持ちで資格をとって働くことになった」と述べているように、ガイドヘルプの仕事を通して、障害者介助の仕事に興味を持つようになったという。

しかしCさんはそのガイドヘルプだけでは生活費を稼ぐことができず、求人情報誌を読んでいる際に、事業所Xの募集を読み、「大学院の当事者が論文執筆のサポート、研究のサポートを中心に支援してくれている人[6]を募集していた」ことからその募集に興味を持ち、応募することになったという。「自分は大学院の博士課程だったし、よく見たらAも博士に行ったということで同じだった。じゃあ自分にも

研究者として何か手助けできるんじゃないか」と思い、介助するに至ったという。（嶋田 2015: 49-50）

通訳者Xの語りにあるとおり、この頃の筆者は論文執筆に特化した「通訳者」を探しており、介助者募集の求人にも「研究支援ができる大学院生」という文言を入れていた。それに目を留めたのが通訳者Xだったのである。実際に業務の種類をみてみると、介助に入って間もなかったにもかかわらず、通訳者Q、Kのように学習介助の割合が大きい。このことから筆者が当初から通訳者Xに対し、研究支援の役割を期待していたことがわかる。一方の通訳者X自身も研究支援担当としての意識を強くもっていたことが、嶋田の記述からも明らかである。

Cさんは前項で述べたように、Aと同じ大学院博士課程の人間として、Aの研究サポートをしていこうという意思を持って、介助現場に[7]入るようになり、その後の介助でもAの論文執筆やレポート作成の執筆介助担当として介助をしていた。またAが韓国や台湾などへの研究調査の移動支援などにも行っており[8]、（中略）Aへの介助内容にやりがいを見いだしていたといえる。（嶋田 2015: 51-2）

また、通訳者Qの学習介助の割合が前期間と比べて減少していることから、その分の負担が通訳者Xに移っていることも考えられる。筆者が研究支援を担当する「通訳者」を探していたことからも、研究に関わる「通訳者」への負担や情報量をなるべく分散させたいという狙いが見受けられる。しかし通訳者Xは他の男性介助者と同様に、就寝介助も含め一通りの身体介助も担っているため、通訳者Kのようにあらゆる介助を複合的にこなしていた現状が浮かびあがってくる。現実問題として「通訳者」への負担が分散されていたかは疑問が残る。嶋田によるインタビューにおいて、通訳者Xは「パッケージング」という言葉を用いて筆者の通訳介助の困難さを語っている。

「(介助は) パッケージングなんですよ。介助者という一つの袋に一杯詰め込むんですよ。一杯やりたい人は、特に重訪〔重度訪問介護——筆者注〕という制度を使って。そうなってくると、使われる身としてはとてもしんどいですよ。だって、やることがいっぱいあるわけだから。できないなら何か削ればいいですけど、全部できる人だと全部求められるんですよ。だから全部できる人を求めるんですよ。(研究の) コーチングもできて、(コミュニケーションの) 通訳もできて、身体介助もできて。そうやってパッケージ化されるのはいいけど、僕としてはしんどいですよ。」(嶋田 2015: 53)

通訳者Xは身体介助からコミュニケーション通訳、さらには研究支援の中核を担うようになり、その負担が増大していたことは明白である。一見、通訳者Xの登場により、筆者の研究生活を支える「通訳者」が増え、他の「通訳者」への負担や情報量は分散されたようにみえる。実際に通訳者Qの学習介助の割合や、通訳者Kの介助時間は減少している。しかし通訳者Xは新人介助者にもかかわらず、身体介助から学習介助まで広範囲にわたって業務を担っていた。これでは通訳者Q、Kのように業務量の多い「通訳者」が再生産されただけではないか。また、通訳者Qは学習介助の割合が減少した一方で介助時間が大幅に増加しており、筆者に関わる情報量が減少しているとは考えにくい。さらに通訳者Kは介助時間が減少したものの業務の種類に変動がなく、それまでのように筆者の研究を支える中心的なメンバーであった。筆者は研究に特化した「通訳者」を育成する一方で、それに付随するさまざまな介助も同時に担わせ、さまざまな介助を複合的にこなす特定の「通訳者」を増やしていったと考えられる。

3-4 「依存」を作り出す諸条件

前節で明らかになったのは、筆者のコミュニケーションの拡張とともに現れた、特定の「通訳者」への依存の実態であった。そのプロセスは、特定の「通訳者」に研究担当という役割を担わせ、その「通訳者」と研究に関する情報を共有することで、筆者の指示を円滑に読みとれるようにした。その結果、特定の「通訳者」に情報が集まり、その者に負担が集中することで、その負担を分散するのが困難な状況に陥った。ここからは、このような「依存」がどのような条件によって作り出されていったのかを、先行研究を交えながら考察していく。

この問題をとりあげるに至った契機は、筆者自身の個人的経験が関係している。それは筆者が交際していた「通訳者」との関係性において生じた問題である。その女性ユカ（仮名）とは、筆者がルーテル学院大学在学時から「通訳者」として関わっており、恋愛関係としての交際が始まったのもこの頃からである。ユカとは定期的に生活支援の介助に入りながらの交際関係が六年ほど続いたが、交際を解消すると同時に「通訳者」を辞めることになった。

ユカは、他の「通訳者」に比べ筆者に対しての通訳・介助ともに経験値が高く、筆者との共有知識も豊富にあり、その分、筆者の意思に寄り添ったコミュニケーションや心地良い介助をしてくれる存在であった。

それゆえに筆者はユカに対して、他の「通訳者」には頼みづらい行政交渉や税金関係の手続き、また筆者の家族間でのトラブルの仲裁といった高度な能力と負担の高い通訳介助を「最小限の指示出しで済む」という理由から求めた。

ユカが「通訳者」を辞めた理由には、いくつかの点が複合的にあったことが考えられるが、その一つには、筆者からの期待に応えようとして限界を迎えたことが挙げられる。ユカは「今はもうしんどいの。大輔さん、さようなら」（天畠 2016b: 37）と吐露している。筆者との関係においてユカの通訳介助の負担が増大していたことが読みとれる。この筆者とユカの関係の破綻は、恋愛関係においても、また介助関係においても、筆者がユカに過度に依存してしまったからではないか。これが筆者が「依存」概念に着目するに至った経緯である。

それでは「依存」はどのような概念なのか。「依存」概念については、アルコホリックなど否定的な「嗜癖」の要素から分析した野口裕二や Anthony Giddens と、自立と対比しながら「依存」を新たな側面から分析した熊谷の議論に大別することができる。これらを参照していきながら、本研究における「依存」概念を定義していきたい。

第一に「依存」概念の「否定的な側面」について論じていきたい。「アルコホリック」について論じた野口は「依存」概念について、「何かに夢中になり、やめようと思ってもやめられない状態にはまってしまうこと」（野口 1996: 167）であると定義づけた。

また Giddens によると、「依存」は以下の効果をもたらす[9]。「不安感を和らげることで、その人に心の安らぎをもたらすが、こうした安心感はつねに多少とも一時的なものである」（Giddens 1992=1995: 110）としている。そしてGiddensは、「依存」の特徴として一つ目に「高揚感」を挙げている。高揚感は、一瞬の開放感がもたらされたときに人びとが満喫する、束の間の意気揚々とした気分である。その人が特定の経験や行動形態に溺れてしまうと、高揚感を獲得しようとする努力は、執着という欲求へ変わっていく（Giddens 1992=1995: 110）。高揚感と執着は、ともにある種の「短期間の活動停止状態」である。その人が通常行う努力は一時的に停止し、遠くの出来事のように感じられてしまう（Giddens 1992=1995: 110-1）。この高揚感は、他者から承認されることでより促進され、それがさらに「依存」をよびおこすという悪循環を生む。筆者の例でいえば、「通訳者」を介して行われた事柄が周囲から評価されることで高揚感を得て、その高揚感をまた得ようとさらに「通訳者」に「依存」してしまうということである。いわば、「依存」の根底には他者から認められたいという承認欲求があるといえよう。

以上、依存概念の否定的な側面の定義について説明したが、それでは筆者が特定の「通訳者」に依存しているとすれば、どのような理由からなのであろうか。以下、その多岐にわたる「依存」を作り出すいくつかの条件を論じていきたい。

●一つ目の条件——自己決定しないことの快

「依存」を作り出す一つ目の条件として挙げられるのは、ユカが筆者に、自己決定しないことによる精神的楽さを提供してくれる存在であり、その快を筆者が求めた点である。なぜ「快」を求めてしまうかというと、「発話困難な重度身体障がい者」は文脈依存が避けられず、健常者並みのスムーズな生活を送るために、説明コストの軽減ができる「通訳者」への依存が必要だからである。自己決定せずにいられる生活は、いわば、「決めないという決め方」（立岩 1999: 92）を保障するあり方である。生活すべてにおいて、自己決定をせざるを得ない状況は、本人への精神的負担が計り知れない。自己決定をしなくても、生活が営まれていく部分があるほうが精神的負担は低い。立岩の「むしろ決定しないことの快」（立岩 1999: 92）のように、この「決めないという決め方」を実践するには、「通訳者」に自分の自己決定領域を託すことを意味する。ユカは筆者と親密な関係性であり、筆者に関する豊富な知識と通訳介助経験があった。それゆえに、ユカとの関係性においては「決めないという決め方」を実践する下地があった。ユカが「通訳者」を辞めた後、偏った「依存」におけるバランスの悪さに気づいた筆者は、ある程度情報を分散させながらも、この「快」を他の「通訳者」にも求めることで、「通訳者」との新たな依存関係を作り出すこととなった[10]。

●二つ目の条件——特定の「通訳者」の時間帯への負担の集中

二つ目の条件として挙げられるのは、「通訳者」の有限な通訳介助時間のなかで、特定の「通訳者」に負担が集中し、その「通訳者」への「依存」が起きてしまうという点だ。

筆者に関する知識が豊富で通訳介助の経験値が高い「通訳者」は、筆者の意図する指示を正確に行ってくれる。それゆえに筆者は多岐にわたる複雑な工程を要する作業を、特定の「通訳者」の限られた介助時間のなかで、できるだけ詰め込んで行わせようとする。結果的に介助の密度が濃くなり「通訳者」の負担は増す。一方で新人の「通訳者」など、筆者の指示を思うようにできない者との時間には、比較的平易な指示出しにとどまる。

また「通訳者」個人個人で任される役割の違いも影響している。「通訳者」の得意・不得意に合わせた通訳介助内容の指示を組み立てているからだ。また特定の「通訳者」との時間では、スムーズに通訳介助を執り行ってくれるため、筆者はリラックスして過ごすことができる。一方で筆者とスムーズにコミュニケーションをとることができない「通訳者」との時間は、筆者はいいたいことがいえないことに苛立ってしまい、体力的にも精神的にも消耗する。それゆえに、筆者はその「通訳者」とのコミュニケーションを控え、より筆者の介助における能力が高い「通訳者」と過ごす時間を多く求めてしまう。このルーティンが通訳者間の通訳介助負担の不均衡を生むことになる。筆者はこの状況を認識にしているにもかかわらず、優秀な「通訳者」との時間で得られる充実感を断つことができない。その結果、筆者は特定の能力の高い「通訳者」への「依存」を高めていくことになる。

●三つ目の条件──「通訳者」のサービスへの「依存」

三つ目の条件として挙げられるのは、「通訳者」による筆者への〝サービス精神〟に筆者が依存してしまっているという点である。

自立生活における障がい当事者の自己決定を考える時、その自己決定が介助者によってお膳立てされているという状況がある。日本自立生活センター事務局員で、自身も介助者である渡邉琢は、その〝サービス精神〟について以下のように述べている。

もし介助者[11]がサービス業という意識のもとで、障害者を常によいしょして持ち上げていたとしたら、障害者はほぼ二十四時間錯覚の中で生活することになる。これはある意味で恐怖ではないだろうか。

はたして、障害者をお客様としてもてなす多くの事業主や介助者たちはそうしたことにどれだけ意識をもっているだろうか（渡邉 2011: 390）。

渡邉は介助がサービスとして提供されることで、障がい者が「サービスの消費主体」になってしまうことへの危機感を述べている。つまり、障がい者が介助者の〝サービス精神〟に過度に依存しながら自立生活を送る問題点が指摘されている（渡邉 2011: 388）。たとえば、第4章で述べた澤田をとりあげると、一部の介助者が澤田の存在を神格化することで、澤田の言葉を膨らませて解釈する〝サービス精神〟が働いていたといえる。また、「通訳者」が少ない言葉で筆者の思考を予想することも、属性を守ろうとする〝サービス精神〟といえる。このような「通訳者」による〝サービス精神〟は筆者の言葉数が少ないために起こるのである。「通訳者」の〝サービス精神〟に支えられた生活を送ることで、筆者はその〝サービス精神〟を前提として日々の生活を成りたたせていくようになる。そして自分の理想の生き方、生活を成しとげることができるのはこの「通訳者」であると、ますますその「通訳者」に依存していく。「通訳者」は一労働者としてクライアントである筆者の期待に応えようと考え、ますます〝サービス精神〟を働かせてしまう。「通訳者」はケアサービスを障がい当事者に提供し、その対価を得るサービス提供主体としての労働者である。当事者との関係性を円滑にする際に、当事者により多くのサービスを提供すれば、労働者としての自己利益につながる。それが当事者への過剰サービスへとつながり、そのサービスに依存する消費主体としての障がい当事者を生んでいるといえるだろう。

さらにいえば、筆者は普段から「通訳者」との関係性が継続しやすいものになるよう努力をしている。たとえば「通訳者」の時間の都合になるべく合わせ、彼らが無理なく仕事を続けられるよう配慮する。また「通訳者」が東京を離れ、直接的な支援ができなくなった場合は、Skypeを用いた論文執筆支援を依頼することもある[12]。このような長期的な関係性の構築は、「通訳者」によるサービスを際限ないものとし、上記で述べた「サービスへの依存」をより増幅させているといえる。

この三つ目の条件は、先述したGiddensによる「依存」の否定的な側面——高揚感が「依存」をよびおこし、他者から承認されることでさらに高揚感と「依存」を深めるという悪循環の状態である。つまり、「通訳者」の〝サービス精神〟が筆者の高揚感を生み、「依存」を引き起こしているのである。

こうした「サービスへの依存」から自立する手段として、「依存先の分散」を唱えたのが熊谷である。熊谷によると、自立の反対語に依存があるのではなく、自立は「依存先を分散」することにあるという。障がい者は「依存先が限られてしまっている人」たちのことであり、逆に健常者はさまざまなものに広く依存できているのだと喝破する（熊谷 2012）。このことは、「矢印の太さと細さ」に喩えて表現できるだろう。依存先が限られてしまっている人は、ある特定の依存先に、太い矢印が向いており、依存先が分散している人は、細い矢印が何本もいくつかの方向に向いている。熊谷は両親など特定の他者に自己決定をとられてしまう、太い矢印が一本だけ向いている生活ではなく、広く薄く他者に依存する細い矢印が無数に外に向く生活を志向していったのである（熊谷 2012）。しかし筆者も同様に両親だけに頼らず、複数の「通訳者」を利用しながら生活しているが、依然として「通訳者」に向く矢印は太いままである。

以上、自己決定しないことの快、特定の「通訳者」の通訳介助時間への「依存」、そして「通訳者」のサービスへの「依存」の三つの要素が、筆者の「通訳者」への「依存」を作り出しているのではないかと考えられる。つまり、自己決定の負担が少なく、よりスムーズにコミュニケーションがとれ、質の高いサービスを提供してくれる「通訳者」の存在が筆者に高揚感を与える。「通訳者」は「あ、か、さ、た、な話法」を通して筆者の意思を解釈する。より厳密にいえば、筆者は「通訳者」に依存しているというより、その「通訳者」による解釈に依存しているといえる。さらに、その解釈によって構築された成果物――論文や講演、自伝など――が社会的な評価を得ることで、筆者は承認欲求を満たすことができる。それがまた高揚感を与える。したがって、筆者は「通訳者」による解釈と、それに伴う社会的承認の獲得によって、二重の高揚感を得ている。この増幅し続ける高揚感への執着が、筆者から「通訳者」への「依存」を引き起こしている。

4 まとめ

前章からの生活史インタビューを通して、筆者はコミュニケーションの喪失から「あ、か、さ、た、な話法」という独自の方法を確立した詳細や、活動範囲を広げていくなかで介助者の「通訳」という行為が重要度を増してきた様子が明らかとなった。筆者の言葉を第三者へ発信する通訳行為は、身体介助や生活介助と異なり、ルーティン化することが極めて困難である。既述のように筆者の研究に関わる通訳、発表や論文執筆の場面においては、特定の「通訳者」が長期間関わることで筆者との共有知識を増やし、可能な限り円滑なコミュニケーションが実現されるよう苦心してきた。このように筆者は特定の「通訳者」へシチュエーションに応じた役割を担わせ、専門的な「通訳者」を育てる体制を構築しはじめた。この体制を強化する土台として、筆者は父とともに介護事業所を設立し、採用から育成まですべてをマネジメントするに至った。その一方で、「通訳」という役割を強く意識しだした頃から、特定の「通訳者」へ負担が集中することが増えた。これは筆者が「通訳者」へ依存する関係性の始まりとみてとれる。

このような筆者の通訳介助体制からみる「通訳者」との関係性の変容は、まず「通訳のルーティン化の困難さ」が想起される。なぜならこれまでにも述べたように、筆者の介助／通訳者に対する指示出しには、ほんのわずかな作業においても多大な労力を必要とする。その労力の軽減を求めた結果、特定の「通訳者」に専門的な役割をもたせるようになったのである。こうした「通訳者」を確保するには、多くの共有知識を保持することが必要となり、それには多くの時間を要するため、同じく研究者を志す大学院生や、平日の日中に都合のつく主婦、ダブルワークを希望する社会人など、長期勤務可能な人材を採用するよう努めた。さらに資格や経験に応じて賃金面の向上も考慮した。こうした筆者の試みは事業所設立によってさらに強化され、その結果介助体制のマネジメントと筆者の通訳を両方担える常勤職員を採用するに至った。筆者は「通訳のルーティン化の困難さ」を乗り越えるために、情報の共有が必要と感じ、Evernoteなどのさまざまなツールを用いて、多くの共有知識をもつ、専門的な「通訳者」を育てるに至ったのだ。たとえば、論文執筆などの場面で円滑なコミュニケーションをとれるよう、筆者は特定の「通訳者」に頼る形で狭く深い共有知識をもつ「通訳者」を育ててきたことが挙げられる。実際にEvernoteに蓄積された「通訳者」間の引き継ぎ帳を分析すると、論文執筆支援を中心に特定の「通訳者」が特定の情報を筆者と共有している現状が浮かびあがってくる。この「特定の情報の共有」が筆者の「通訳者」への依存度を高まらせた。その結果、通訳介助体制において、「その『通訳者』にしかわからない」「その『通訳者』にしか話せない」「その『通訳者』

がいるときにしかできない」という状況が生じてしまった。このような当初は責任や負担を分散させるために行った筆者の意図は、「他の『通訳者』には伝わらない」状況によって、ますます特定の「通訳者」への「依存」が高まり、負担を増大させる結果となった。

筆者はコミュニケーション方法を確立するなかで、「通訳者」の役割分担を始め、円滑なコミュニケーションを遂行することで活動の範囲を広げてきた。その一方で論文執筆支援など専門的な分野においては、特定の「通訳者」に負担が集中し、それに付随する弊害がいくつも出てきた。たとえば、過重労働による「通訳者」のモチベーション低下、他の「通訳者」の退職に伴う引きつぎの難しさ、筆者と「通訳者」のパワーバランスの変容、筆者が「通訳者」の意向や考えに依存しすぎてしまうことなどが挙げられる。さらに、論文執筆支援を中心に身体介助から学習介助まで広範囲に介助をこなす「通訳者」においては、その複合的な業務内容から負担の大きさがうかがい知れる。これらの弊害については第3部で詳しく論じるが、筆者にとって「通訳者」の存在は「頼れる存在」から「依存する存在」へと変容していったのである。

「通訳者」の能力を活かしながら役割分担していくなかで、「通訳者」の「代替不可能性」が現れ、依存先が次第に偏り、特定の「通訳者」に負担が集中してしまうという、筆者のルーティン化の困難さを乗り越えようと案じた策が、負のスパイラルとして現れてしまっているといえる。熊谷は両親など特定の他者からの自立を唱えた（熊谷 2012）が、筆者はいちいち言葉にしなくても伝わる〝楽〟さを捨てきれないために、ユカとの関係性のように「依存」から抜け出せなかった。つまり、両親からの自立をめざして介助／通訳者を入れる形を採ったものの、結果として依存先が「通訳者」に変わっただけともいえる。

さらに、この「通訳者」への「依存」を作り出すいくつかの条件についても考察を行った。一つ目の条件は、自己決定しないことの快である。ここでいう自己決定しないことの快とは、いちいち言葉にせずとも望ましい通訳が実現するあり方である。二つ目の条件は、特定の「通訳者」の時間帯への負担の集中である。つまり筆者が、筆者の介助における能力の高い「通訳者」との時間に多岐にわたる作業を集中させるために、特定の「通訳者」への介助の密度が濃くなってしまうことである。三つ目の条件は、「通訳者」のサービスへの「依存」である。これは「通訳者」が一労働者として、筆者に対して過剰なサービスを提供してしまうことである。このように筆者が「通訳者」に強く依存する関係性は、「通訳者」の能力に頼ったコミュニケーション方法に起因するが、次章ではその「通訳者」の「専門性」について詳しく論じる。

■注

1　これはSkype通信を活用した在宅療養者の社会参加についての研究であり、勇美記念財団による助成を受け、筆者が中心となり行った。詳しくは下記を参照されたい。http://www.zaitakuiryo-yuumizaidan.com/data/file/data1_20111121052111.pdf（天畠ほか 2010）

2　重度訪問介護従業者養成研修修了者は、訪問介護を行う資格の一つで、都道府県指定の養成研修を受ける必要がある。介護職員初任者研修に比べて研修期間が二〇時間と短く、研修料も安価な資格であるため、筆者は自身の介助／通訳者にこの資格を薦めている。

3　二〇一三年の介護保険法改正に伴い「ホームペルパー2級」は廃止となり、「介護職員初任者研修」に変更となった。

4　筆者とこの二人の「通訳者」との関係性については、第9章で詳しく分析する。

5　通訳者Qの業務については、すでに先行研究でも分析されているため補足しておく。実際に筆者の「通訳者」でもある嶋田（執筆当時：一橋大学社会学研究科博士前期課程在籍）は、自身の修士論文において、通訳者Qをはじめとして筆者の「通訳者」へ質的インタビューを行い、筆者の通訳介助の内実について詳細な分析を行った。嶋田によれば、通訳者Qは筆者の通訳介助や事業所運営に関わる実務だけでなく、筆者の家族との連携においても大きな負担を強いられていたという。通訳者Qは自分自身の業務について「フルタイムの職員ではなくて、フルタイムの嫁！」（嶋田 2015: 54）と語っている。その真意について嶋田は次のように続ける。（引用文中のAは筆者、Bは通訳者Qを指す）

この言葉の背景にある問題として、Aの介助とAの両親との関係の調整を行わなくてはならなかったBさんの立場性を表している言葉であるといえよう。Bさんは事業所の上司であるAの父親とともに毎月のAの介助シフト作業や行政への報告、また他の利用者のコーディネート全般を仕事にしていたが、仕事場自体がAと両親の自宅内であり、時折起こるAの両親同士の夫婦喧嘩に巻き込まれる形で、仕事を止めざるを得ない時があったことも述べている。このように、BさんはAの家族内で上手く立ち回っていきながら仕事をして行かなければならない困難さも抱えている。（嶋田 2015: 54）

このように通訳者Qは、筆者のプライベートな側面にも深く関わる立場にあり、職場内の人間関係において大きな心的負担を覚えていたと考えられる。このことからもいかに通訳者Qが筆者と深く関わっていたかがわかるだろう。筆者とともにいる時間が増えれば増えるほど、研究に関することからプライベートなことまで、さまざまな情報を共有することになる。そうして積み重ねられた筆者との共有知識が、筆者の求める円滑なコミュニケーションにつながる。しかしそれがときには「通訳者」への過度な負担となり得ることもある。

6　文脈上ここでは「支援してくれる人」の意。
7　文献の著者である嶋田に確認し、助詞を一字変更している。
8　補足すると、「韓国や台湾などへの研究調査の際に移動支援として同行しており」の意。
9　本研究においては、Giddens の言葉を用いて依存概念を説明しているが、Giddens が説明しているのは「嗜癖」の概念である。「嗜癖」は薬物やアルコールに依存してしまう際に説明される用語ではあるが、「依存」とは同義語であることから、本研究ではGiddensの説明を「依存概念」の説明であると認識し論じている。

10　ここでいう「新たな依存関係」とは、複数の「通訳者」に強く「依存」し、その依存先を分散させることである。これは熊谷の述べた「自立とは依存先の分散である」という概念（熊谷ほか 2016）を、筆者が批判的に検討したものである。長谷川唯はＡＬＳ当事者の場合では介助者の増員は本人に不利益が生じてしまうと述べている（長谷川 2016）。筆者は、熊谷のいうように細くたくさん分散することは困難であり、長谷川のいうように介助者の増員で解決する問題ではなく介助者との関係性に左右されてしまう。そのため、筆者のような「発話困難な重度身体障がい者」には、太く、いくつかの強い依存関係が必要である。このことについては、日本脳損傷者ケアリング・コミュニティ学会でポスター発表をしている（天畠ほか 2017）。

11　これまで述べてきたとおり、筆者は自身の介助者を「通訳者」とよんでいる。この「通訳者」とは、渡邉琢（2011）の論じる「介助者」の職務範囲に加えて、コミュニケーション通訳も含めた職務である。それゆえに介助者よりも業務量が多く、なおかつ責任範囲も広い。

12　この論文執筆技法については、第９章で詳細を述べる。

第7章

天皇大輔における「通訳者」の「専門性」について

前章では、筆者が「通訳者」という存在に「依存」する実態が明らかとなった。いいかえれば、筆者は「通訳者」の能力に「依存」しているのである。本章では、その「通訳者」の能力とは具体的にどのような「専門性」によって成りたっているのかを、調査によって明らかにする。とくに、先読み（積極的な予測変換）とそれを可能とする共有知識の重要性について検討することで、「通訳者」に求められる「専門性」を洗い出す。

1　概要――天畠大輔の「通訳者」に向けた実験的会話調査およびインタビュー

1－1　調査概要

本章で扱う調査は、調査Ⅳ「筆者の『通訳者』に向けた実験的会話調査およびインタビュー」である。
本調査の目的は、筆者である天畠大輔と第三者が会話をする際の様子から、「あ、か、さ、た、な話法」における読みとりの分析や、「通訳者」への半構造化インタビューを通して、筆者における「通訳者」に必要な「専門性」とは何かを明らかにすることである。

1－2　調査対象

本調査では、筆者とその通訳者四人を対象とした。「通訳者」は、経験年数、学歴の異なる者を一人ずつ抽出した。「通訳者」の名称は通訳者α《アルファ》（経験年数一〇か月・大学三年生・政治学専攻）、通訳者β《ベータ》（経験年数三か月・人文系大学院卒・修士号取得）、通訳者γ《ガンマ》（経験年数一〇年・自然科学系大学院卒・修士号取得）、通訳者δ《デルタ》（経験年数四年・福祉系大学卒）とする。各通訳者のプロフィールは以下のとおりである。

通訳者αは男性で二〇一一年の調査時点で通訳歴は一〇か月であり大学三年生、二一歳だった。介助に入る頻度としては、週一～二回の二二時から翌日九時までの夜勤に定期的に入っていた。αの基本業務としては、入浴介助、トイレ介助と食事介助の基本的な身体、生活介助の他に、メール作成、本読み、筆者の大学院でのレポート作成などであった。

通訳者βは女性で通訳歴三か月ほどであり、二〇一一年時点では三六歳の主婦であった。大学卒業後八年間にわたって事務職員として勤務したのち、大学院に入学しジェンダー研究を専門とした。大学院の修士課程を結婚と出産を挟んだ形で三年かけて修めたあと、筆者のもとで介助者として働くことになった。介助は週二回、一回五時間ほどであり、食事介助、メール作成、本読みなどが主な業務であった。

通訳者γは、女性で二〇一一年の調査時点で二八歳の主婦であった。大学一年、当時一八歳の頃に筆者と知り合う。大学卒業後は大学院で造園について学び、修士課程修了後は公園を管理する機関で二年ほど働く。その後は結婚し、出産を機に退職していた。介助については大学在学中から定期的に関わっていた（ただし、大学院在学中の二年間・就業中の二年間・出産前後の半年間は除く）。二〇一一年時点での介助頻度は週一回五時間ほどで、業務の内容は論文執筆介助を主として筆者の介助に関わっていた。

通訳者δは女性で、通訳歴四年ほど、二〇一一年時点では二二歳であった。筆者と同じ大学に入学し、介助を始める。筆者と個人的に交際関係にあった。二〇一一年の調査時点では、社会人一年目であり障がい者センターの正規職員として働いていた。介助頻度としては毎週一回土曜に勤務しており、主な介助内容としては、行政手続き、メール作成、また外出介助を担当していた。

1-3 調査手順

本調査では筆者と第三者（黒田が担当）との会話における通訳の様子を記録した。会話は内容の異なる会話A、Bの二種類を用意した。会話は、先読みの即時性効果を測るために、同じ「通訳者」に対して同じ内容をそれぞれ二回行った。一回目は、先読み通訳し、二回目は、逐字訳で読みとった。会話調査後、「通訳者」の基本情報や通訳時の工夫などについて、約三〇分〜一時間の半構造化インタビューを行った。インタビュー内容は考察で適宜引用した。

［会話A］

筆　者：プルサーマル計画は何だか知ってる？

黒　田：知らないです。なんですか？

筆　者：原発の使用済燃料を再利用するんだよ。

黒　田：なるほど〜。計画は今どうなっているんですか？

筆　者：計画は見送られたらしいよ。

黒　田：へえ〜。大さん[1]に聞けばなんでもわかりますね！

［会話B］

黒　田：大さん、今日の晩ご飯は何にしますか？

筆　者：今日はホテルのレストランに行きたいな。

黒　田：この近くにホテルってありましたっけ？

筆　者：吉祥寺の第一ホテルだよ。

黒　田：あ〜知ってます。第一ホテルで何を食べるんですか？

筆　者：トッポギだよ。

黒　田：大さんは韓国料理が好きですねえ。

2　結果──「あ、か、さ、た、な話法」通訳の実態

2－1　通訳に要する時間測定

会話A、Bにおいて、各通訳者が筆者と第三者の間に立って通訳をする際の会話全体に要する時間をそれぞれ測定した（表10）。また、会話A、Bは一人の「通訳者」に対して二回ずつ行っており、一回目は、普段どおり筆者の意を汲みとりながら先読み通訳し、二回目は、一文字一文字読みとって通訳している。なお、会話A、Bを健常者同士が行った場合に要する時間はともに約二〇秒である。ここからまず筆者との会話は、逐字訳よりも先読み通訳のほうが時間の短縮につながることがみてとれる。なおかつ、通訳に要する時間は各通訳者によっても大きく異なることがわかった。

2－2　通訳における「先読み」の実態

次に、会話A、Bの通訳において、「通訳者」が「あ、か、さ、た、な話法」を用いながらどのように筆者の言葉を読みとっているかを分析した。そこで会話A、Bから、それぞれ一文を抽出し、各通訳者がその一文をどのように筆者から読み

表10　調査Ⅳの会話A、Bにおける通訳に要する時間
（筆者と「通訳者」［黒田宗矢］が協働で作成した）

	会話A		会話B	
	先読み通訳	逐字通訳	先読み通訳	逐字通訳
通訳者α　（経験年数10ヶ月）	4分4秒	9分32秒	4分42秒	6分59秒
通訳者β　（経験年数3ヶ月）	10分32秒	11分30秒	4分3秒	6分56秒
通訳者γ　（経験年数10年）	4分40秒	9分26秒	3分33秒	6分12秒
通訳者δ　（経験年数4年）	4分58秒	8分24秒	2分44秒	7分2秒

とったかを、表11、表12にまとめた。会話Aにおいては、筆者の「プルサーマル計画は何だか知ってる?」という最初の問いかけをとりあげた（表11）。表11はこの「ふるさあまるけいかくはなんたかしってる?」の二〇文字のうち、「通訳者」が読みとった文字（「読みとり」の行）や先読みした部分（「先読み」の行）を明確にし、第三者にその二〇文字の問いかけを通訳するまでの所要時間も記録した。また、「通訳者」の細かなミスやわかりにくい先読みについては「個人的カスタマイズ」の行に補足している。また会話Bにおいては「吉祥寺の第一ホテルだよ」という筆者の応答をとりあげた（表12）。表12の見方は会話Aの表11と同様である。なお、健常者が「プルサーマル計画は何だか知ってる?」と伝えるには二秒九〇、「吉祥寺の第一ホテルだよ」と伝えるには二秒四〇かかる。

2-3 「通訳者」へのインタビュー結果――質問内容と回答抜粋

調査を行った後に、各通訳者に勤務年数・学歴などの基本情報や通訳時の工夫などについて半構造化インタビューを行った。質問内容と回答の抜粋を表13にまとめた。

3 考察――「通訳者」の「専門性」とは

筆者は聴覚に障がいはないため、相手のメッセージを耳で理解するインプットには問題はない。したがって、通訳プロセスは自己のメッセージをアウトプットする際に生じる。このプロセスにおいては、「あ、か、さ、た、な話法」が必須である。この話法には一文字一文字を読みとっていく地道さが伴うため、筆者は

表 11　調査Ⅳ（会話）各通訳者の会話 A における読み取りと先読み（筆者と「通訳者」［北地智子・黒田宗矢］が協働で作成した）

通訳者 α（経験年数 10 ヶ月）

文字目	1	2	3	4	5	6	7	8	9	10	11	12	13	14	15	16	17	18	19	20	結果
語	ふ	る	さ	あ	ま	る	け	い	か	く	は	な	ん	た	か	し	つ	て	る	?	
読み取り	○	○	○	○			○				○	○	○	○	○	○	○				12 文字 /20 文字
先読み			ふるさと	プルサーマル			プルサーマル計画								何だか		知ってる？				成功 3 回 失敗 1 回 タイム 1 分 30 秒
個人的カスタマイズ		ヤ行と間違える.		カ行と間違える.							助詞の「は」と予測.				「た」は「だ」と予測.						最初に前半（ア行～ナ行）か後半（ハ行～ワ行）を聞く.

通訳者 β（経験年数 3 ヶ月）

文字目	1	2	3	4	5	6	7	8	9	10	11	12	13	14	15	16	17	18	19	20	結果
語	ふ	る	さ	あ	ま	る	け	い	か	く	は	な	ん	た	か	し	つ	て	る	?	
読み取り	○	○	○	○	○	○	○	○	○	○	○	○	○	○	○	○	○		○	○	19 文字 /20 文字
先読み			ふるさと												何だか		知って		知ってる		成功 3 回 失敗 1 回 タイム 6 分 7 秒
個人的カスタマイズ					濁点の有無を確認.	ヤ行と間違える.ラ行の「り」と間違える.	ア行と間違える.	ア行の「あ」と間違える.濁点の有無を確認.	これまで合っているか確認.	「計画」は理解する.	助詞の「は」と予測.			「た」は「だ」と予測.			促音の「つ」か確認.	「知って」の後から聞く.		クエスチョンマークか確認.	読み取り後にどこに濁点が入るか確認.「プルサーマル」と理解するまでに時間がかかる.

通訳者 γ（経験年数 10 年）

文字目	1	2	3	4	5	6	7	8	9	10	11	12	13	14	15	16	17	18	19	20	結果
語	ふ	る	さ	あ	ま	る	け	い	か	く	は	な	ん	た	か	し	つ	て	る	?	
読み取り	○	○	○	○	○		○	○	○							○					9 文字 /20 文字
先読み			ふるさと	プルサーバー	プルサーマル				計画についてどう思う？							について知ってる？					成功 2 回 失敗 3 回 タイム 1 分 10 秒
個人的カスタマイズ				カ行，ア行の「い」と間違える.						「計画についてどう思う」は違ったため,「計画について」の後から聞く.						合っているか確認.					最初に前半か後半を聞く.

通訳者 δ（経験年数 4 年）

文字目	1	2	3	4	5	6	7	8	9	10	11	12	13	14	15	16	17	18	19	20	結果
語	ふ	る	さ	あ	ま	る	け	い	か	く	は	な	ん	た	か	し	つ	て	る	?	
読み取り	○	○	○	○	○	○	○	○	○		○	○	○	○	○	○	○				16 文字 /20 文字
先読み					ふるさとあまあ				プルサーマル計画						何だか		知ってる？				成功 4 回 失敗 1 回 タイム 1 分 57 秒
個人的カスタマイズ			サ行の「す」と間違える.						「ふる」の濁点，半濁点を確認.		助詞の「は」と予測.				ア行と間違える.「た」は「だ」と予測.		「しつ」の後タ行まで読み取る.				前半後半は聞かずに，毎回ア行から聞き取る.

表 11　調査Ⅳ（会話）各通訳者の会話 B における読み取りと先読み（筆者と「通訳者」［北地智子・黒田宗矢］が協働で作成した）

通訳者 α（経験年数 10 ヶ月）

文字目	1	2	3	4	5	6	7	8	9	10	11	12	13	14	15	16	結果
語	き	ち	し	よ	う	し	の	た	い	い	ち	ほ	て	る	た	よ	
読み取り	○	○					○	○	○	○	○				○	○	9 文字 /16 文字
先読み		吉祥寺					吉祥寺のホテル				第一ホテル	に行くよ			食べに	だよ	成功 3 回 失敗 3 回 タイム 1 分 24 秒
個人的カスタマイズ												助詞「に」をつけ，次の言葉を予測してしまう．				「た」は「だ」と予測．	積極的に次の言葉を予測したが，失敗が多かった．

通訳者 β（経験年数 3 ヶ月）

文字目	1	2	3	4	5	6	7	8	9	10	11	12	13	14	15	16	結果
語	き	ち	し	よ	う	し	の	た	い	い	ち	ほ	て	る	た	よ	
読み取り	○	○						○	○	○	○						6 文字 /16 文字
先読み		吉祥寺の									第一ホテル	だそうです					成功 3 回 失敗 1 回 タイム 1 分 37 秒
個人的カスタマイズ		タ行の「た」と間違えて「北口」と予測										語尾は予測．					会話 A の通訳と比べて予測変換が非常に速い．

通訳者 γ（経験年数 10 年）

文字目	1	2	3	4	5	6	7	8	9	10	11	12	13	14	15	16	結果
語	き	ち	し	よ	う	し	の	た	い	い	ち	ほ	て	る	た	よ	
読み取り	○	○					○	○	○	○		○			○		8 文字 /16 文字
先読み		吉祥寺								第一		ホテル			だよ		成功 4 回 失敗 0 回 タイム 1 分 9 秒
個人的カスタマイズ	サ行と間違える．								カ行と間違える．	カ行と間違える．		ハ行の「へ」まで読み取り，「ホテル」と予測．			最後に句点がついて終わりか確認．		ア行とカ行，またはカ行とサ行で読み取りを間違えることが多い．

通訳者 δ（経験年数 4 年）

文字目	1	2	3	4	5	6	7	8	9	10	11	12	13	14	15	16	結果
語	き	ち	し	よ	う	し	の	た	い	い	ち	ほ	て	る	た	よ	
読み取り	○	○						○	○						○	○	6 文字 /20 文字
先読み		吉祥寺					の		第一ホテル						だ	よ	成功 4 回 失敗 1 回 タイム 38 秒
個人的カスタマイズ		タ行の「つ」と間違える．					ナ行まで読み取って「の」と予測．								「た」は「だ」と予測．		「たい」のみで「第一ホテル」を予測したため，他の 3 名に比べても非常に速い．

なるべく短く、簡潔に、わかりやすく自己の意思を「通訳者」に伝えようとする。この作業を経て、「通訳者」は筆者の簡潔な言葉に詳しい説明を加え、ときには敬語に直すなどの変換作業を行いながら相手に伝える。本調査では、コミュニケーションの鍵を握る読みとりの過程に着目し、「通訳者」に求められる能力やそこに潜む課題について考察する。

3-1 サインを正確に読みとる

「通訳者」が筆者の言葉を読みとる段階において、①筆者のサインを正確に読みとる、②読みとった文字を適切な語句あるいは文節に区切っていく、③筆者の意図を予測する先読みをする、以上の三つの能力が求められる。まず、読みとりの正確性を確保するためには、筆者のサインと「通訳者」が発話する五十音のテンポがかみ合わなければならない。「通訳者」は筆者の首や腕をとってサインを読みとるが、筆者は不随意運動が顕著なため、「通訳者」は随意運動か否かを見極めながらサインを読みとる。また、「通訳者」が「あ、か、さ、た、な……」と一文字ずつ声に出すスピードや、双方のコンディションによって意思疎通のスムーズさが左右される。さらに、「通訳者」の「五十音の読みとり方」のパターンは複数ある。とくに読みとりの序盤で「前半？（ア行〜ナ行）後半？（ハ行〜ワ行）」と聞くパターンと、毎回ア行から聞くパターンが存在する[2]。当初は、筆者の母をはじめとして毎回ア行から読みとる方法だったが、ある「通訳者」が初めに前半と後半を聞くようになった。

現在では「通訳者」によって五十音の読みとり方は異なる状況である。通訳者αとγは前半か後半かを聞くパターンである。しかし、毎回前半か後半かを聞いているわけではない。また両者とも「前半？」と聞き、

表 13 調査Ⅳ（会話）各通訳者への半構造化インタビュー（筆者と「通訳者」［北地智子・黒田宗矢］が協働で作成した）

		通訳者 α（経験年数 10 ヶ月）	通訳者 β（経験年数 3 ヶ月）	通訳者 γ（経験年数 10 年）	通訳者 δ（経験年数 4 年）
基本情報	性別	男性	女性	女性	女性
	年齢	21 歳	36 歳	28 歳	22 歳
	学歴	大学 3 年生（政治学専攻）	大学院卒（修士号取得）	大学院卒（修士号取得）	福祉系大学卒
	職歴	なし	事務職（8 年間）	公園を管理運営する機関（2 年間）	障がい者センターの常勤職員（現職）
	勤務年数	10 か月	3 か月	2 年（通訳歴 10 年）	4 年
	勤務頻度	週 1 ～ 2 回	週 2 回	週 1 回	週 1 回
介助内容	身体介助	食事・排せつ・入浴	食事	食事	食事
	勉強介助	本読み・大学院でのレポート作成時の通訳	本読み・文章作成	学振，論文作成	社会人になってからはなし
	その他	メールチェック・メール作成時の通訳	筆者の作成した文章へのコメント	なし	対外的な交渉や講演時の通訳・筆者のスケジュール管理
人生経験		これまでの自身の学びの中で，社会の矛盾に対して問題意識をもつようになった．大学では，日本・イスラエル・パレスチナ学生会議と学生 9 条の会という団体に属し，自分の社会で少数者と呼ばれるような人たちと実際に会って共に活動する中で，自らの学びを深めたいと考えている．天畠さんの介助の仕事をやっているのも，障がい者に対する理解を深めたいという思いがあったから．	フェミニズム，ジェンダーについて学んできた．職場で「理不尽だな，差別だな」という疑問をもった．そのため，働きながら大学院に通い，キリスト教のフェミニズムとの対比を，宗教という枠組みのなかで研究をした．（事務処理をされていた経験からか，メール作業が得意という印象を筆者は受けた．）	大輔との出会いがきっかけにもなり，植物の力（森林療法，園芸療法）に興味をもち，専攻を変えて大学院に入学．在学中は学校での勉強と並行し，公的機関で研究補助スタッフとしても働いた．卒業後は公園を管理運営する機関に就職．公園のイベント企画や広報を担当し，社会人経験を積んだ．	障がい福祉をやりたくて大学に入り，障がい福祉を専攻した．入学時に，大さんが大学 4 年生にいた．大さんがやっているサークルに入り，ノートテイクをやったりした．現在働いている施設では，三障がいの方，難病・重症精神障がいの方が通所．生活介護事業のほうに所属．（筆者とは個人的に交際関係にあった．）
Q. 会話 A・B の通訳について	会話 A	・原発の問題に興味があった． ・会話の社会的背景を知っていたため，先読みを速くできた	・「プルサーマル計画」という単語が頭になかった． ・大さんとの会話のなかに，引き出しがなかった． ・お互いが認識しているバックグラウンドに，原発事故のことが入っていなかった．	・「プルサーマル計画」という言葉は，ニュースで聞いていた． ・あいまいな知識が出てきてやりにくかった． ・先読みをし過ぎで，逆に混乱してしまった．	・「プルサーマル計画」という言葉はピンとこなかったが，カタカナの言葉であることは予測できたので，濁点等を聞いていけば問題ないと思った． ・もし大さんが「プルサーマル計画」について意見を求められたら，すぐには読み取れなかった．
	会話 B	・「吉祥寺の第一ホテル」を知らなかった． ・大輔さんとご飯を食べに行く経験がなかったため，先読みがうまくできなかった．	・日頃から昼食は何にするかという話をしていたため，その状況に似ていた． ・大さんが食に関してこだわりがあるのをわかっていた． ・第一ホテルは知っていた．会話の中で知っていると，自分の中で早く結びつく．	・ピンとくるものがあって，先読みが楽だった． ・「第一ホテル」は知らなかったが，ホテルだということが分かっていれば問題なかった．	・「トッポギ」が好きなことを把握していた． ・「吉祥寺の第一ホテル」は大さんと一緒に行ったことがあった．
Q. 2 回目の逐字通訳について		・逐字訳のやり方がわからなくて不安だった． ・濁点をどこかで確定させるかわからなかった． ・何が先読みか，先読みじゃないのかわからなかった．	・一つずつ聞くのはしんどかった． ・予測していくし，先読みのほうが楽． ・大さんとの間にバックグラウンドがないときは，逐字のほうが良いかもしれない．	・逐字は正確に通訳しなければならないため，区切りながら確認しているが，1 つ前を忘れてしまう． ・濁点がつくか，毎回聞くのは変なので，濁点が付きそうな単語が出てきたときに確認した．	・会話の内容を知っているため誘導的になってしまう． ・先読みは最終的にこれでよいか，本人に確認している． ・逐字のほうが正確だが，本人の口調がわかっているため，先読みのほうが良い．
Q. 通訳をする際にどんな工夫をしているか		・うまく通訳できなくても，あきらめないで聞き通す． ・先読みはできる限り正確にする． ・「あかさたな話法」については，時間のロスを避けるために，最初に前半・後半を聞き，一文字を正確に確定させるために，2・3 回確認してから次に進む． ・言葉の区切りに行き詰ったときは，何が違うのか，どこが違うのかを確認し，それでもダメな場合は他の言葉にいいかえてもらう．専門用語などいいかえのできない場合は PC で検索する．	・「大さんとのバックグラウンドが大切」なため，ヘルパーに入っていなくても，暇があるときに Evernote をチェックする．普段から少しでもインプットしていると，「Evernote に書いてあったことだ」と理解でき，通訳にもつながるので，Evernote の引きつぎを注意して多くみている．	・先読みをなるべくする．先読みのミスがたくさんあると混乱するので，頭の中で確信をもててから先読みを出すようにしている． ・会話，コミュニケーションをとる時は，手だとうまく読みとれなかったりするので，首の方が早い気がする．支点が長いような．	・一度相手に聞こえる声で読む．大さんに確認している時は，絶対相手はみない．今通訳しているという状況を作る． ・聞きとりが終わったら，相手に向かって確認する．ある程度読み取れたらきちんと言葉にしていく． ・相手が教授や講演会，初めて会う人の前は，「大輔さん」，「～ですか？」などの口調で聞き返すように意識している． ・濁点・半濁点の確認は後でする． ・わからない言葉はインターネットを使って意味を調べる．

イエスの場合はア行から、ノーの場合はハ行から読みとる。つまり基本的に筆者に確認するのは「前半?・」のみであり、「後半?・」は聞かない。一方で通訳者βとδは前半か後半かは聞かず、毎回ア行から読みとりを始める。通訳者δの場合は、前半か後半か聞くほうが筆者にとっても負担が小さいと考えているが、そうすると「頭が混乱」すると述べている。通訳者βは「前半、後半というのは余裕がないのでいえていないだけで、あえていっていないわけではない」と述べている。通訳者δの場合は通訳経験が長い分、当初自分が覚えた方法に慣れてしまい、新しい読みとり方に対応できない。しかし、通訳者δは、「言葉がみえてきたら、先に『はまやらわ』を出しちゃったり」と述べているように、個人的に読みとりに柔軟性をもたせることで、硬直的な読みとり方法を避けてもいる。逆に通訳者βの場合は、通訳経験の浅さから工夫をする余裕がないと述べている。また、通訳者βは読みとり中にメモをとっており、一語一語紙に残している。

このように「通訳者」の読みとり方法はさまざまだが、筆者はその方法を統一せず、「通訳者」一人一人の方法に合わせている。これは筆者の主体性の希薄さを示すと同時に、「あ、か、さ、た、な話法」が筆者と「通訳者」の協働作業によって成りたっていることも明示している。筆者は「通訳者」との呼吸が合うことを最優先し、「通訳者」は少しでも読みとりの正確性を上げようと各々に工夫を凝らしている。サインを正確に読みとることは、「あ、か、さ、た、な」の聞きなおしを減らし、筆者が抱えるコミュニケーション上のタイムラグを解消することにもつながる。

3－2　適切な語句あるいは文節に区切る

次に「通訳者」は読みとった文字を単語化・文章化していかなければならない。筆者は一文字一文字を紡ぎながらアウトプットしていくため、単語への変換や文節の区切り目などの細かい指示は出しにくく、「通訳者」の裁量によるところが大きい。つまり、「わたしはしようかいしやのこみゅにけえしよんについてけんきゆうしています」と読みとった文字列を、「私は障がい者のコミュニケーションについて研究しています」というように、濁点や促音への変換、適切な語句への構成、助詞との区別などを「通訳者」が自ら行わなければならない。しかしそのような過程で、単語と助詞が混ざってしまい誤訳することも多く、「通訳者」にはそれ相応の「慣れ」や「ボキャブラリー」が必要となる。たとえば、筆者が「母は……」と伝えようとした際に、「通訳者」は「ハハハ！」と笑っているという意味で通訳してしまうことがある。また、「メリトクラシー」と伝えようとした際も、その単語自体がわからない場合もある。本調査においても通訳者βは、会話Aにおいて「プルサーマル計画」の意味を理解するまでに、他の「通訳者」が一分台で読みとっていたのに対し六分七秒と非常に時間がかかったが、おそらく「ふるさあまる」が単なる文字の羅列となってしまい意味をみいだせなかったのだろう。こうした「通訳者」の変換作業は、「通訳者」がもつボキャブラリーだけでなく、筆者との「共有知識」を構築していくことで精度を上げられると考える。

このように「あ、か、さ、た、な話法」における「通訳者」は読みとりだけでなく、筆者の言葉を適切に変換する必要があり、この変換作業を「通訳者」が適切に行えることがきわめて重要な課題となる。そして、単に変換するだけでなく、予測を伴う変換である先読みは、筆者のスムーズなコミュニケーションにきわめて重要な影響を及ぼす。

3-3　意図を予測変換する先読み

「通訳者」に求められる最大の能力が、先述の先読みである。先読みとは「あ、か、さ、た、な話法」において、「通訳者」が筆者の言葉を読みとりながら、その先を予測変換していくスキルである。筆者は、この「通訳者」による先読みに支えられている部分が大きく、「通訳者」が先読みをすることでタイムラグが圧縮されるということは先に指摘した。本調査では、それぞれの会話において二回通訳をしてもらった。一回目はいわゆる先読みをする通訳で、筆者の意思を汲みとりながら言葉を積極的に予測していった。二回目は、会話の内容を知ったうえで、先読みはせず一文字一文字読みとってもらった。つまり、濁点の有無や終わりまで「通訳者」は一切予測せずに、一文字ずつ丁寧に読みとるというスタイルである。一回目と二回目では会話A、Bともにその時間に大きな差がある。逐字訳する二回目は先読み通訳を行った一回目に比べて約二倍の時間がかかる。これは先読み通訳のタイムラグの少なさを端的に示しているおり、「通訳者」へのインタビューにおいて四人とも先読み通訳のほうが速くかつ、やりやすいと答えている。

一方で、逐字訳は筆者の意思を正確に伝えられるが、時間がかかるうえに通訳者自身への負担も大きくなる。しかしながら、ある話題に対して筆者と「通訳者」との間に「共有知識」がない場合は、先読みするよりもむしろ一文字一文字読みとったほうが速い場合もある。とくに読みとりスピードについて各通訳者を比較すると、表10からもわかるように、通訳者βは、会話Aにおいて先読み（一〇分二一秒）も逐字訳（一一分三〇秒）もそこまで差がなく、先読みがうまく機能しなかった例である。しかし、通訳者γは会話Aの「プルサーマル計画は何だか知ってる?」において、先読みの成功が二回、失敗が三回と他の「通訳者」に比べて先読みの正確性に欠ける。その一方で読みとりスピードにおいては、新人の通訳者βの六分七秒と比べても、ベテランの通訳者γは一分一〇秒と最も速い。さらに会話Bの「吉祥寺の第一ホテルだよ」では、通訳者δが六文字の読みとりで三八秒だが、同じく六文字読みとった通訳者βの時間は一分三七秒である。通訳者βは読みとった文字数こそ通訳者γに並ぶが、時間をみると「通訳者」のなかで最も遅い。つまり、必ずしも先読みをすればより円滑なコミュニケーションがとれるわけではなく、先述の「読みとりの正確性」や「単語の区切り目の判断」等々、他の要因も影響すると考えられる。

また、会話Aの「プルサーマル計画は何だか知ってる?」が会話の端緒としてのセリフであったのに対して、会話Bの「吉祥寺の第一ホテルだよ」は前の文脈から筆者の返答を予測しやすい。そのため先読みのパターンは「通訳者」によってそこまで異なることはなかった。このように前後の文脈によって「通訳者」の先読みは随分と容易になる。通訳者δが「吉祥寺の第一ホテルも一緒に行ったことがあるので。想像はついちゃう」と述べているように、事前の情報が多いほど、またはトピックが絞られているほど、先読みの精度が高まるということである。したがって、「通訳者」に求められる先読みは、筆者との「共有知識」がなければうまく機能しないことが明らかとなった。単に「通訳者」が豊富な語彙力や高度な文章力をもっているだけでは足りず、それらを当事者である筆者と共有していなければ意味をなさない。この「共有知識」が「通訳者」における先読みの正確性、さらには筆者にとっての通訳の質に深く関わる可能性が示唆された。そのため、通訳者単体の能力というよりは、当事者である筆者と「通訳者」の関係性に着目しながら、筆者における心地良い通訳介助について考えていく必要がある。

3-4　天畠大輔と通訳者間の「共有知識」

筆者と「通訳者」の「共有知識」について本調査の分析を通してより詳しく論じたい。通訳者β、γ、δは、いずれも会話Aよりも会話Bに要する時間が短い。会話Aはプルサーマル計画という原発のニュースに関する会話で、会話Bは今日の夕飯は何にするかという日常的な会話である。会話Aではプルサーマル計画という原発のニュースをチェックしていない限り耳慣れない単語が登場するため、日常的な単語が主な会話Bのほうがより速く通訳できたと推測される。

実際に「通訳者」へのインタビューにおいて、三人の「通訳者」は会話Bに比べて、会話Aにおける通訳のほうが難しかったと答えている。その理由として、プルサーマル計画に関する事前の知識が少なかったことを挙げていた。実際に通訳者γは会話Aでは「自分のあいまいな知識がちらちら出てきて」やりにくかったと答えている。一方で、通訳者δの場合は「濁点とか聞いていけば通訳できる」と冷静であった。しかし、プルサーマル計画に関する知識はあまりなかったため、もし会話相手の黒田がプルサーマル計画に関する意見を筆者に求めていたとしたら「すぐには読みとれない」と答えている。通訳者βはとくに会話Aの通訳に苦戦していた。通訳者βは「プルサーマル計画っていう単語が、すぐに頭の中になく」と答え、筆者から読みとった「ふるさあまる」が「プルサーマル」に結びつくまでに相当の時間がかかった。通訳者βが「お互いが認識しているバックグラウンドに原発事故のことが入っていなかった」と答えているように、プルサーマル計画に関する事前の知識が少なかっただけでなく、日常のなかで筆者とその話題を共有する機会がなかったことも要因の一つだろう。

一方で表10からもわかるように、通訳者αは、日常的な会話B（四分四二秒）よりも原発に関する会話A

（四分四秒）のが通訳に要する時間が短かった。通訳者αの場合は、会話Aの社会的背景を知っていたため、プルサーマル計画という単語や計画の延期などについてよりスムーズに先読みできたと考えられる。つまり、政治学の知識があることで、筆者のいわんとしていることに対していくつもの候補が出てくるのである。しかし、通訳者自身の引き出しが多すぎると、そのなかから絞り込むのが難しいときもある。通訳者αも「大輔さんのいっていることと、僕自身が引き出しでもっている、知識としてもっていることが一致したときは、先読みを素早くできる」と述べる一方で、「通訳者」の知識が前面に押し出されすぎると「先読みを間違える方向」に向かってしまう。結果的に、逐字訳よりも時間がかかる危険性がある。つまり、「通訳者」がもつ引き出しから筆者が伝えたい言葉を的確に選びとることが重要となる。会話Aとは逆に、会話Bは通訳者α自身が筆者の日常生活に関わる期間が短く、「吉祥寺の第一ホテル」のことを知らないなど、筆者との「共有知識」が足りなかった。そのため、通訳者δが三八秒で「吉祥寺の第一ホテルだよ」と読みとった一方で、通訳者αは一分二四秒もの時間がかかったと考えられる。通訳者αの結果は、通訳者β、γ、δの結果とまったく異なるが、タイムラグを決定する要因は共通している。総じて筆者の伝えたい事柄と「通訳者」のボキャブラリーが一致しているかどうか、さらにそこから的確な言葉を選びとれるかどうかが重要である。そして、そのボキャブラリーというのは、「通訳者」が筆者との関わり以外において得た知識も重要だが、筆者と共有する知識や筆者に関する情報を「通訳者」がよく把握することがきわめて重要である。

この筆者と通訳者間の「共有知識」とは、筆者と第三者のコミュニケーションを成立させるために必要不可欠なコンテクストといえる。通常のコミュニケーション行為においても、「相手の話していることをよりよく理解するためには」、「発話に関係している context をよく把握することが必要条件」（森下 1994: 15）である。筆者は「通訳者」との間で「ある種のコードないしはコンテクストが、話し手と聞き手の間で共有されている」(岡野 1993: 44) 状態を確立している。さらに「その共有されているということについての知識もまた、当事者の間で共有されて」(岡野 1993: 45) いる。つまり、話したい内容のコンテクストを「通訳者」が「知っている」ことを前提に、筆者は「通訳者」と共有する知識のデータベースにアクセスしながら、最小限の言葉を選ぶ。「通訳者」もまた意図的にそのデータベースから筆者の発話内容を推察する。限られた言葉から、それに関係する「共有知識」を参照し、発話内容をより良く把握するこれらの行為は、ハイコンテクストな通訳行為だといえる。

3-5 「通訳者」の専門性――「クライアント特化能力」と「個人的能力」

以上のように、筆者のコミュニケーションのタイムラグを決定する要因として、通訳者自身が、筆者と共有する知識や筆者自身に関する情報を広範に把握することの重要性を述べてきた。そのうえで、筆者との「共有知識」が増えれば、それだけ「通訳者」の「専門性」も上がることを指摘したい。「通訳者」が筆者と共有してきた知識の総和は、「通訳者」の「クライアント特化能力」として、筆者のコミュニケーションを円滑に遂行するに当たりきわめて重要となる。つまり、筆者が「今までの経験では、信頼関係を築くには一にも二にも年月が必要だ」(天畠 2012: 94) と述べるように、「通訳者」と共有した時間の分だけ「共有知識」の範囲は拡大する。しかし筆者の論文執筆の現場においては、「クライアント特化能力」のみで通訳が成りたたないことも指摘せざるを得ない。筆者の背景にある基礎知識やそれに役立つスキルを身につける必要がある。そのうえで筆者との「共有知識」を積みかさねれば、「通訳者」の専門性はさらに向上すると考えられる。筆者が求める知識やスキルとは、研究内容に関連した学術知識および、研究を遂行するうえで必要となる情報収集、調査、思考、記録、アウトプット作成、発表、ディスカッションなどを可能にするアカデミックスキルを指す。これを「通訳者」の「個人的能力」といいかえる。「個人的能力」は各々の「通訳者」が培ってきた知識やスキルに加え、「重度障がいをもつ大学院生（当時）」という筆者の属性を理解することも重要となる。通訳者αはインタビューで「僕自身も大学院を考えていて研究者に興味もあるので、大輔さんが研究者になろうとする過程を知りたい」と述べており、筆者の研究活動に対して非常に興味をもっていた。さらに、通訳者γは「障害学は無知だったけど、おもしろいなって思ってるし。自分でも知らなかった知識をいっぱい勉強できるし、それが大輔のためになって派生していく」と述べる。これらの発言からも、研究という個別性の高い領域をともに歩もうとする「通訳者」の姿勢の必要性とその重要性に気づかされるだろう。筆者の「属性」を理解し、それに寄り添い、協力する「通訳者」の存在は、筆者が度々ぶつかるコミュニケーションの「即時性の欠如」という壁を乗り越えるために必要不可欠である。

4　まとめ

本章では、筆者である天畠大輔と第三者が日常的な会話をする際の様子から、「あ、か、さ、た、な話法」における読みとり方法の分析や、「通訳者」への半構造化インタビューを通して、「通訳者」に必要な専門性とは何かについて考察を行った。

その結果、通訳者四人の読みとりの過程から、単語の先読みは即時性を担保するために必要であること、通訳に要する時間は各通訳者によって大きく異なることがわかった。とくに、経験年数や筆者との「共有知識」は、先読みの所要時間に影響を及ぼすことがわかった。

次に、「通訳者」に求められる能力を洗い出した。具体的には、筆者のサインを正確に読みとること、適切な語句・文節に区切ること、そして筆者の言葉を予測変換する「先読み」の力が必要であった。とくに、先読みを可能とする「共有知識」の重要性が明らかとなった。さらに「通訳者」における専門性とは、「共有知識」を積みかさねた結果育まれた「クライアント特化能力」並びに、筆者との共有範囲外で培われた通訳者固有の「個人的能力」によって成りたつことがわかった。

この二つの能力の違いとは、筆者と「通訳者」との関係性のなかで生じるか否かの違いである。「クライアント特化能力」は、「共有知識」を通して、筆者と「通訳者」の関係性のなかでカスタマイズされるものであり、筆者の通訳や生活支援をするうえで必須の要素である。筆者と「共有知識」を積みかさねた時間に比例するので、筆者の通訳介助の経験年数が長いほど、相対的に「クライアント特化能力」が高くなる。その一方で、「個人的能力」は、筆者と積みかさねた「クライアント特化能力」に加えて、筆者の研究者という属性に対応し、筆者の関係性とは切りはなされた通訳者固有の能力を指す。無論、筆者との関わりのなかで触発され、筆者の通訳場面とは別に身につけた知識やスキルも入る。いいかえれば、「クライアント特化能力」は筆者の属性に「通訳者」が対応したもので、「個人的能力」は通訳者自身の属性に左右されるものである。筆者は「通訳者」の「クライアント特化能力」を育て、「個人的能力」をうまく活用しながら、自己の属性に適したコミュニケーション方法を構築しているのである[3]。

このように筆者の「通訳者」による通訳は、一字一句読みとるという従属的な行為というよりは、「通訳者」の独自性が非常に高い行為である。また、「通訳者」の専門性は筆者のニーズに合わせてカスタマイズされ（クライアント特化能力）、そのニーズに合致した「通訳者」の能力（個人的能力）が活用される。

高次の「クライアント特化能力」と「個人的能力」が必要となるのが、いまや筆者の生活の中心となった博士論文の執筆である。論文執筆の場面において、筆者と「通訳者」はどのようにして専門的かつ膨大な文章を書いているのか。本章では、実験的会話調査から、筆者の単語の先読み過程を考察してきたが、第3部からは、実験的メール調査や筆者と通訳者間のミーティングプロセスを細かくみていくことで、筆者の文章作成における先読み、つまり「通訳者」による筆者の「思考の想像」[4]のありようを考察していく。

■注

1　会話調査の会話に出てくる「大さん」は筆者の呼称である。

2　一人一人の「通訳者」に専門性と責任をもたせると、それぞれの「通訳者」から、筆者の「あ、か、さ、た、な話法」にかかる時間を短縮し、より効果的なコミュニケーションを可能にしようと積極的なアプローチが多発した。たとえば、ルーテル学院大学の卒業論文執筆の通訳を担当していたある「通訳者」は、タイムラグをなるべく少なくするために、「あ、か、さ、た、な、は、ま、や、ら、わ」を前半、後半に分け、尋ねるという方法を提案した。前半は「あ、か、さ、た、な」で、後半は「は、ま、や、ら、わ」として、「通訳者」が「前半？　後半？」と聞く間に、筆者がどちらかに「イエス」のサインを送る方法である。当時はこの方法がより早く語を特定できると考えられていた。その後、別の「通訳者」が、後半を尋ねる必要はないのではないかと気づき、「前半？（応答がなかったらそのまま）は、ま、や、ら、わ」の方法を考案し、かつては多くの「通訳者」がこの方法を採っていた。しかし現在は、前半・後半を聞く聞かないにかかわらず、読みとりのスピードは変わらないという結論に達し、「あ」から順番に聞くスタイルが多数派となっている。

3 その一方で、「通訳者」の「個人的能力」が筆者の能力を超えるほど高い場合、「通訳者」の能力への過度な依存、また「自分の能力ではない」といった主体性の喪失など、コミュニケーションにおいて生じるジレンマの要因の一つとなる。

4 この「思考の想像」については、次章以降で詳しく述べる。

第3部　「発話困難な重度身体障がい者」のコミュニケーションのジレンマ

第8章

「他者の介入を受けた自己決定」の実態

天畠大輔

前章では、筆者の「通訳者」における「専門性」を明らかにした。その「専門性」とは、共有知識を積み重ねた結果育まれたクライアント特化能力並びに、筆者との共有範囲外で培われた通訳者固有の個人的能力によって成りたつことがわかった。そこで本章では、このような「専門性」をもつ「通訳者」による介入がどのようになされ、またそれによって筆者の自己決定がどのように変容するのか、その実態を論じる。筆者とその「通訳者」による実際の通訳場面を分析することで、どのようなコンテクストのもとで、どのような通訳技術によって、筆者の自己決定に「他者性」が含まれるのかを検証する。

1　概要――「通訳者」に向けた実験的メール調査およびインタビュー

1－1　調査概要と調査対象

本章で扱う調査は、「筆者の『通訳者』に向けた実験的メール調査およびインタビュー」である。本章において筆者の文章作成過程に着目した理由は三点ある。一点目は、身体とコミュニケーションの両方に障がいをもつ筆者にとって、文章作成は社会とのつながりをもつための重要な手段である点だ。メール作成は人とのつながりをもつための基本であり、そこに「通訳者」がどのように関わるのかを明らかにすることは重要であるといえる。

二点目は、身体的な介助とは異なり、筆者と通訳者間の言語によるコミュニケーションに焦点を当てられる点である。文章作成は口頭によるコミュニケーションに比べ、即時性が求められないため、筆者と「通訳者」が協働して文章を練り上げる過程を分析できる。

三点目は、文章作成過程においてはコミュニケーション内容が複雑化する分、他の介助場面と比べても時間的労力が大きく、筆者はその労力を減らすために「通訳者」の「先読み」に頼ることが多い点である。つまり、文章作成過程においては、「通訳者」による介入の度合いがより大きくなり、「他者の介入を受けた自己決定」の実態をより詳細に分析できる。

本調査の目的は、筆者のメール作成場面を対象とし、メールを作成する過程における筆者と「通訳者」の「あ、か、さ、た、な話法」を用いた相互行為を詳細に読み解くことで、「発話困難な重度身体障がい者」である筆者の自己決定を概念的に分析する。また、どのようなコンテクストのもとで、どのような通訳技術によって、筆者の自己決定に「他者性」が含まれるのかを検証する。具体的には、筆者のメール作成場面においては、「何を書くか（What to do）」と「どのように書くか（How to do）」[1]に「通訳者」がどれだけ介入しているのか。その実態を明らかにするため、本調査では筆者とその通訳者四人を対象に、同一内容のメールに対する返信作業を筆者とともに行った。実際のメール作成ではなく、架空のメールに返信するという実験的手法を採った理由は、同一のメールに対して各通訳者で返信の文面が異なるかどうか比較するためである。その後、「通訳者」それぞれに対して、通訳歴や調査内容に関するインタビューを行った。なお、調査対象の通訳者四人は前章と同じである。

1-2 調査手順

調査の手順は以下のとおりであった。

メールの受信ボックスを確認し、差出人「R.G.」から来ているアドレス変更メールを筆者に読み聞かせる。その後は、架空の返信作業を筆者とともに行い、その様子を録音したうえで、会話を文字に起こして資料とした。その後「通訳者」それぞれに対して、介助歴や調査内容に関するインタビューを行った。また、確認するメールは、調査者である筆者自身が立命館大学大学院先端総合学術研究科の後藤玲子（二〇一一年当時）からのメールとして本調査用に作成しており、筆者はメールの内容や意図を事前に知っている状態で調査を行った。なお、調査に当たって事前に後藤の許可を得てメール本文を作成した。以下がメール本文である。

差出人：R.G.
件名：後藤です。

天畠様

後藤です。
ご無沙汰しております。

論文は進んでいますか？

さて、メールアドレスを変更しましたので、下記にお知らせします。
XXX0227@XXX.XXX
ご登録お願いします。

ところで、九月一二日（月）～一八日（日）まで仕事で東京に来ています。
三鷹駅近辺にも来るのですが、オススメのお店などありませんか？
良かったら一緒にご飯食べませんか？
私が三鷹に来るのは一三日（火）～一五日（木）なのですが、夜空いている日を教えて下さい。
お店は天畠さんの方で決めて下さい。

では、お返事をお待ちしております。

後藤

2　結果――メール作成場面における通訳現場の実態

2－1　調査結果

このメールに対して、調査対象者である通訳者四人と筆者が協働で作成したメールは以下のとおりである。

通訳者α
二〇一一年七月二七日（水）　所要時間：四一分

件名：Re: 後藤です。

後藤様

メール有り難うございます。
一つ確認なのですが、立命館大学院の後藤玲子先生でいらっしゃいますでしょうか？
そうであれば失礼致しました。
メールアドレスの件、了解致しました。

お食事の件ですが、こちらこそ是非お会いしてお食事したいです。

九月一三日（火曜）の夜が空いております。

場所としては、三鷹駅付近にある元祖ハルピンという中華料理屋にしようとおもうのですが、いかかでしょうか？

小籠包が人気のお店とのことです。

当日ですが、七時半に三鷹駅の改札口に来て頂けたらと思います。

御返信お待ちしております。

通訳者β

二〇一一年七月二八日（木）　所要時間：五三分

件名：Re: 後藤です

後藤先生

天畠大輔です。

失礼ですが、立命館大学大学院公共学の後藤玲子先生でよろしかったでしょうか。

といいますのも、私の知り合いに二人の後藤先生がいらっしゃるので、念のため確認させて頂きました。

まずは、メールアドレスのご変更のお知らせをありがとうございました。

登録させていただきます。

また、東京にいらっしゃるとのことで、ぜひご一緒に夕食を食べたいと思います。

私が空いているのは、九月一三日火曜日なので、一八時三〇分に三鷹駅南口の交番前で、二人の介助者とお待ちしております。

三鷹駅の近くのハルピンという中華料理屋さんで食べたいと思います。

ここは、餃子が美味しいと評判のお店です。

念のため、私の携帯番号をお知らせします。

天畠携帯 080-・・・・。

それでは、当日楽しみにしています。

天畠大輔

通訳者γ
二〇一一年八月一日（月） 所要時間：一時間二〇分

件名：天畠です。

後藤先生

いつも大変お世話になっております。

公共二回生の天畠です。

この度はご連絡有り難うございます。

こちらは後藤玲子先生のアドレスでよろしかったでしょうか。

早速メールアドレスを登録させて頂きます。

先日の構想発表会では、貴重なご意見を頂きまして有り難うございました。

特に、博士論文への発展性については、私も重要なことだと考えておりましたので、アドバイスを参考にさせて頂きます。


さて、お仕事で東京にいらっしゃるとのこと、ご連絡有り難うございます。

是非私もお会いしたいと思います。

私は九月一三日（火）が空いております。

先生のご都合がよろしければ、夜ご飯をご一緒できれば幸いです。

三鷹には美味しいお店が沢山有りますが、

「餃子のハルピン」というお店がオススメです。

肉厚で、ジューシーな本場の餃子が有名だそうです。

お店のホームページです。

http://www.harpin.jp/index.html

こちらのお店でよろしければ、
一八：三〇に三鷹駅南口の交番の前に待ち合わせでいかがでしょうか。

（交番は南口の改札を出て、歩道橋を降りた一階にあります。）

私の携帯は番号：080-***-**** 携帯アドレス：*******@docomo.ne.jp です。

何かありましたら携帯までご連絡下さい。

当日お話し出来るのを楽しみにしております。

お返事お待ちしております。

天畠

通訳者δ

二〇一一年八月六日（日） 所要時間：一時間一五分

件名：天畠です。

後藤様

天畠大輔です。

メールアドレス変更のご連絡有り難うございます。

後藤玲子先生でよろしいでしょうか？

東京にいらっしゃるんですね。

是非お目にかかって、論文の指導をしていただけたらと思います。

お店についてですが、
三鷹駅南口徒歩六分程度のところに、中華料理の「桃亭」というお店があります。

そこは広東料理なのですが、中華料理はお好きでしょうか。

日程についてですが、九月一三日（火）があいております。

一九時三〇分に、三鷹駅南口一階の交番前で待ち合せはいかがでしょうか。

（小さな改札を出て、左手にエレベーターがあります。そのエレベーターを下がると目の前が交番です。）

私は夕方以降空いておりますので、時間は後藤先生にお任せ致します。
当日の連絡のため、携帯電話の番号とアドレスを教えていただけますでしょうか。
私の携帯の連絡先は以下の通りです。
TEL　080-***-****
アドレス　******* @ docomo.ne.jp
お手数ですが、登録お願い致します。
当日は、介助者を二人連れて行く予定です。
返信お待ちしております。
お会いできるのを楽しみにしています。
本文終わり。以下署名

以上が四人の「通訳者」と筆者が協働で作成したメール文面である。挨拶文や文章の語尾だけでなく、メールに盛り込まれている内容もそれぞれ異なっていることがみてとれる。以下では、なぜこのような違いが出てきたのかについて、それぞれの「通訳者」とのメール作成場面ごとに分けて分析していく。主に「何を書くか（What to do）」と「どのように書くか（How to do）」をキーワードに、四人の「通訳者」が「先読み」を通してどのように筆者の自己決定に介入しているのかを明らかにする。とくに協働作業としての自己決定を図るための指針として、「何を書くか（What to do）」に焦点を絞って分析する。なお、「何を書くか（What to do）」は「日程」や「店の名称」など、メールの返信内容に盛り込む項目を指し、「どのように書くか（How to do）」はその項目をもとに文章化されたメール文面およびその作成過程である。通訳場面の抜粋は、録音したデータの文字起こしから行った。また、「通訳者」に関する情報や調査への感想などについて、適宜インタビュー内容も記述する。また、本節の「通訳者」との会話は、とくに断りがない場合、前節に掲載したメール作成時のものである。

分析のポイントとなるのは、第一にコミュニケーションのアウトプットにおいて筆者が「通訳者」の主体的な判断を引き出そうとする点、第二に筆者がコミュニケーションコストを「通訳者」を用いて軽減させようとしている点である。これらを通して、筆者の「誰に通訳してもらうか」という戦略および、「通訳者」が筆者の自己決定に介入する手法について詳しく論じる。

2-2　通訳者αについて

通訳者αは全体を通して、単語も文章も「先読み」を避け、できるだけ聞きとろうとする態度をもち、筆者の指示を待つことが多かった。一方でメールの差出人であるR.G.を特定する場面では、以下のような状況が読みとれる。

筆　者：このことうさんたれかαわかるかい？（この後藤さん誰かαわかるかい？）
通訳者α：僕も知らないですね！　論文は進んでいますかってことなんで、天畠さんが大学院生であるとか、あと何か論文を今書いてるっていうことを知ってる人ですよね。

このように筆者が「この人誰かわかるかい？」と通訳者αからの返答を引き出すように働きかけることで、状況を類推しながら誰であるのか積極的に考えようとする姿勢が垣間見える。しかし通訳者αは経験年数が浅く、インタビューでは「レポートの執筆の介助」などに関わっていると述べていたが、研究や論文に関する全体像においては筆者との共有知識がまだ乏しい。したがって「後藤」が誰であるのかを特定することに他の「通訳者」よりも時間を要した。

筆　者：とこかいいはしよきめてよ。（どこか良い場所決めてよ。）
通訳者α：決めてよ？　探して決めてよ？　三鷹で良いお店ですか？（中略）今決めて？　で、それをメールの文面に書く？　であってますか？　あってる？　はい。
筆　者：（声を出す）
通訳者α：いいたいことある？　前半？　あ、か、さ、た行のた、ち。「ち」？（中略）「中華」？

中華料理屋がいい？　三鷹の中華料理屋で良い場所を今探してってことですか？　それであってますか？　あってる？　じゃあ今その店の場所調べても良いですか？　はい。（通訳者αパソコンで検索を始める）三鷹の中華料理屋。ぐるなび、食べログで調べてみますか？　良い場所ありますかね？

筆者は、「良さそうな店を決めて」と伝えたあと、再び通訳者αが作業を進めやすいように、「中華」という選択肢を与えた。それを受けて、通訳者αは、どのような条件で店を選んだらよいかなど、筆者に指示を仰ぎながら検索する姿勢をみてとることができる。筆者は「何を書くか（What to do）」を「通訳者」に伝え、「どのように書くか（How to do）」は「通訳者」に委ねている様子がみられる。その一方で通訳者αは筆者の指示出しに忠実で、「何を書くか（What to do）」に影響を与えることはなかった。

2-3　通訳者βについて

通訳者βは通訳歴が三か月と経験が浅いため、読みとりのスキルがまだ低く、また全体的に筆者との共有知識が乏しい。しかし、事務職などの職務経験があるため、全体を通して、通訳者βは筆者の指示を読みとるよりは、筆者が「はい／いいえ」で答えられるような二択の質問や、筆者へのビジネスマナーの表現に関する提示を積極的に行っていたといえる。

筆　者：あとれすちよう。（アドレス帳。）

通訳者β：アドレス帳……。あ！　後藤さん出てきました！　後藤吉彦さん専修大学人間科学部講師と、あと後藤玲子先生、公共論ってありますが、どっちかわかりますか？　わかんない？　後藤吉彦さんか、後藤玲子さんか。アドレスも変わってるから、わかんないですよね。どちらか聞きますか？　どちらの後藤先生か。

筆　者：いにしやるみて。（イニシャルみて）

通訳者β：（メールの差出人のイニシャルが）R.G. だから後藤玲子先生ですね、きっと。（中略）じゃ、後藤玲子先生と認識して返事をしますか？　大丈夫？

筆　者：（声を出す）

通訳者β：いいたいことがある？　それでいいよ？　いい？　じゃあ大さんは後藤玲子先生って、わかってたってことですね？　じゃ、それで認識して返事をしますよ。

通訳者βは、「立命館大学の後藤先生で本当に合っているのか」と筆者に重ねて確認していた。

通訳者β：携帯、大さんの携帯番号を書いていいですか？　いいですか？　横に。いいよ。大さんの携帯番号……。私が登録している大さんの登録番号をみていいですか？　080……。大さん、大さんの携帯も入れました。

通訳者βは「後藤先生宛てに天畠の携帯番号を書きこんだほうがいいのではないか」と、自発的に筆者へ働きかけている。通訳者αとメールを書いた際には、筆者から連絡先を記載するような指示はなく、通訳者αも自ら書く内容について提案することはなかった。それに対して通訳者βは「何を書くか（What to do）」にまで影響を与えていたといえる。さらに、通訳者βとの調査後、通訳者γ・δとの調査においては筆者自ら連絡先の記載を指示しており、筆者の思考が「通訳者」によって変化している様子がうかがえる。

通訳者β：大さん、そこ予算一〇〇〇円くらいでしょ？　電話して聞きますか？　そこエレベーターがあるかどうか。そしたら別にどこでもいい？（中略）じゃあ電話してエレベーターがあるか聞いてって、それが第一優先事項？　車いすなんですけど入って食べれますかってこと聞けばいいですか？

通訳者βは「優先順位は車いすが入れる所でいいか」と確認しているように、お店に問いあわせる際の段取りをしていた。また通訳者βはインタビューにおいて、仕事をしていたときに厳しい先輩のおかげで、文書作成などの事務的能力が培われたと述べていた。先に引用した「携帯番号をメールに書いたほうがいいのではないか」、「お店の問いあわせの際に、何から聞いていくか」といった場面でも、通訳者βがビジネスマナーに慣れていたことがわかる。このように「通訳者」の個人的能力によってメールの書き方は異なり、さらに書く内容にまで影響を及ぼす。また、通訳者βが心がけていることとして、引きつぎを事前に確認して筆者の介助に入っていることを述べている。

普段から気をつけていることは大さんのバックグラウンドは大切だと思うのでインターネット上の引き継ぎ帳（Evernote）は暇があるときにはチェックするようにしています。普段は。それでちょっとでもインプットして、そういうのが、そうしないとバックグラウンドにはならないので、それが入っていると「あ、引き継ぎ帳に書いてあったことだ」となるので、ちょっとの「あ、か、さ、た、な」の提示でもわかるようになるので、それは普段私が引きつぎを注意して多くみているつもりです。（通訳者βへのメール調査後インタビュー）

このように新人通訳者という立場ながら、引きつぎを確認して共有知識を高めていこうという姿勢がうかがえてくる。この筆者と通訳者間の共有知識（クライアント特化能力）は、筆者の「何を書くか（What to do）」をよく理解し、「通訳者」が「どのように書くか（How to do）」を自ら考える際の下地となる。

2-4　通訳者γについて

通訳者γは全体を通して、文章をできるだけ「先読み」することで、文章自体の作成をスピーディーにしていたといえる。具体的には以下のやりとりにおいて、通訳者γが筆者の発したキーワードに対して積極的な声かけを行っている。

通訳者γ：（この時点で、通訳者γはメールの送り主を特定している）まず、論文進んでますか？　には、頑張っております？　進捗も教える？　教える？　今こんな状態ですっていう？

後藤先生からの「論文はどうですか？」というメール文の質問に反応して、通訳者γは、研究の進捗状況をメールに書くのはどうかと述べている。

通訳者γ：ある？　前半？　あ、か。か行のか、き、く、け「こ」？（中略）「こ、う、そ」、構想発表会？　に、たぶんいらっしゃった？　構想発表会ではお世話になりましたって書く？（中略）ご意見を下さいましてありがとうございました、でOK？

筆者が「こうそ」までいうと、通訳者γは「構想発表会」と発展させている。さらに、構想発表会でのお礼を書くと発展し、お礼の文面についても言及している。

通訳者γ：後藤先生が、構想発表会のときにアドバイスくれたじゃない？　そのことで、そのことも具体的に書く？　大まかにありがとうございましたでいい？　それとも具体的にあれあれの件についてはって書く？　博士予備論文の発展性を聞いてくれたんだよね？　合ってる？（構想発表会の筆記録を）確認したほうがいい？　それで合ってるよ？　博士予備論文はどんなふうに発展していくんですか？　って聞いてくれたから……。このアドバイスについても少しだけ触れる？

実際にメールの文章を書く際に通訳者γは、構想発表会に対しての具体的なお礼を書くかどうか問うている。また博士予備論文の発展性についてのコメントもするかと、同時に筆者に話しかけている。また、次に、当日同行する「通訳者」についての質問を筆者が投げかけている場面をとりあげる。

筆　者：たれかいくの。(誰が行くの？)

通訳者γ：誰か一緒に行くのってこと？　お店に？　後藤先生と話すときはきっと博士予備論文とかの相談とかするからね。この機会を逃すまいということだね！（中略）じゃあ九月一三日に博士予備論文のことを相談する機会がありそうなので出席できますかっていうふうに論文担当の介助者にもお願いしようか。

筆者の「どの『通訳者』を当日連れて行くか」という質問に対して、通訳者γは研究に精通している「通訳者」を連れて行ったほうがいいのではないかと筆者に問うている。このように通訳者γは「何をどうすればよいか」という「何を書くか（What to do）」と「どのように書くか（How to do）」の両方を、筆者の発するキーワードからうまく発展させ、筆者への積極的な提案をしている。通訳者γは主に論文執筆を担当しているため、「構想発表会」への言及など、他の「通訳者」にはないメール内容である。これは通訳者γの役割が影響しているといえ、筆者が通訳者γにのみ「構想発表会」と伝えていたことからも、どの「通訳者」とメールを書くかで内容の方向性が変化するといえる。

2-5　通訳者δについて

通訳者δは筆者と個人的に交際関係にあったこと、また経験年数の長さから共有知識が豊富にあったことで、他の「通訳者」よりも少ない読みとりで筆者の意思を把握し、さらに積極的な声かけまで行っている。

通訳者δ：差出し人？　読む？　ある？　あ、か？　あ？　あ、い？　あ、か、さ、た、な。な？　な、に。に？「い、に、し、や、る」？　R.G.って、お〜。なるほど。（中略）イニシャルR.G.、イニシャルR.G.だから、そういうことか。後藤玲子先生ってこと？

通訳者δは、「イニシャル」だけですぐに後藤だと認識することができた。この背景には、通訳者δがインタビューにおいて「今一緒にいるヘルパーさんよりは大さんのことがわかるし、誰にどう仕事を振り分けられているかもわかる」と述べているように、筆者の仕事や人間関係について幅広い共有知識があったことがわかる。

通訳者δ：「ろ、ん、ぶ、ん」？　について？　合ってる？　ご指導していただきたい？　先生だっけ？　どっちでもいい？　お目に掛かって、論文の指導をしていただきたいです、でいいの？　していただけたらと思いますのほうがいい？　していただきたいです、でいい？　していただけたらと思います？

通訳者δはメール中の言葉遣いを筆者に慎重に確認している。通訳者δはインタビューにおいて「(筆者より)社会的地位が高い人にメールを送るのを代筆する回数が結構多いので、そのときに本人に必ず確認」すると述べており、通訳者δが普段から筆者と先方の関係性や立場を考えながら通訳をしていることがわかる。

通訳者δ:ハルピンっていう店、興味ある? 夜一〇〇〇円から一九〇〇円。飲んで食べて二〇〇〇円台、とりあえずみてみる? 高いもんね。水餃子とか焼き餃子があって寝間着で行けて……。おいしい貴重なお店、寝間着で行けるお店を先生と行くかっていったら行かないよね? 行かないね。たぶん、ここやめたほうがいい気がする。やめとく?

このように通訳者δは、「ハルピンやめとかない? ここいいんじゃない?」というような、積極的かつ強い意見が多い。筆者はこの通訳者δからの意見を受けいれ、店選びをスムーズにすることができた。筆者は自分のこだわりとして、後藤との食事場所を「三鷹の中華」にしたいということを各通訳者同様に伝えたが、結果として通訳者δだけが異なる店を提案した。このように、メールの返信内容において最も重要な自己決定と考えられる「店選び」にさえ、「通訳者」は積極的な介入を行っていることがわかる。筆者の「三鷹の中華」という具体的な指示(自己決定)は忠実に守られ、筆者が委ねた「どの店にするか」という領域において「通訳者」の介入がみられた。つまり、その委ねられた領域においては「通訳者」の積極的な声かけが頻発し、筆者の最終的な自己決定に影響を与えたのである。通訳者δは筆者と親密な関係性にあったことから、他の「通訳者」と比べて強い意見をいいやすかったことも考えられる。このことからも実際の通訳現場において「通訳者」ごとに自己決定の内容が変わることがあり、それだけに誰が通訳に入るかが重要となる。その一方で、メール文面において言葉遣いを筆者に慎重に確認するなど、「どのように書くか（How to do）」を筆者に委ねている様子もみられる。場面や「通訳者」との関係性によって「何を書くか（What to do）」と「どのように書くか（How to do）」の領域は、筆者と「通訳者」の間で流動的に行き来するといえる。

以上、メール文の作成場面における調査を通して、主に「何を書くか（What to do）」に「通訳者」が介入していくうえでのさまざまな実践をみてきた。

次節では本節での調査結果と、それぞれの記述および分析をもとに、「通訳者」の介入のあり方を類型化する。さらに、「通訳者」によって「何を書くか（What to do）」が変容する「他者の介入を受けた自己決定」の実態を分析する。

3　考察——「先読み」のあり方と「他者の介入を受けた自己決定」の実態

3-1　協働作業による読みとり行為

「通訳者」による「先読み」を通して、両者の協働作業によるコミュニケーション通訳がなされていくことについて述べる。「先読み」においては、アウトプットそのものに「通訳者」の思考が反映される。そこには複数の異なる主体が折り重なり、一つの文章を作りあげるという協働作業が存在する。

また、筆者が「通訳者」に対して返答を引き出す働きかけをしていたように、言葉を導き出すための意図的な誘導がみられた。これを「戦略的誘導」とよぶ。そして、「通訳者」が筆者の意図を読みとるために、自分自身の解釈を投げかけている場面があった。これを「解釈的質問」とよぶことができる。一方で「通訳者」が筆者に対して積極的で具体的な「提案」を行っている姿もみられた。以下ではこれらの概念について説明を加える。

●「戦略的誘導」

第一に、筆者から「通訳者」への「戦略的な誘導」は、「発話困難な重度身体障がい者」である筆者が、「通訳者」に対して、コミュニケーションの軌道修正をさせ、文章を紡いでいく方法である。そのなかでも通訳者 a は「僕も知らないですね！ 論文は進んでいますかってことなんで、天畠さんが大学院生であるとか、あと何か論文を今書いてるっていうことを知ってる人ですよね。」と、積極的なコミュニケーションを図るようになった。

このやりとりが生まれた背景には、筆者は「通訳者」に対して「後藤が誰であるか」、誰に向けて書くかといった目的の共有があった。筆者は自分自身で発話ができないので、「通訳者」に多くの言葉を語らせ、それを自身の言葉の一部として、「通訳者」に投げ返す。このように意図的に質問を投げかける行為を通して、「戦略的誘導」が行われていたのである。この「戦略的誘導」には、裏を返せば、「通訳者」に対して「あなたの考えを聞かせて」というメタメッセージが隠されているといってよい。これら「戦略的誘導」は、指示待ちである「通訳者」に積極的に「解釈的質問」や「提案」をさせる働きがあるともいえる。

●「解釈的質問」

第二に、「通訳者」から筆者への「解釈的質問」についてである。この「解釈的質問」は、「通訳者」が筆者の意図を推測しながら、「○○ということですか？」というように、自分自身の解釈で質問を投げかけていくという手法であり、その「解釈的質問」によって、筆者の答えをどんどん引き出し、「即時性の欠如」を補っていこうとする通訳のあり方である。これは「通訳者」が筆者の考えていることを積極的に「先読み」していくコミュニケーションのあり方であり、通訳者γの事例では、筆者がメール文の作成中に「こ、う、そ」と伝えた際、通訳者γは「構想発表会？　構想発表会ではお世話になりましたって書く？　ご意見を下さいましてありがとうございました、でＯＫ？」と述べた。通訳者γは、「こ、う、そ」と読みとった時点で筆者が「構想発表会のお礼を書きたい」のだと察していたことが読みとれる。そのうえ「後藤先生が、構想発表会のときにアドバイスくれたじゃない？　そのことで、そのことも具体的に書く？　大まかにありがとうございましたでいい？」とさらに「解釈的質問」を駆使して文章化していった。筆者自身、一字一句すべて指示することは極めて困難であり、筆者の「これを書きたい」という意思のもとで、それを実際に具現化していく際には、「通訳者」の裁量が大きくならざるを得ない。したがって、このような「解釈的質問」の技法が重要になってくるといえる。また、第４章で述べた当事者の「属性」が、ここでも「通訳者」による解釈の一つの指針となっている。

●「提案」

最後に、「通訳者」が筆者に対して行う「提案」について述べる。これは「通訳者」が筆者の自己決定や行動の仕方に対して、「このほうがいいのではないか」と文字どおり、選択肢の「提案」をすることである。通訳者βは、筆者に対して「後藤先生宛てに筆者の携帯番号を書きこんだほうがいいのではないか」とメール文のより良い書き方を「提案」し、筆者はそれを受けいれた。また通訳者δは、筆者に対して「水餃子とか焼き餃子があって、寝間着で行けて……。おいしい貴重なお店、寝間着で行けるお店を先生と行くかっていったら行かないよね。行かないね。たぶん、ここやめたほうがいい気がする。やめとく?」と「提案」して、筆者はその「提案」を受けいれている場面がある。

この「提案」と「解釈的質問」との違いは、以下のように述べることができる。「解釈的質問」は「通訳者」が筆者の言葉を読みとる過程において、筆者が意図する考えとは何かを類推して読みとっていく行為であるが、一方の「提案」は、読みとる行為ではなく、「通訳者」が前章で示した自己のクライアント特化能力と個人的能力[2]を参照しつつ、筆者に対して「自己決定」をするうえでの選択肢を新たに提示する行為を指している。

たとえば、通訳者βは自身の社会人経験で培った事務能力などの個人的能力にもとづいて、筆者に対して「提案」をしていた。一方の通訳者δは、個人的能力よりも筆者との共有知識、つまり、筆者の価値観・選好を想像するというクライアント特化能力に根差した「提案」を行っていた。これは、筆者の「大学院生」という「属性」に配慮し、後藤に失礼がないようにという通訳者δの意識の表れでもある。これらの違いから、「通訳者」による「提案」には、個人的能力とクライアント特化能力のどちらに根差しているかによって二つのタイプに大別できることが明らかとなった。

次項では本項にて浮き彫りになった「先読み行為」がはらむ筆者の「他者の介入を受けた自己決定」の内

実を明らかにする。

3-2 「誰と行うか（With who）」の重要性

石島が述べたように、介助者はその介助を繰りかえすうちに、内容が身体化され、いわずとも動けるようになっていく（石島 2016: 37）。その一方でコミュニケーション介助においてはルーティン化が困難であるものの、筆者は「戦略的誘導」を用いながら、「解釈的質問」や「提案」といった「通訳者」によるサービスに「依存」することで、「通訳者」と「少しの言葉でコミュニケーションが成りたつ関係性」を築いた。コミュニケーション上のタイムラグに長年悩んでいた筆者にとって、「通訳者」が先回りして動いてくれる〝楽さ〟はきわめて大きく、一見するとＱＯＬが向上したようにも思える。

しかし本調査で明らかとなったように、筆者の「何を書くか（What to do）」を自己決定する場面において、その自己決定の内容に影響を与えるほどの「通訳者」による介入がみられる。通訳者δが筆者の店選びに対して積極的な「提案」をしたように、筆者と「通訳者」の関係性が強ければ強いほど（信頼関係、共有知識、年数）、筆者の「何を書くか（What to do）」への影響力は増大する。また、筆者はメールの文面作成や論文執筆の過程において、「通訳者」との協働作業によって文章を作成する。筆者の「通訳者」であり、本研究の執筆支援にも携わる黒田は、その独特の通訳方法について「先読みによって紡ぎだされた言葉たちから、筆者が頭のなかで描く文章の展開を『想像』で補い文章を作っていく」（黒田 2018: 141-2）と述べている。つまり、筆者のコミュニケーションは「通訳者」による「解釈」と「想像」という通訳技法に支えられている。さらに、「通訳者」の「①どのような情報を提示するか」「②筆者との関係性による『提案』の仕方」によって筆者の自己決定は変わる可能性がある。「①どのような情報を提示するか」では、通訳者βが「ちょっとの『あ、か、さ、た、な』の提示でもわかるようになるので、それは普段私が引きつぎを注意して多くみているつもりです」と述べているように、通訳者間の引き継ぎ帳から情報を収集し、それらの情報を筆者に提示することが基本である。また、本調査で三鷹の中華料理店を検索した際、筆者は視覚障がいでパソコンの画面がみえにくいため、どのような情報を選択し筆者に伝えるかは「通訳者」によって少しずつ異なる。その結果、通訳者δは他の「通訳者」が提示しなかった「寝間着で行ける」という情報を提示し、筆者の自己決定に影響を与えた。さらに、通訳者δは筆者と親密な関係性であったため、「通訳者」からの強い「提案」が許される関係性であったことも、筆者が自己決定の内容を変容させた要因である。したがって、「通訳者」との「共有知識」と「関係性」によって、情報の提示方法が異なり、それが筆者の「何を書くか（What to do）」に影響を与える。

　このように、筆者はコミュニケーションにおける先読みや「通訳者」の解釈を受けいれる「弱い主体」であるが、だからこそ「何を書くか（What to do）」よりも「誰と行うか（With who）[3]」が重要となる。より厳密にいえば、「誰と行うか（With who）」が「何を書くか（What to do）」に先行するといえる。つまり、筆者の場合は「誰と行うか（With who）」で「何を書くか（What to do）」が決定される傾向にある。筆者は自己の生き方について以下のように述べている。

　　もちろん、はじめから大学院進学という目標を持っていたわけではありません。リハビリを手伝ってくれた大学生に「影響」を受け、彼らに受験勉強の家庭教師をしてもらうことで大学進学を果たすことができました。また卒業論文執筆の際は、介助者を介して文章として「伝える」ことの面白さを発見しました。養護学校当時、充分な「勉強」の機会を与えられなかった私にとって、彼らから知らない情報を得られる生活はとても「刺激的」です。

現在の私にとって「学ぶ」ことが生きる道となっています。友人や周りの人との関わりの中で学問という可能性が生まれ、それに向けて行動することで新しい人との出会い、関係を築き上げてきました。これからも私は学び続けていきたいです。（天畠 2014b: 14）

このように、筆者は特殊なコミュニケーション方法によって、意思疎通が可能な特定の人々と個別的な関係性を築き、その人々の影響を強く受けながら進路を決めていた。さらに、筆者が「誰と行うか（With who）」を重要視していることがわかるエピソードとして、外出時に「誰と行くか（With who）」が重要となる理由について以下のように述べている。

移動は基本的に電車あるいはバスを利用するのですが、しばし「中野駅」で私にとって面倒くさい厄介事が発生します。中央線や東西線が走る中野駅、この駅には車椅子利用者が改札――ホーム間を行き来するエレベーターがありません。そんなことをつい知らず、あらかじめルートを調べた介助者が得意げに中野駅で乗り換えようとするとき、私はとっさに「止まって！」とサインを送るのです。（中略）中野駅の車椅子対応の状況を知らない介助者は比較的新米の介助者なので、一から十まで言わないとわかりません。エレベーターがないというハード面の問題は大したことではなく、「共通」認識の「共有」

のため、一つ一つ伝えなければならないことこそ、私にとって厄介事なのです。（天畠 2015a: 30）

つまり、筆者にとって重要なことは、ともにいる人といかに時間や情報を「共有」するかである。そして、その共有知識の種類や量によって、筆者はどの人と行動するかを決める。それは外出時だけでなく、通常一人で行う作業でさえ、必然的に他者を介して行なければならないがゆえに、「誰と行うか（With who）」が重要となる。本章のメール調査における通訳者αと通訳者γを比較すると「誰と行うか（With who）」の重要性が見えてくる。すでに分析したように、通訳者αはメール作成時の通訳において、筆者の指示を待つことが多かったが、それは共有知識が乏しく「提案」するための情報が少なかったのだろう。その一方で通訳者γは日頃から筆者の研究に関わっていたため、後藤からのメールに対して「論文の進捗状況を伝えるか?」と「提案」を行った。さらに筆者は「構想発表会」と伝えることで、通訳者γは「構想発表会のお礼を書く」と発展させメールの内容に盛りこんだ。その結果、筆者が通訳者αと書いたメールに比べて、通訳者γと書いたメールは研究内容に関わる情報が増え、より大学関係者に送付するのに適した文面になったといえる。しかし、このように通訳者からの「提案」がなかったとしても、筆者から通訳者αに「論文の進捗状況を伝えよう」と指示を出すこともできたはずである。これには二つの可能性が考えられる。一つは通訳者γの「提案」によって、筆者は「構想発表会のお礼を書こう」と考えるに至った。もう一つは「構想発表会」にともに参加した通訳者γだからこそ、筆者は通訳者γが少ない言葉で「先読み」できると考えて指示を出した。つまり、通訳者αは「構想発表会」に関する共有知識をもってないがゆえに、筆者の指示を完遂できないと考えた可能性がある。どちらにしても、筆者は共有知識の種類や量によって、どの「通訳者」を選ぶかだけでなく、どの「通訳者」と書くかによって、筆者自身の指示内容が変わることがある。つまり、「誰と行うか（With who）」によって「何を書くか（What to do）」が変化するのである。通訳者δの「提案」によって筆者の「店選び」という自己決定が変化したことも同様の例である。

また、この通訳者δの「提案」は別の視点からみれば、筆者の「属性」に配慮した通訳の実態がある、ということもできる。通訳者δは筆者の「大学院生」という属性を理解し、「論文の指導を受ける」という場面に適した店選びの「提案」を行ったのだ。このように、筆者の「通訳者」には、場面に適した通訳・属性を加味した通訳が求められる。そして「属性」に配慮した通訳ができる「通訳者」であるかどうか、という点も「誰と行うか（With who）」に強く影響を及ぼす要素である。

この「誰と行うか（With who）」の問題は、第7章で明らかとなった「通訳者の役割分担」に深く関係する。筆者は論文執筆などによってコミュニケーションが複雑化するなかで、「通訳のルーティン化の困難さ」に直面し、特定の情報を特定の「通訳者」と共有するようになった。そうすることで「研究支援担当」や「移動外出担当」など、場面によって「どの通訳者と行うか」がパターン化され、「通訳者」の役割分担が進んだ。筆者は役割分担を意識するようになって以降、「通訳者」とコミュニケーションをとる際、各々の〝勘所〟をみながら役割を与えるようになった。ここでいう〝勘所〟とは、筆者の少ない言葉でいいたいことを想像して言葉にできる勘の良さである。そして、筆者は安定的な賃金の保障や融通の利く勤務体系の構築などによって、〝勘所〟の良い「通訳者」を持続可能な関係へといざなう。また、研究支援担当の「通訳者」に対しては、転勤や留学で遠隔地へ移動した場合でも、Skypeを用いて支援を継続してもらうなどの方法も採っている。それだけ〝勘所〟と〝持続可能な関係〟が筆者の「通訳者」の大条件なのである。とくに筆者が第三者に意思を伝える際、その内容が複雑化するほど、「通訳者」の察しの良さや、継続的な関係性のなかで培われた共有知識が求められる。たとえばそれは、本調査のように大学関係者とのコンタクトをはじめ、学会での発表や論文執筆などの対外的なアウトプットの場面において重要視される。その結果、第6章でも明らかとなったように、長期的な関係性で結ばれた「通訳者」により依存し、依存先を分散させるどころか、特定の「通訳者」に依存先が偏在化してしまう。つまり、筆者に関する情報の所有量が多いほど、筆者から「通訳者」への「依存の矢印」は太くなるのである。「通訳者」に依存し、その先読みや解釈を積極的に受けいれる「弱い主体」を選ぶ筆者の前には、「何を書くか（What to do）」よりも「誰と行うか（With who）」が切実な問題として立ち現われてくる。筆者は「この人がいなければ何もできない」「この人がいるからこれをしよう」、さらには「『通訳者』がこういっているからこうしよう」と、「通訳者」の影響を強く受けながら、常に自己決定を変容させる可能性をもっている。

3-3　戦略的に選びとられた「弱い主体」

このように筆者にとって「誰と行うか（With who）」が重要であることは明白だが、これは筆者自らが「通訳者」に積極的な介入を求めているからだと考えられる。このことは、介助経験の少ない通訳者α・βのメール作成プロセスから推察される。αは筆者との共有知識がまだ浅いことから、筆者の指示を待つことが多かった。そこで筆者は、既述のように「戦略的誘導」によって「通訳者」へ質問し、通訳者自らが考えて動くように促した。一方でβは読みとりのスキルが低いものの、社会人経験からメール作成に慣れており、筆者が戦略的誘導を行わずとも、通訳者自らが筆者に問いかけながら文面を作成していた。したがって、筆者は受動的な「通訳者」には「戦略的誘導」を行い、能動的な「通訳者」にはあえて何もいわずに通訳者主導の流れを受けいれていた。このように筆者は「通訳者」によって対応を変えているが、その目的は共通している。「通訳者」の「解釈的質問」や「提案」を引き出すためである。文章作成に時間のかかる筆者は、日々のメール作成にかかる時間的労力を省くため、通訳者主導の文章作成を展開する。その証拠に、経験年数の長い通訳者γ・δは筆者の意図により沿いながらも、筆者の「戦略的誘導」がなくても「解釈的質問」や「提案」を行っていた。βも経験が浅いながら積極的に筆者によびかけていたが、読みとりが遅いため、イエス・ノーで答えられる質問が中心だった。それも時間を短縮する解決策のひとつだが、筆者の意図に完全に寄り添うことは難しい。一方でγ・δは、筆者の意図を読みとりながらも、少ない言葉から「解釈的質問」や「提案」を加えることで内容を膨らませ文章にしていた。このように各通訳者は、「あ、か、さ、た、な話法」の読みとりスキル習得だけでなく、筆者による「戦略的誘導」や他者の介入を受けいれる筆者の「弱い主体」を通して、筆者の意図を能動的に解釈し、積極的に提案する通訳を確立していく。

また、本調査で完成した四つのメールを比較すると、作成過程や内容だけでなく、文章の表現方法やいい回しも大きく異なっていることがわかる。これは筆者が「どのように書くか（How to do）」も「通訳者」に委ねる割合が大きいことを表している。筆者の文章作成過程において、「通訳者」は筆者の発する短い言葉から、一般に伝わる文章に書き起こす作業を行っている。その過程では、筆者との共有知識をもとに、前後の文脈や相手方との関係性に適した敬語を用い、文章が組み立てられていく。その後も「あ、か、さ、た、な話法」を用いて細かな文章修正作業はあるが、労力や時間の制約もあり、通訳者毎に異なる表現を受けいれることが多い。ここでも筆者は「通訳者」の裁量を増やし、「通訳者」から言葉を引き出すよう「弱い主体」の姿勢を貫いている。

こうしたコミュニケーション介助（通訳介助）を習得することは、身体介助のように「ここまで習得すれば良い」という明確な目標がない。とくに筆者は「弱い主体」を選び、「通訳者」の言葉を引き出すように働きかけることで、各通訳者が独自の通訳スタイルを確立していく。そのため、「通訳者」は他の「通訳者」の通訳方法を完全に模倣することができない。筆者は各通訳者とのコミュニケーションを通して、それぞれに対するアプローチや共有知識を積みかさねていくことで、筆者にとってその「通訳者」が「この人とでなくてはいけない（With who）」という唯一無二の存在となるのである。

以上、本調査を通して、筆者の自己決定において「誰と行うか（With who）」が大きな影響を与え、またその自己決定スタイルが筆者なりの戦略であることを明らかにした。これらの考察から、「発話困難な重度身体障がい者」が「通訳者」の先読みを許容し協働作業で文章を執筆する際は、「何を書くか（What to do）」「どのように書くか（How to do）」「誰と書くか（With who）」の三つの要素が関係しあって筆者の自己決定が成りたっていること、またそれが筆者の「弱い主体」を「通訳者」に示すという戦略的なアプローチによってなされている実態を示した。これらの実態はこれまでにいわれている自己決定概念からは一線を画すものといえる。

4　まとめ

本章では、「発話困難な重度身体障がい者」である筆者の「自己決定」の内実が、さまざまな「通訳者」

の介入によってどのように変容するかを、メール文作成調査を通して論じてきた。

調査の結果、明らかになったことは、第一に「他者の介入を受けた自己決定」は、筆者による「通訳者」への「戦略的誘導」、「通訳者」から筆者への「解釈的質問」や「提案」などといった、相互行為によって、両者の協働作業が成りたっていた。こうした「解釈的質問」や「提案」を引き出すために筆者は「戦略的誘導」を行っていることがわかった。

第二に、筆者はこの「通訳者」の「先読み」である「解釈的質問」や「提案」を柔軟に受けとることによって、協働作業のなかから自己決定を紡ぎ出していた。筆者の言葉を「通訳者」が読みとる際、その読みとり方によって筆者の言説は変化してくる。またときには時間的コストも考え、その「通訳者」の読みとりや共有知識に合わせ、自分のいいたいことを抑えることもある。その一方で「通訳者」からの「提案」や「解釈的質問」によって、筆者が新たな発見を得られることもある。つまり、「誰と行うか（With who）」が筆者のコミュニケーションにおいて極めて重要となる。

第三に、筆者は「弱い主体」であることを選びとり、「通訳者」による介入をある程度許容して「通訳者」による先読みを促進している。また、各通訳者との共有知識に合わせて、筆者からの伝え方を変えたり「通訳者」からの解釈・提案を引き出す働きかけをしたりするなど、介入を逆手にとるような「通訳者」との関係性の構築を試みてきた。つまり、筆者は「通訳者」への「戦略的誘導」や「通訳者」に自己の「弱い主体」をあえて示す戦略によって、筆者の意図を積極的に解釈し、さらには提案まで行う「通訳者」を育成していた。したがって、筆者の自己決定は、従来の「強い主体」の障がい者像とは異なる「弱い主体」を選びとることで成りたっていた。なお、こうした協働的な介助関係は、筆者のみに該当する事柄ではなく、そもそも介助が障がい者と介助者のアレンジメントによって実践されているという事実からも理解することができる（小倉 1998: 190）。その一方で、介助者による介入が、障がい当事者へのパターナリズムを増強する危険性については検討が必要である。

以上により、「他者の介入を受けた自己決定」には、筆者による「戦略的誘導」と、「通訳者」による「解釈的質問」「提案」の技術が介入し、とくに対外的なアウトプットをする場面において「誰と行うか（With who)」の重要性が増し、筆者は「通訳者」によって「何を行うか（What to do)」が変容する可能性を常にもっていることがわかった。実際に本調査を進めていくと、「通訳者」による介入が「どのように書くか（How to do)」に収まるものなのか、「何を書くか（What to do)」にまで影響を与えているのか、その境界が曖昧であることがわかった。また同時に、「発話困難な重度身体障がい者」である筆者は、「何を書くか（What to do)」「どのように書くか（How to do)」「誰と行うか（With who)」の三つの要素を考慮しながらの自己決定を繰りかえす必要があることがわかった。さらに筆者が論文執筆の際に「弱い主体」を選びとるほど、「誰と行うか（With who)」がもたらす「何を書くか（What to do)」への影響が強くなり、問題化されるだろう。次章では実際の論文執筆場面を分析することで、筆者がいかなる条件・環境において他者の意見をとりいれながら自己決定を行っているのかを示し、「情報生産者」として活動する筆者が抱える問題を明らかにしたい。

■注

1 岡原正幸は障がい者の自己決定を「活動の主目的（「何を食べるのか」、「どこへ行くのか」など、総じて〝What to do〟）」と「選択された主目的を共同作業として達成するときの具体的な仕方や形式、つまり〝How to do〟」の二分法で読み解いた（岡原 2012: 194）。なお、「What to do」、「How to do」の関係については岡原（2012: 194）、前田（2009: 52）に詳しい。

2 前章で詳しく述べているが、ここでのクライアント特化能力とは、筆者との関係性に根ざした、共有知識であったり、話の文脈情報をすぐに理解することのできる経験値であったりを指す。筆者は自伝において「今までの経験では、信頼関係を築くには一にも二にも年月が必要だ」（天畠 2012: 94）と述べているが、時間をかけて積みかさねてきた共有知識の総和が「通訳者」のクライアント特化能力となる。また、個人的能力とは、研究を遂行するうえで必要となる情報収集、記録、思考、アウトプット作成、発表、ディスカッションなどのアカデミックスキルの他に、語彙力やコミュニケーション能力といった、通訳者個人がもともともつ資質であったり能力であったりを指す。

3 文法的には「with whom」という表現もある。

第9章

発話困難な重度身体障がいをもつ大学院生のリアリティ

前章では、「発話困難な重度身体障がい者」である筆者が、社会参加していくにあたって、アウトプットをする場面において、「誰と行うか（With who）」の問題が露呈することが明らかになった。そこでは、どの「通訳者」に通訳を依頼するかによって筆者のアウトプットの変容に差異が生じることが指摘された。こうした問題がより顕著に現れる場面として、筆者の生業ともいえる論文執筆時の過程がある。本章では、筆者と「通訳者」による論文ミーティングの会話録を分析し、筆者がいかなる条件・環境において他者の意見をとりいれながら自己決定を行っているのかを考察する。そこから、筆者が「情報生産者」となる場面における、具体的な方法と自己決定のあり方、またそこに生じるジレンマについて明らかにする。

1　背景と概要——「情報生産者」の実態

1-1　〝水増し〟された能力

前章までで述べてきたように、筆者は二〇一〇年四月から立命館大学大学院先端総合学術研究科の一貫制博士課程に入学し、現在に至るまで若手研究者の一人として、自立生活の傍ら研究活動を行っている。

筆者が大学院に進学した背景には、学部卒業後、社会から孤立し居場所がなくなる不安を抱えていたこと、学部の卒業論文が評価されたことから、研究論文の分野で、自分の能力を試していきたいと考えるようになった点などがある。そして何よりも、障がいとコミュニケーションを研究テーマにすることで、自分のより良いコミュニケーションの方法をみつけることができるのではないかと期待し、大学院進学へと至った。

筆者は大学院生活に対応できるコミュニケーションを獲得するために、障害福祉サービス制度を使って、福祉的マインドをもった先読みのできる「通訳者」を育ててきた。第6章で「通訳者」の育成について詳細に論じてきたが、筆者との共有知識をもち、筆者の意図を察知できる「通訳者」を求めてきた。その結果、筆者は「通訳者」を媒介とした高度なアウトプットが可能となり、より専門分野の論文作成にも対応できるようになっていった。

一方で、前章までで論じてきたように、大きな疑念も生じている。それは、筆者がアウトプットした論文が、「通訳者」の〝サービス精神〟により筆者の能力を超えて作り出されているのではないか、という問題である。渡邉琢は、障がい者の自立生活が自分の意志によってではなく、介助者のサービス精神によって成りたち、「サービスの消費主体」になってしまうことに警鐘を鳴らしている（渡邉 2011: 388）。たとえば、筆者は、文章を執筆する場合、アウトプットが困難なために、単語を出すだけで共有知識が豊富な「通訳者」が筆者の意図を解釈する仕組みに依存している。つまり、それは「通訳者」の〝サービス精神〟に「依存」していることである。

そもそも大学院における論文執筆は、院生の研究能力を高める目的があるという点で教育的である。筆者の論文執筆支援の「通訳者」にインタビューした深田耕一郎の論考によると、筆者の「通訳者」のなかには、筆者の知識や語彙を伸ばす支援のため、論文執筆時に先読みをしないように努めている者もいることを明らかにしている（深田 2017: 107）[1]。しかし、筆者は「通訳者」に先読みを求める。有限の時間のなかで先読みがなければ、長文を書くことは不可能だからだ。そのため、「通訳者」の〝サービス精神〟を要求するのである。その結果、自己本来のもの以上の能力が「通訳者」の先読みによって作り出され、自分の能力が〝水増し〟されたように感じられる。筆者はそこにジレンマを抱いている。

1-2　佐村河内守オーサーシップ問題について

こうした「通訳者」による筆者への過剰サービスの問題を検討していくうえで、第1章でもとりあげた佐村河内オーサーシップ問題から大きな示唆を得ることができる。第1章で論じたように、佐村河内と新垣との間で争われている作品のオーサーシップの問題について、筆者は、自身と「通訳者」との関係のあり方に重ねあわせて衝撃を受けた。

佐村河内側は新垣に対して、楽曲に対するイメージや構想を書いた指示書を出していることから「共作」という形でオーサーシップがあると主張した。一方、新垣の所属事務所は、過去の著作権（財産権）は放棄するが、新垣が作曲した佐村河内名義のすべての器楽作品において、新垣のみが著作者人格権（人格権）を有すると反論している。

筆者と「通訳者」との例に引きよせて考えると、「通訳者」に要旨を伝え、論文を代筆してもらっている筆者にとって、ある論文に対してオーサーシップを決めることは、その論文の思考主体が他の誰でもない「私」だと切り分けるための行為である。しかし、筆者の場合は自己表現をする際に、自己と他者の思考がせめぎあい、重なりあい、最終的には溶けあって線引きができない状況になる。

このように佐村河内が社会的に非難を浴びている様子は、研究の核となる論旨を筆者が構築したのか、「通訳者」が構築したのかが不明瞭である筆者の場合にも通じていた。そのため、筆者自身の論文においても佐村河内のように作品（筆者の場合は論文）の正当性に疑問をもたれてしまうのではないか、という問いをもったのである。

1-3　「筆者であること」を問題点として

以上、ここまで紹介した佐村河内のオーサーシップ問題のように、筆者はどこまでが自分の意見で、どこからが「通訳者」の意見なのかが曖昧になり、自己と他者の境界線が引けなくなっていることに気づいた。限られた時間と空間のなかで、筆者が「通訳者」の〝サービス精神〟に支えられて執筆した論文は、筆者の能力を超えた「〝水増し〟された能力」となってしまっているのだろうか。

星加は、教育場面において、障がい者が公正な能力の評価を受けるためには条件標準化原理[2]にもとづく合理的配慮[3]がなされるべきであるが、それ自体が「本質的な能力」の評価を歪めるものであってはならないと述べている（星加 2016: 93）。

しかし、筆者はこの主張に対して自己の経験から強い違和感を覚えざるを得なかった。なぜなら、筆者のような「本質的な能力」を評価されるためのアウトプットに、介助者の介入が不可避な障がい者は、評価を受ける機会そのものが皆無になってしまうからである。

では筆者は、「自己と他者の思考主体の切り分け難さ」の問題や「〝水増し〟された能力」の問題にどのように対処しているのか。この問題は論文執筆場面において顕著に現れることから、以下では筆者と「通訳者」との論文執筆の実態を分析したい。分析対象として論文執筆場面をとりあげる理由には、筆者と「通訳者」による協働作業によってテキストが変化していく様子がみてとれる点、オーサーシップ問題が顕著に現れる領域であり、分析対象として有効であるといえる点が挙げられる。

筆者の自己決定場面は、他者のレールに乗ってもよいときと、乗るべきでないときとがあり、しかもこの二つの中間をとる場合もあって一概にはいえない。生活場面のコンテクストによって自己決定のありようが大きく異なってくる。たとえば、「通訳者」が筆者の意図をどれだけ汲みとり、どのように表現できるかという場合は、その「通訳者」が何年目で、共有知識がどれだけあり、勘がどれだけいいか、あるいは筆者の意思をどれだけ先読みできるか、その日の「通訳者」の体調がどうか、など、さまざまな条件によって異なってくる。

筆者は、自分の当初の意思を貫くか、「通訳者」の解釈や提案に乗っていくかをてんびんにかけつつ、自己決定し、日常を送っていく。これらの自己決定は、筆者の日常場面のさまざまなコンテクストで条件が変化してくる。筆者の自己決定のありようを微細に分析することは、筆者がどのような条件や環境で「自己と他者の思考の境界線が引けなくなっているのか」「〝水増し〟された能力を感じるのか」を解き明かす一助になると考えられる。

以上のように本章では筆者の自己決定の矛盾がどのようなコンテクストで現れるかを分析することを通して、自己決定のありようを問いなおしていく契機としたい。

1-4 調査概要——筆者と「通訳者」に向けた論文執筆における通訳現場の調査

以上の背景を踏まえて、本章では筆者の論文執筆場面における通訳現場の調査を行った。本調査は、複数の論文専門の「通訳者」によるSkypeでの論文ミーティングの様子を録音し、文字起こしを行ったものである。主に筆者と通訳者間における論文執筆時のコミュニケーションに着目し、考察した。なお、調査Ⅴでの「通訳者」は匿名化し、表記はａ～ｄを使用した。

2 結果——論文執筆のプロセス

2-1 論文執筆の会社的発想——ホーキング博士の事例

物理学者でＡＬＳ当事者のスティーブン・ホーキング（以下、「ホーキング博士」）を研究したエレーヌ・ミアレは、「じつは私が研究していたのは、大きくて複雑な組織だった。（中略）違うのはホーキング博士が個人だという点だ。別の言い方をすれば、私が主張するように、この個人は集団なのである」（Mialet 2012=2014: 333）と述べている。ここでは自己と他者の線引きに結論づけない、チーム、あるいは会社組織的なあり方について示唆されている。

そもそもテキストとは過去に書かれたものの集積である。一度、書かれたテキストの断片を繰りかえし用いたり、つなぎあわせたりすることで、新しいテキストは構成される。そう考えると、その成果物の帰属先は容易にはわからないのが普通である。ホーキング博士でさえ、一度書かれた良質なテキストに依存している。それを使いまわすので、原本がみえない。ホーキング博士の創作の裏側を描いた『ホーキング Inc.』を読めば、下記のとおり、そうした実態が如実に描き出されている。

下書きのプロセスをたどれば、通常は、創作のプロセスの『起源』――すなわち、『作者』――に近づけるはずなのだが、この場合、われわれは鏡の間に迷い込んでしまう。これはたいていの知識人に当てはまることだ。しかし、ホーキングはその度合いが大きい。彼は、すでに実施した講演や以前に発表した論文の全文をくりかえし、コピーし、カット&ペーストするしかないのである。（Mialet 2012=2014: 274）

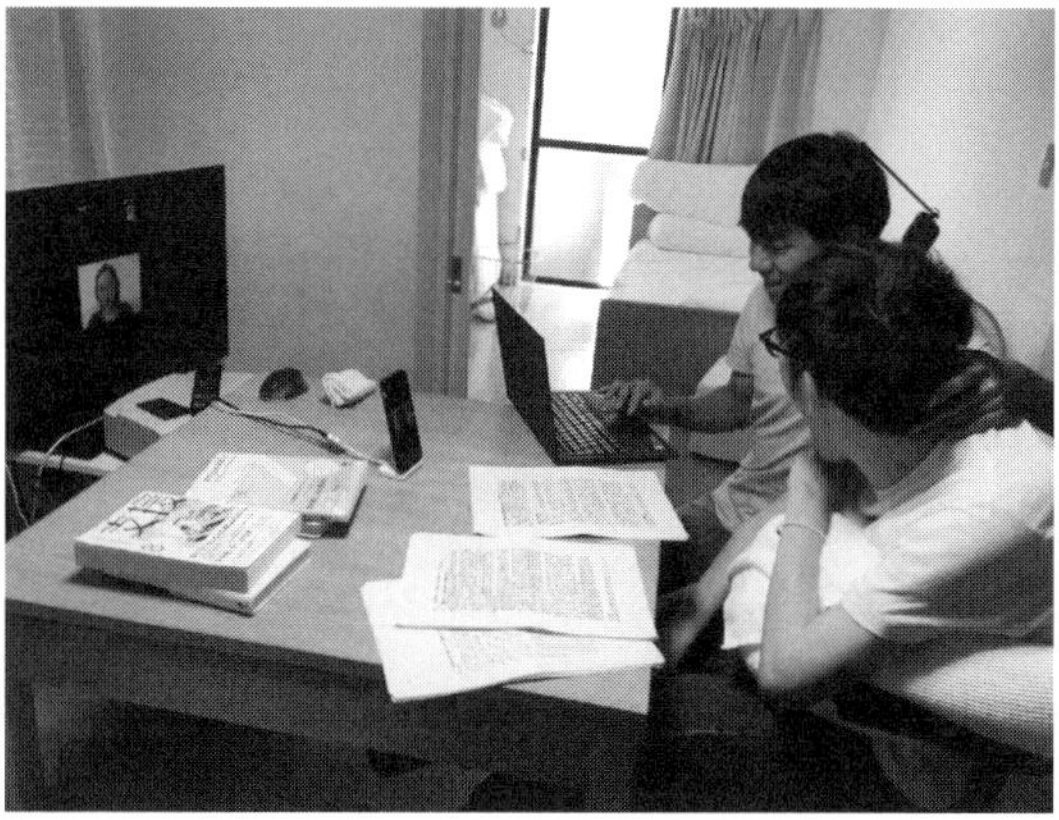

写真４　調査Ｖの様子
（右手前が筆者、右奥ならびに左のテレビ画面に映る２人が「通訳者」）

つまり、ホーキング博士は自分の作成したテキストに依存している。常に既存のテキストを切り貼りすることによって、新たなテキストを作り出しているのである。しかも、複数のアシスタントの手によってテキストが再編集されるため、ホーキング博士が本当に何を考えて何を伝えたいのかがみえにくい。著者が誰だかわからないというオーサーシップ問題が露呈するのである。

しかし、ホーキング博士においては、このことにこそ価値がある。彼の資料に価値があるのは、『唯一無二』だからではなく、一〇〇万回も複製され、引用されたから」(Mialet 2012=2014: 292) なのだ。これは講演会の場合も同じことがいえる。講演会でホーキング博士は、アシスタントを使って、聴衆からの質問をパターン化し、合成音声を用いて、彼が話しているようにみせる。しかし、実際はアシスタントがホーキング博士の発言や過去に執筆した文章などのテキストを選択している。そのように、ホーキング博士のあらゆる活動は、複数のアシスタントとの協働によって生み出されている。だから、ホーキング Inc.(=ホーキング株式会社) なのである。この論理は、ホーキング博士にだけ適用されるものだろうか。

筆者の場合は大学での卒業論文執筆以来、コミュニケーションの内容が複雑化してきた。そのなかで「通訳者」は、とくに論文執筆の場面において、筆者の知識や思考の形跡や道筋を追いかけたり、あるいはさかのぼったりして、その意図を探求する思考実践、つまりは「トレース」作業を行う。そのような、思考実践を通じて、共有知識を積み重ね、そのうえで協働作業によって筆者のアウトプットをサポートするに至っている。

しかし、この筆者と「通訳者」による協働作業は、筆者のアウトプットの質と量を発展させる一方で、どの「通訳者」と協働していくか、つまり「誰と行うか（With who）」の問題によって、筆者のアウトプットの内容が左右されてしまうという苦悩について、前章で明らかにしてきた。この問題について、筆者と「通訳者」がどのように対処しているのか、またその限界は何かを、対処の実践を分析しつつ次節で論じていく。

2-2　文章化前――「共有知識を構築する場」としての論文ミーティング

筆者の論文執筆において重要な時間がある。それは論文執筆支援に関わる「通訳者」が集まる、「論文ミーティング」である。論文ミーティングは、博士論文の執筆支援を中心的に行う「通訳者」と定期的に開いていた「自主ゼミ」のような要素を含んだミーティングである。遠隔地の「通訳者」もSkypeを通して参加する論文ミーティングは、いわば、筆者と「通訳者」との共有知識を統一するための場なのである。フランス留学中の「通訳者」や札幌市在住の「通訳者」もSkypeを利用して参加していた。彼らは博士予備論文の執筆や日本学術振興会特別研究員の申請をともにした「通訳者」であり、論文執筆の重要なキーを握る「通訳者」である。

以下は、二〇一七年五月二六日に実施された論文ミーティングの様子である。今回はミーティングで決まった事項を各通訳者が文章に起こし、再びミーティングで確認をとる流れになっていた。筆者は、以下の事例において、通訳者aやbといった「通訳者」を通して、新たな発見を得ていることがわかる。このときの論文ミーティングでは当事者研究のことが話題になっていた。

筆　者：ふんしようをよんたりかいたりはかうんせりんく。（文章を読んだり書いたりすることはわしにとってカウンセリング。）

（中略）

a：治療とカウンセリングは違うんだ？　違う？　治療は治すのが目的、カウンセリングは悩みに答えること？

b：天畠さんの場合はその書いたり読んだりすることがカウンセリングだから、天畠さんと綾屋さん[4]では使い方が違うってことですか？

筆　者：そうしやない。（そうじゃない。）

a：カウンセリングって受容するってことなのかな。障がい受容の一環。治療っていうのはちがうの？　医療？

b：でもそうでもないですよね、綾屋さんたちのとか。

a：自分を認められるためにやってるってことかな。

b：自分のことを徹底的に客観的に知るっていうか、そういう感じじゃないですか？　なんかあります？

筆　者：そうやて（そうやで。）

a：自分のことを徹底的に客観的に知る。俺もそうだ、わしもそうだってこと？　同じってこと？でいいのかな？　そういういい方すれば同じ。

b：え、同じってことですか？

筆　者：そう。
ａ　：でも治療っていわないでカウンセリング、自分の場合はカウンセリングのほうがいい？
筆　者：そう。
ａ　：はい[5]。

上記の会話では、主にａとｂが筆者に対して、筆者との共有知識や自身の語彙力・知識といった個別的能力をもとに、さまざまな角度から筆者の意図を読みとろうとしている。まず筆者が「当事者研究はカウンセリングだ」という自分の考えを「通訳者」に共有するために言葉を発する。次にａが筆者の意図を推察した質問を投げかけた後に、ｂが発達障がいの当事者である綾屋らの当事者研究を引きあいに出し、「自分のことを徹底的に客観的に知ること」が当事者研究であるという意見を述べた。それに対して筆者は「そうやで」と同意しているが、実際は筆者が考えつかなかった当事者研究に関する新たな言説を得ていた。筆者は「当事者研究とは自分の言葉を獲得する営み」と捉えていたが、そのためには「自分のことを徹底的かつ客観的に知ること」が重要であることに気づかされた。これは「通訳者」が筆者の意図を読みとる過程の「副産物」として得られた新たな見解である。さらに筆者は、これをきっかけにこの論文ミーティングそのものも当事者研究の一環であることをみいだした。

この場面では、筆者の発した言葉からその意図を正確に理解しようと、「通訳者」たちが解釈を積極的に投げかけ、それが筆者の思考と合っているかを確かめていく過程と、その過程で「通訳者」からの投げかけをきっかけに筆者の思考のなかで知識と知識が結合し、自分の思考を表現する新たな言説を得る過程の両方が現れている。後者は筆者が思いつかないようなアイデアを「通訳者」が提案してくれるという「思わぬメリット」である。また、「通訳者」はこのようにミーティングを通して筆者の思考を言語化するための共有知識を蓄積していくのである。

筆者にとって論文を書くことは、文章を書きながら、自分の意見を確認し、ときには人の意見に左右されたり、ときには道筋を指し示したりしながら、おぼろげな結論へと向かっていく思考実験である。そのため、調査内容の会話で言及しているように、筆者にとって論文ミーティングは当事者研究という手法を通し、「通訳者」とともに自己を徹底的かつ客観的に分析することで、自分自身をみつめ直す「カウンセリング」であるともいえる。

以上のように、論文執筆において新たな知識や言説は、筆者と「通訳者」それぞれが提案したり、引き出したりする相互行為によって共有化されている。そのため、論文ミーティングは「チーム」として実践されているのであり、論文執筆はこのチームを「単位」にしているのである。

ところで、これら筆者の意図を読みとることや提案ができることは、後述する「それ、書いておいて」と筆者から指示されたときに、実際に作業を行うための下地になると考えられる。では、次にその「それ、書いておいて」が何を意味するものであるのかを詳しくみていきたい。

2-3　文章化プロセス——「それ、書いておいて」という執筆技法

博士論文執筆の際、筆者がしばしば「通訳者」に対して指示する言葉があった。それは「それ、書いておいて」である。一字一句筆者が論文内容をすべて「通訳者」に指示することは困難である。膨大な時間と労

力がかかるという点だけではない。「通訳者」が自分の生活のなかで筆者の介助に充てられる時間は有限である。そのため、筆者にとってとくに論文執筆担当の「通訳者」との時間は、とても貴重となる。そのため「通訳者」との時間を使って論文を執筆する際には、「それ、書いておいて」と指示することで、執筆活動を効率化しているのである。ここでいう執筆活動の効率化とは、文字に残すということで、複数の「通訳者」と執筆活動を行う筆者にとって、いちいち一人ひとりに「あ、か、さ、た、な話法」で言葉に出さなくてもよくなるということである。発話困難な筆者にとってはそのことこそが重要なのだ。

「それ、書いておいて」という言葉は、筆者の頭のなかで浮かんでは消えていくアイデアを文字化し、論文ミーティングを経て「通訳者」らとの深い議論により、より精緻化されたテキストを記録しておける執筆技法なのである。たとえば、筆者は遠隔地にいる論文執筆担当の「通訳者」と、LINEのグループチャット機能やSkypeを用いてコミュニケーションをとっている。その際に、筆者のアイデアを「通訳者」たちに投げかけ、そこからアイデアを膨らませていくことがある。以下では、そのプロセスを具体的に参照する。

以下に示すのは、二〇一七年二月七日の論文ミーティングでの会話である。この会話には、筆者を中心にして通訳者a、b、cが参加している。aとcは遠隔地におり、bは筆者の隣で筆者の通訳をしていた。このときも筆者の「それ、書いておいて」という指示をきっかけにして「通訳者」が論文のアイデアを膨らませていった。以下では、そのプロセスを具体的に参照しよう。はじめに、このミーティングの前日筆者からaにLINEで指示とともに資料データの送付を行った。資料は、星加（2016）の『合理的配慮――対話を開く、対話が拓く』での、合理的配慮を扱った「3．本質的な能力とは何か」の章全体を抜粋したものである[6]。ただし、論旨に関わる指示は、介助者[7]の先読みはさせず、一字一句読みとった[8]。

筆　者：こんばんは。合理的配慮と介助論は相反する。つまり合理的配慮とは障がい者自身の真の能力の探求ではないか。介助論とはニーズ先行のこと。

ａ　：なるほど〜、合理的配慮をもう少し教えてください。

筆　者：介助論寄りの論文にしたいです。（中略）つまり水増しされた能力のところで使いたいのです。教育は死ぬまで、本人のものだけど、介助は関係性重視だよね。（ここでLINEに資料データを送付）

ａ　：確認します[9]。

以上がLINEでの筆者と「通訳者」との会話である。ａは、この会話と添付していた合理的配慮に関する資料をもとに文章を作成した。それが以下である。

これに対して筆者は、合理的配慮と介助論は相反すると考える。合理的配慮の考え方に即してみれば、上記の「水増しされた自己」とは、「本質的な能力」を底上げしているに過ぎず、筆者の公正な能力を評価するものとして認められないかもしれない。しかし、それでは筆者のような「本質的な能力」に介助者が介入する障がい者は能力主義社会から取りこぼされてしまう。介助とはニーズ先行でかつ関係性重視であるから、合理的配慮とは同調しない。ゆえに、今まで語られてこなかった多様な「本質的な能力」のあり方を示す介助論が必要なのではないだろうか。

（論文ミーティング前にメールで送付）

以上がａの作成した文章である。筆者のアイデアをａは一つの文章につなぎあわせているだけではなく、「〝水増し〟された自己」というキーワードをもとに、ａが筆者との論文執筆支援において蓄積された共有知識を活用して文章に活かしている。

上記の文章を筆者と「通訳者」の間でさらに発展させていったのが、以下に引用する論文ミーティングでの筆者と「通訳者」とのやりとりである。ここからは文章の発展のプロセスがより明確にわかるように、段階にわけて引用する。

①疑問の発生

ａ：文章に対するコメントで、「ここらへんよくわかりません」っていう一文があるんだけど、これ教えてもらっていいかな。『介助とはニーズ先行でかつ関係性重視であるから、合理的配慮とは同調しない』っていう一文に対するコメントなんだけど。

ｂ：えっ、なんかその、合理的配慮っていうのは、その条件標準化原理だから、あの～。

ａ：特別扱いにならないように……。ここまではわかるんだよね。底上げされてて、大輔みたいな、その本質的な能力が測れない障がい者は、市場から疎外される、ってところまではわかるの。介助は、市場の原理には乗っからない？　いや、乗っかるよね。介助は……。わかった？　この、なんていえばいいの。あ、でもこれさ、この一文書いてあってみんなはさ、普通にスルーできる感じ？　これわかってないから大輔の言葉に何も乗せられないで書いたんだけど。

ｃ：なんで同調しないのかはなんともよくわかんない。本読んでない。

a：ちょっと本読んでてもわかんないんだよね。

b：同調しない。

a：同調しないっていうのはあの、本には書いてないよ。ここは、こんな感じかなと思って書いた言葉。

筆　者：のうりよくしゆきをひていへるはあののうりよくにさゆう。（能力主義を否定する。でもヘルパーの能力に左右される。）[10]

以上は文章作成プロセスの第一段階であり、「疑問の発生」の段階である。この段階ではまずbが、aの作成した文章に対して「よくわかりません」というコメントをしたのに対して、aは筆者の真意を深く理解できていなかったことから、「合理的配慮に同調しない」という文章に対して自信がないことを吐露している。第一段階では、このaの文章をいかに修正していくか、という場面から議論が始まっている。そのうえで筆者から、筆者自身のアウトプットの質が「通訳者」の能力に左右される問題が提示されている。

次に第二段階に移る。ここでは〝水増し〟された自己に関する議論に発展しているが、この第二段階では「議論による認識の共有」が行われる。

②議論による認識の共有

c：ここで大輔さんがいいたいのは、大輔さんの場合は本質的な能力とは認められない、介助者によって水増しされた自己だから本質的な能力とは認められない可能性がある。ヘルパーの能力との相互作用でできている能力っていうのも考慮されなければならない。

筆　者：かいしよとはきもちのよいもの。（介助とはそもそも気持ちのよいものである。）

a　：能力主義の考え方にそぐわないってこと？（中略）でも論文執筆支援は大輔の能力をちゃんと出してもらうための支援をしているような気もするんだけど……。もちろん心地良くやりたいっていうのは双方にあるけど。

c　：だから関係性重視っていうことでしょ。（中略）どうしても関係性を重視してしまうから。

a　：それが心地良いっていうことね。

筆　者：そう。

c　：関係性を築こうと思うとどうしても心地良いものをめざしてしまうから、合理的配慮から外れてしまうから……。

a　：なあなあな関係になってしまうってこと？

c　：大輔さんの場合は水増しされた自己っていうのが一つの例っていうことでしょ。

a　：大輔の方で妥協して水増ししちゃったり？　こっちのほうもなあなあになっちゃったり？　やりすぎちゃったりとか。関係性があるから合理的配慮の考え方にはそぐわない。

c　：障がいの有無にかかわらず、同等の機会を教育とか就労に関して与えるから、障がい者が能力がなくて大学に行けなかったり、就労できなかったりするのはしょうがない。それは障がいの有無に関係なく、その人の本質的な能力をみようとするもの。大輔さんみたいな発話困難な人たちは、本質的な能力としては認められない。だから能力主義社会からとりこぼされてしまう。

a：そこまではわかるの！　その次[11]。

以上が「議論による認識の共有」の段階である。ここでは、「〝水増し〟された自己」に関して、cから、前段の筆者の発言を解釈して説明がなされている。筆者と「通訳者」が円滑な関係性を重視していることを提起しており、aの理解促進につながっている。また、aがcに質問していく形で認識を深めている。

次に、第三段階では「主張の明確化」が行われる。

③主張の明確化

c：介助っていうのは、ニーズ先行っていうのは、大輔さんのニーズに介助者ができるだけ応えるっていう。そこにお互いが良い関係であり続けようとする関係性重視の考え方があるから、そういうときに支援の枠を超えてしまう、境界線が曖昧になってしまうところがある。そうすると結局本質的な能力っていうのが、介助者の介入によって変容してしまうことがあるから、それが多分合理的配慮の考え方にそぐわない。でもちょっと難しいですね。

b：私はわかってないです！　だって天畠さんは能力主義を完璧に否定しているわけではないんですよね。だから……。

c：大輔さんがいっているのは介助者の能力がどう関係しているかっていうことでしょ。そういうときに介助者の能力っていうのをどう捉えるのかっていう。能力主義を否定するわけではないんでしょ。

a：介助は大輔のニーズが先行して、かつお互いが良い関係であり続けようとする関係性重視だから合理的配慮と同調しない……。もう一個あったね。支援の枠を超えてしまうことがある。

c：合理的配慮は本質的な能力を大切にしている。

a：支援の枠を超えてしまうと本来の能力をみることができない。だから同調しない？

筆者：きょういくのわくをはすしてしまう。（教育の枠を外してしまう。）

a：星加先生は教育と就労を分けて考えているんですよね。合理的配慮をすることでみんな同じ土俵に上がることができる、そこで一旦終わる。就労も基本的には同じ考え方だけど、市場の原理みたいのが入るから本質的な能力っていうのの捉え方がちょっと違ってくる。そういうことをいいたかった？　教育と就労は違うよっていいたかった？

筆者：そう。

a：「本質的」という言葉の意味が違うんだよね。どう違うかっていうと……？　なんか報告書を作るっていうところまでが本質的で、障がいがあっても、それをコピーしてみんなに渡すことはスタッフに任せてもいいいんじゃない、みたいな？　それは付属するものって考えたい？　それにガイドラインがあるわけじゃなくって、それぞれの介助の事情による。一応アメリカのADAの説明はとってるけど。

b：たとえば（中略）天畠さんが書けるように一字一句何年かかってでも、っていう話で、何年かかってでも天畠さんが選んだ言葉で一字一句書いていくっていうのは合理的配慮といえるんですか？　たとえば試験時間を長くしたりとかと一緒で、アウトプットの機会を整えますよっていう形で一字一句全部聞くっていうのは合理的配慮っていえるんですかね？

a：それなら、博士論文を出すのも一〇年にしてくださいっていうのが合理的配慮かな。

c：それが本当に合理的配慮なのかっていうことでしょ。

b：そういう話とここの文章ってつながってくるんですかね[12]。

第三段階の「主張の明確化」ではbが、筆者が能力主義を否定していないという点を指摘する形でaとcの会話に入っている。cからは、「通訳者」との関係性重視で介助がなされていることから、筆者の本質的能力と「通訳者」の介入が切り離せなくなっていることが指摘されている。その点で、合理的配慮が前提としている本質的能力と「通訳者」の介入を切り離せない筆者の能力が相反していることが整理され、主張が明確化されている。この間、筆者は、一言二言意見を出しているものの、通訳者間で議論が発展していくのを見守っている。

以上の論文ミーティングでの議論を受けて、aは先ほどの文章に修正を加えた。それが以下の文章である。傍線の箇所が修正された文章である。

④主張の確定

これに対して筆者は、合理的配慮が想定する「本質的な能力」と介助論は相反すると考える。合理的配慮の考え方に即してみれば、上記の「水増しされた自己」とは、「本質的な能力」を底上げしているに過ぎず、筆者の能力を公正に評価するものとして認められないかもしれない。しかし，それでは筆者のような「本質的な能力」に介助者が介入する障がい者は能力主義社会から取りこぼされてしまう。介助とは当事者からのニーズ先行で、かつ双方が良い関係性であり続けようとする関係性重視のものであるから、しばしば支援の枠を超えてしまうことがある。支援の枠を超えた介助とは、合理的配慮が想定する「本質的な能力」の変容に影響することがあるため、介助論とは同調しない。ゆえに、今まで語られてこなかった多様な「能力」のあり方を示す介助論が必要なのではないだろうか。

筆　者：いい。（いいです！）

a　：ここの部分はこれでいいの？「ゆえに今まで語られてこなかった多様な本質的な能力のあり方を示す介助論が必要なのではないか」

c　：「あり方」より「捉え方」じゃないですかね。能力に本質性を求めていることが問題なんですよね。能力の捉え方なんですかね。

a　：あー。能力だったらいいんだもんね。

（中略）

c　：能力の捉え方。本質的な能力があることは認めるけど、それだけで評価するかどうか。

a　：本質……、大輔の本当にいいたいこと、あるんだったらいってよーってならないかな。そんな長い文章はいえないか。

c：それだったらやっぱり一文字一文字やることになる。逆に「他者性が含まれた自己決定」[13]を認めることが大輔さんにとって平等な社会参加である、大輔さんはそう捉えたいと。

a：「他者性が含まれた自己決定」を認めることが上に書いてある、「公正な能力を評価するための条件・標準化原理にのっとること」にしたい。そういう合理的配慮をしてよ、ってことかな。「他者性が含まれた自己決定」を認めるっていうのは合理的配慮。

c：合理的配慮っていう言葉を使わないほうがいいかもしれない。

a：合理的じゃない？

c：大輔さんがどう考えてるか……。多分合理的配慮って社会的に重要なキーワードになっているから、安易にそれが合理的配慮だって主張するのはかなり難しいっていうか。

a：なんとなくわかりました。じゃあここはいいかな。重要な感じだからまた出てきそうだね。書いてみます[14]。

これに対して筆者は、合理的配慮の条件標準化原理と筆者の求める介助スタイルは相反すると考えている。合理的配慮の考え方に即してみれば、筆者の介助スタイルは「本質的な能力」を不当に「水増し」していると受け取られかねず、筆者の能力を公正に評価するものとしては認められないかもしれない。しかし、それでは筆者のような「本質的な能力」に介助者が介入する障がい者は、正当に能力が評価されず、大学院に行くこともできない。その結果、能力社会から取りこぼされてしまう。

最後の第四段階では、aから再度修正された文章が提示され、aとcが意見を述べ、上記のように最終的に文章を完成させている。

「通訳者」が議論を重ねることで、筋道が整っていき、主張が確定されている。また同時に、この文章作成のプロセスからは、筆者が「通訳者」に頼っている姿が浮き彫りになった。どのような文章ができあがるかは、「通訳者」の解釈に依存しているのである。

以上、「それ、書いておいて」という指示をきっかけにして、筆者の論文ができあがっていく様子を四つの段階に分けて引用した。第一段階の「疑問の発生」、第二段階の「議論による認識の共有」、第三段階の「主張の明確化」、第四段階の「主張の確定」である。

この「それ、書いておいて」をきっかけにした論文執筆においては、筆者は、「通訳者」三人から「この議論の方向性で合っているのか？」と質問された際に発言しているのみで、具体的な文章に関する検討では、通訳者三人が議論している。さらに「通訳者」三人のなかでもcは、自分の知識から、能力主義についての問題点を提示している点で主体的な議論の関わり方がみてとれる。

筆者は、通訳者同士で議論されて出てきたアイデアに対して、文章化するように誘導し、文章自体をブラッシュアップしている。「それ、書いておいて」という技法は、論文の論旨を明確化させる作用がある。以上が筆者による「通訳者」への「それ、書いておいて」の具体的なプロセスである。

また、さらに「通訳者」が筆者に対して自分の意見を述べたり、筆者の考えに異議を唱えたりする場合がある。次に、こうした論文執筆における「通訳者」の積極的な介入についてみていこう。

2-4　文章化後推敲――「もの言う介助者」としての「通訳者」

かつて障がい者介助の領域では、介助者は障がい者の手足に徹するべきである、つまり行為を遂行するための手段であるべきという介助者手足論が頻繁に語られた。しかし、実際の「介助現場のリアリティ」はそう単純なものではない。自身も介助者であった前田によれば「介助者は障害者の措定した行為目的を実現するための手段として存在するとされてきたが、手段であることによって、目的の設定に少なからず影響を与え、介入してしまうことは避けられない」という。前田は、そのように指摘して「介助者は障害者という『人間』と『世界』を媒介する透明なメディアなのではなく、〝具体的な身体を携えた不透明なメディア〟なのだ」と述べている（前田 2009: 83）。つまり、介助者は自分の意思や考えをもって介助の現場に介入する存在なのである[15]。

論文執筆においては、「通訳」という場面でこうした介助者による積極的な介入が顕著に現れる。ここでは、論文執筆に介入する「通訳者」の役割を「もの言う介助者」[16]と位置づけ、詳細に検討する。

以下は二〇一七年六月二三日に実施された論文ミーティングの様子である。この場面は、通訳者cが論文の結論部分をめぐって、筆者と、どのような内容を盛りこむか議論している。cはこの論文の執筆担当であり、dは筆者の隣で通訳していた者である。この論文ミーティングの数日前に、筆者は、論文で用いる新たな概念として「共有知識」を用いたいとLINEを通じてcに指示をしていた。このことにcが意見している場面である。

c　：大輔さん、共有知識の三本目の論文のほう、使ってほしいの？　いまいちよくわかんなくて。

共通認識じゃなくて共有知識がいいって。

筆　者：きようつうにんしきたとしかくほい。（共通認識だと視覚っぽい。）

c　：そんなことないと思うけどなあ。共通認識は共通理解ってことだから視覚情報が中心の言葉じゃない。全部共有知識に変えるの？　それなら多少説明しなきゃいけないんじゃ。共有知識って普段使います？　文脈情報の共有を共有知識に変えるの？

筆　者：そう。

（中略）

c　：多分本当は、細かいことをいえば、大輔さんの表情とか、ノンバーバルな意味でのコンテクスト共有とか、大輔さんの言葉とは関係なく、たとえばあの世代、ジェネレーションギャップを感じないとか、そういう共有知識もあるじゃないですか。でもそういうことは、この論文ではもう一切書かなくてよくて、大輔さんの使う言葉に限定した共有知識って感じで書けばいいのかな。そんな感じでいいんですかね？

d　：そんなんでいいの？　ある？

筆　者：けつろんがふくらむかな。（結論が膨らむかなあ？）

d　：どうですか～？　ってことですか？

c　：膨らむんじゃないですか。ん？　膨らませてほしいってこと？

d　：話が変わっちゃうんじゃないかってやつですか。元あった結論と話が変わってきちゃうかっていう意味ですか？　あ、そういう意味？

筆　者：うん。

c　：いやだから、さっきいったように限定すれば変わんないんじゃないんですか。大輔さんが使う言葉・文脈、の共有、っていう意味での共有知識っていうふうに書けば。ただ注で収まるかはちょっとよくわかんないけど。ちょっと考えてみないと。実際に文章を。そこはちょっと来週までにやりますけど。そんな感じで、じゃあ、来週までに一回やってみます[17]。

ここでは、筆者が今まで論文に使用していた「共通認識」という用語ではなく、「共有知識」に変更することを執筆担当のcに「共有知識使って」と指示した際、cがその用語の変更が本当に正しいのか、筆者に疑問を投げかけている。cは筆者が「共通認識」ではなく「共有知識」に用語を変更することに対して、「共有知識」が一般的に使われる用語ではないとして、判断を保留している。このように筆者とcの関係性は、指示をする―執筆介助という関係性ではなく、共著者同士の議論の関係になっていると見受けられる。このように、「通訳者」はただ筆者の手足となっているだけではなく、「もの言う介助者」としての役割が期待されているのである。

従来の介助者手足論では、介助者が障がい者に「頭は貸さずに手足を貸す」、つまりは障がい者の手足となることで健常者からのパターナリズムを防ぐことが非常に重要なこととして考えられている（山下 2008: 102）。つまり、障がい者の言動に対して介助者の口出しは原則許されていないのである。一方筆者の論文執筆の過程では、筆者の思考をより適切な言語で表現するために「もの言う介助者」としてのあり方が許容されているといえる。筆者は自己の思考を言語化する際に、自分の頭のなかのみで考えなくてはならず、話しながら文章の展開を考えることや、テキストにして自分で見返し修正することができない。そのため、「もの言う介助者」に筆者の発する短い言葉や共有知識をもとに、筆者のなかにある、まだ言語化されていない思考を引き出し、言葉に落とし込むための働きかけをむしろ積極的に期待しているのである。

このように、筆者は「もの言う介助者」に対して、筆者が自己決定しやすいように情報を提示し、場合によっては「それは違うのではないか」と介入する役割も期待している。またこの役割は、先述した「それ、書いておいて」の執筆技法における、すべてのステップにおいても求められているといえる。

3　考察――「情報生産者」における「通訳者」への「依存」とそこに生じるジレンマ

前節では、論文執筆における論文ミーティングの重要性と「それ、書いておいて」の技法、さらに「通訳者」の「もの言う介助者」という役割について、そのプロセスを具体的に確認した。そこでは、筆者が「通訳者」と文章を「協働構築[18]」している実態が明らかになった。こうした筆者特有の論文執筆方法は、筆者と論文執筆支援担当の「通訳者」とのある特殊な関係性の上に成りたっているといえる。それは、第6章でも論じた「依存」の関係である。豊富な共有知識をもつ「通訳者」がいるからこそ、筆者の論文執筆は初めて可能になるといえる。一方、この「通訳者」への「依存」の上に成りたつ執筆技法は、結果として複数のジレンマを生むことになる。ここからはそうした「依存」とジレンマという点について注目して考察していく。

3-1 「情報生産者」における「依存」の実態

●「専門性」の高い「通訳者」への「依存」

論文ミーティングを分析するなかで明らかになったのは、論文執筆担当の二人の「通訳者」の専門性の高さである。第7章で述べたように筆者の「通訳者」の専門性は「クライアント特化能力」と「個人的能力」で成りたっている。論文執筆支援担当の「通訳者」はともに大学院レベルの論文執筆の経験があり、学術的な基礎知識があるといえる。さらに、筆者との付きあいはともに一〇年以上と、筆者の研究支援に長く関わっているため他の「通訳者」と比べて、筆者の研究に関する共有知識が極めて豊富である。本章でとりあげたミーティングの様子をみても、筆者の少ない言葉から筆者の考えや意図を正確に「想像」して、文章を協働構築してくれる。ゆえに、筆者は論文執筆において、この通訳者らに依存してしまうのである。

このように、「情報生産者」と「依存」は親和的であり、切っても切れない関係にあるといえる。それは研究者を志し、「情報生産者」であろうとする欲求を満たすには特定の「通訳者」に依存せざるを得ないためである。ここでは前章で述べた「誰と行うか（With who）」の重要性が再び鮮明に現れてくる。前章では、メール作成場面における調査をもとに発話困難な重度身体障がいを抱える筆者にとって、「何を書くか（What to do）」より「誰と行うか（With who）」が先行することがあると述べた。「情報生産者」となる場面というのは、その実態が顕著に現れるシーンといえるだろう。たとえば筆者が「障がい者の自己決定」について論文を書きたいとしても、「通訳者」が論文執筆の基礎知識を何ももっていなければ、論文を書くことは難しい。これに加えて筆者の考え方を理解し共有し、協働構築することが必要である。このように筆者のコミュニケーションのアウトプットは「通訳者」の力量に左右される。筆者と「通訳者」の関係性では、質の高い論文を期限に間に合わせるために、一字一句指示を出さずとも筆者の意図を読みとり文章を先読みすることのできる特定の「通訳者」に任せることは都合が良い。特定の「通訳者」に依存することでコミュニケーションや作業が円滑に進むため、彼らの負担が重くなる一方で、「依存」を解消することは難しいという状況が生まれている。

このような「依存」の困難さについて、ALS患者を介助者の視点から研究している長谷川唯は、次のように指摘している（長谷川 2016）。ALS患者とその介助者の関係性を調査した長谷川の研究において、石島と同様にALS当事者にとって自己決定そのものが負担となってしまっている状況がある。筆者のような発話困難な重度身体障がいをもつ当事者にとっては、介助者を増やすほどに当事者本人に負担が集中してしまい、一方で自己決定を重視しようとすれば指示出しの負担が大きくなりすぎ、自立生活そのものが立ちゆかなくなってしまうという、葛藤が生じてしまうともいえる。

ここでの葛藤を、筆者の例に引きよせていえば、一つ一つ自己決定をしなければならないという負担は、「自らのコミュニケーションが困難になってしまう」ことも意味する。そこで特定の「通訳者」に依存すると、筆者の負担の軽減にはなるが、その「通訳者」が抜けてしまえば、日常生活が立ちゆかなくなるというリスクも生じる。この板挟みに苛まれているのである。さらに、「情報生産者」であろうとする場合にはこの問題はより鮮明に現れる。長い時間をかけて専門性の高い「通訳者」を育て、生産活動を支援してもらっていても、その活動が高度であればあるほどその「通訳者」がいなくなれば、たちまち生産活動も停滞してしまう危険をはらんでいる。

この「通訳者」への依存の状態は「酔いと醒め」の状態にもいいかえることができる。「酔い」は、飲酒による酩酊を意味する場合が多く、「酔い」は異常な状態で、「醒め」が通常の状態であると考えられがちだが、実際は異なる。この「酔いと醒め」の関係について文化人類学や精神医学などの研究者であるGregory Batesonは、アルコホリックの文脈で以下のように述べている。

〈醒め〉のありかたが、飲酒へと彼を追いやるのだとしたら、その〈醒め〉には、なにかしらのエラー（病と呼んでもいい）が含まれるはずだ。そのエラーを、〈酔い〉が、少なくとも主観的な意味で「修正」しているはずである。つまり間違っているのは彼の〈醒め〉の方であり、〈酔い〉の方は、ある意味で〝正しい〟ということになる。（Bateson 1972=2000: 423）

ここでBatesonは、「醒め」の状態こそが、本人にとって受けいれがたい事実と向きあわなければならない「異常」な状況であり、そこから脱するために「酔う」のだと述べている。世間の狂った前提への反抗として飲酒に走るのではなく、世間によってつねに強化され続けている自分自身の狂った前提からの脱出を求めて飲酒に走る。この違いが重要なのだと論じている（Bateson 1972=2000: 423）。

この酔いを筆者の例に引きよせれば、コミュニケーションのアウトプットに多大な時間を要する自分の障がいそのものが、「異常な」状態であって、その状態から脱するために、自らを酔わせてくれる「通訳者」に依存していくのだといえる。また「情報生産者」として社会で活動したいと考える欲求も、「異常な」状態である現時点の自分から脱していきたいという思いが源泉にあるといえるだろう。つまり「通訳者」アシストに依存している状態が、自分にとっての「正常な状態」であるからこそ、自分の「情報生産者」であろうとする欲求を満たしてくれる特定の「通訳者」への過度な依存から抜け出せないのである。こうしたコミュニケーションが困難な自己と、そこから抜け出すために「通訳者」に依存する自己を対象化し、闘う筆者の像が浮かんでくる。

●「依存」を深める「自己と他者の思考主体の切り分け難さ」

さらに問題になるのが、筆者本人と「通訳者」という他者との思考主体の切り分け難さである。筆者は自己承認の獲得と自己実現の達成のため、「情報生産者」として研究論文やエッセイなど自己の考えを社会に発信する方法を採っている。そうした筆者独自の考えを文章化する場面において、「通訳者」は筆者本人の背景知識や研究に関わる基礎知識を有し、さらにともに文章を書くうちに両者で共有された知識をより多くもつ必要がある。それらの知識をフル活用することによって、筆者は「通訳者」との協働作業によって質の高い文章を比較的スピーディーに書くことができる。その一方で、それは筆者の自己決定における「通訳者」の介入の深度が一層増すことも意味し、筆者は独自の考えを表出しようとしているにもかかわらず、「自己の意思なのか他者の意思なのか」という葛藤に苛まれることになる。

この障がいをもつ当事者とそれを支援する者の間で生じる「思考主体の切り分け難さ」は、障がい者側だけの問題ではなく、介助者側もどこまでやるかという線引きに葛藤を抱えている。障がい者側がどこまで介助者の先読みに委託するかという問題について、熊谷は障がい者自身がその線引きを決定することを想定していると指摘した（熊谷 2013）。一方で、石島はそれに対し、ＡＬＳ患者の介助を例に、介助者側がその線引きを微調整する実態を明らかにしている。石島によれば、「障害者がどこまで決定し指示を出すのかという範囲が、介助者の独自の思考によって、障害者との話しあいを経由せずに変化する可能性に常に開かれている」（石島 2016: 42）というのである。これは「従来の障害者運動で警戒されているような、介助者のパターナリズムによって障害者の決定したい領域が侵犯される」事態とは反対に、「介助者にゆだねたい範囲まで障害者が決定をしなければならなくなる」という新たな問題を浮き彫りにする（石島 2016: 42）。つまり、障がい者が介助者に対して一定の自律的行為を認める際に、その行為が可能な範囲を障がい者があらかじめ細かく設定することは現実的ではない。ある程度の範囲を障がい者側が設定することはあっても、介助者に自律的な行為が求められている以上、その独自の考えが「委ねたい範囲」にも影響を及ぼすことは想像に難くない。このように介助者の自律的な介助行為は、障がい者による指示だけでなく、介助者の意思によっても修正され得る。それは、障がい者にとって介助者という他者の存在を完全にコントロールすることが不可能なことを意味する。これは筆者が本研究で議論してきた「他者の介入を受けた自己決定」が、障がい者の思惑を超えてなされる可能性とその問題を表している。

ここでさらに注目したいのは、石島が述べるようにこれまでの当事者・介助者の関係性は基本的に「横並び」であるが、筆者は「情報生産者」として活動する場面において、「通訳者」に「後ろから背中を押す」役割を期待している点で異なることである。筆者は自身の考えを少ない言葉で伝え、それを「通訳者」の想像や解釈によって文章化し、また微調整し、一般に伝わりやすい形に作りあげている。この過程では、「自分の言葉にこだわる」こともあるが、同じように「思わぬメリット」や「通訳者」の解釈など、協働構築の際に生まれる言葉を大切にしたいと考えている。それは「通訳者」の積極的な介入があるからこそ生まれるものであり、ときに筆者にとっては「追い風」の様に感じられるものである。しかし、当然こうした関係は余計に自己と他者の思考を切り分け難くしており、依存を深める一因であるといえる。

3-2 「それ、書いておいて」の論文執筆技法から発生する三つのジレンマ

次に、そうした「通訳者」への「依存」によって成りたっている論文執筆技法がどのようなジレンマを生み出しているかについて述べる。筆者のジレンマには三つの分類がある。第一に、論文執筆の領域で顕著になる「本質的な能力」と「〝水増し〟された能力」の間を揺れ動くジレンマ、第二に論文執筆に限らず、コミュニケーション全般の領域で顕著になる「便宜性」と「着実性」の間を揺れ動くジレンマ、第三に障がい者思想の領域で顕著になる「健常者性」と「障がい者性」の間を揺れ動くジレンマである。それでは「それ、書いておいて」の論文技法からジレンマが発生し、ある問題へと帰結する一連の流れをみてみよう。

●「それ、書いておいて」の論文技法が成立する条件

「それ、書いておいて」の論文技法が成立する条件とは何か。その条件とは第一に、筆者と「通訳者」の間に共有知識があり、指示の目的に対して文脈を共有していることが前提となる。筆者が単語を「通訳者」に伝え、「通訳者」が「このことについて話しているのか」と解釈することができなければ、「それ、書いておいて」という指示を出すことは難しい。

第二に、「通訳者」の能力である。語彙力、文章作成能力、日本語能力、忍耐力がここでは該当する。共有知識があり、先読みの技術があったとしても、筆者から「それ、書いておいて」と指示された際に、スムーズに文章作成にとりかかることができなければ、筆者の指示を完遂することはできない。そこには「通

訳者」の文章力の他に、どれだけの語彙力があるか、どれだけ筆者の指示に向きあい続ける忍耐力があるかに左右されてしまう。

一方で、特定の「通訳者」に対してや、特定のタイミングや場所、「通訳者」のそのときのコンディション、筆者のコンディションによって、「それ、書いておいて」と頼まないこともある。また、筆者と「通訳者」以外の第三者がいる場合、筆者のパフォーマンスの意味も込めて、時間の許す限り「あ、か、さ、た、な話法」を駆使してコミュニケーションのアウトプットを行う場合もある。

このような条件下で、筆者の論文執筆においては、「それ、書いておいて」の文脈で、論文の構成・表現・論理展開などは、本人の意を汲みながら「通訳者」が全体を整えたうえで、「これでいいですか」と確認する技法をとっている。つまり論文の要旨や発想は筆者発信であるものの、その体裁を整えたり、説得力を加えたり、議論を深めたりするために、ミーティングというかたちをとって「通訳者」に自由に発言させている。そのなかで、筆者が自分のいいたいことに近いものを採用するという過程を経て、文章が形作られていく。それゆえ結果としてできあがった文章について、それが筆者自身の文章なのか、それとも「通訳者」の文章なのか、その思考主体の切り分けが不明瞭になってしまうのである。

●「〝水増し〟された能力」と「本質的な能力」の間で揺れ動くジレンマ

前節で、「それ、書いておいて」という指示が可能になる条件には二つがあることを確認した。しかし、これらの条件があるがゆえに「それ、書いておいて」はいくつかの問題を生むことになる。それが一つ目のジレンマである論文執筆の領域で顕著になる「〝水増し〟された能力」と「本質的な能力」の間を揺れ動くジレンマである。

筆者の自己決定に対して「通訳者」が提案をしたり、筆者の意図を察して解釈したりするなどし、さらに筆者がその提案や解釈に乗ることがある。これはときとして、筆者の考えもしなかった新しいアイデアを生むことがある。他方で、筆者の意思とは異なるアイデアが生まれ、独り歩きし、あたかも筆者のアイデアであるかのようにアウトプットされることもある。これが「〝水増し〟された能力」の問題である。

「〝水増し〟された能力」は、本質的な能力以上のものが「通訳者」によって作り出され、自分の能力が水増しされたように感じられる状態を指す。この「通訳者」による〝サービス精神〟は、筆者の「大学院生」という「属性」を保持しようとする意図から生まれた。たとえば、筆者が博士論文を執筆する大学院生の能力に見合うよう、「通訳者」が筆者の代わりに、より良い文章を考えてしまうことがある。このような筆者の「属性」に合わせる「通訳者」の行為が、結果として「〝水増し〟された能力」を増大させている。一方で「通訳者」からのサービスを受けず、本質的な能力で自分の意図を正確にアウトプットしようと試みると、「通訳者」にその都度細かい指示をしていかなければならず、相手に伝えたいタイミングでスムーズにコミュニケーションをとることができなくなる。それを承知のうえで、筆者が大学院生としての「属性」に見合う能力がないとみなし、筆者の本質的な能力を底上げしようとする、レオのような「通訳者」も存在した。

したがって、こうした「通訳者」による〝サービス精神〟によって「文章の思考主体の切り分け難さ」が生じ、「能力の水増し」というジレンマが筆者にもたされるのである。「通訳者」の介入を認め、協働作業によって作りあげられた博士論文は、本当に筆者の博士論文といえるだろうか。筆者の能力の評価として適切なのだろうか。こうした問いを強めたのは、本調査に出てきた「条件標準化原理」や「合理的配慮」の捉え方である。星加は教育や就労において、公正な能力を評価するためには条件標準化原理にもとづく合理的配慮がなされるべきであるが、それは本質的な能力の評価を歪めるものであってはならないと述べている（星加 2016: 93）。つまり、合理的配慮が本質的な能力を水増ししてはならないという主張である。

これに対して筆者は、合理的配慮の条件標準化原理と筆者の求める介助スタイルは相反すると考えている。合理的配慮の考え方に即してみれば、筆者の介助スタイルは本質的な能力を不当に水増ししていると受けとられかねず、筆者の能力を公正に評価するものとしては認められないかもしれない。しかし、それでは筆者のような本質的な能力に介助者が介入する障がい者は、そもそも能力の評価を受けることすら不可能となる[19]。筆者は、むしろ、本質的な能力を発揮するための手段としての「通訳者」の介入を、合理的配慮の一つとして認められるべきである、と考えている[20]。

筆者は前例がないなかで、自分に残された思考する能力を活かして自己実現することをめざし、研究職を志した。しかし「能力の水増し」問題が立ち現れ、「それはあなたの論文ですか?」「介助者が書いた論文ではないのですか?」という問いに説得的に反論ができない。

さらに筆者の場合、たとえ論文のオーサーシップが筆者に帰属するとしても、それが筆者の普遍的な「能力」であるとはいいがたい、という課題もある。なぜならば、コミュニケーションのアウトプットに「通訳者」を介する必要があり、さらに専門的な内容のアウトプットには、共有知識が豊富な特定の「もの言う介助者」のサービス精神に支えられている実態があるからだ。そして、筆者の論文は彼らと組むチームがあってこそ完成したものだからである。仮に筆者が介助者手足論を徹底し、「通訳者」に先読みを許さず文章を作成していけば、その論文は「通訳者」にかかわらず再現可能なものとなる。しかし、これまで繰りかえし述べているように、先読みなどの「通訳者」の介入なしに筆者が論文を書きあげることは不可能である。筆者のアイデアを文章化してくれる「もの言う介助者」との協働作業があってこそ、筆者の研究は成りたっているが、筆者と論文チームが協働で構築した「能力」に普遍性はあるといえるのだろうか。共有知識が豊富な論文チームの「通訳者」は他者であるがゆえにアンダーコントロールに完全におくことはできず、論文支援の特定の「通訳者」が辞めるなどして、チームの構成員や関係性が変化すると、筆者は途端に論文の再現が不可能な状況におかれてしまう。論文の再現ができない限りは筆者の普遍的な能力とはいいがたく、それは研究の質が担保できないことに直結してしまう。また、両者の相互関係が深まれば深まるほど論旨や表現の修正を繰りかえすため、より一層「文章の思考主体の切り分け難さ」が増す。こうしてオーサーシップが筆者の手元から離れていくジレンマに陥るのである。以上のように、筆者が「情報生産者」になるべく、論文執筆を行う場面において、「〝水増し〟された能力」と「本質的な能力」の間を揺れ動くジレンマが顕著に現れる。

●「便宜性」と「着実性」の間で揺れ動くジレンマ

論文執筆の領域に限らず、筆者のコミュニケーション全般で顕著に現れてくるジレンマが、二つ目の「便宜性」と「着実性」の間で揺れ動くジレンマである。筆者のコミュニケーションは、伝えたい内容の結論を先に述べてから、その結論の理由を伝えていく方法をとっている。これは、相手にそのとき伝えたいことをスムーズに伝えるために編み出した方法だ。そのため、逐字訳を読みとってもらっていると、伝えるタイミングを逃してしまうことがあるので、周囲の流れに合わせるため筆者は「通訳者」に先読みをさせている。これが、筆者がコミュニケーションのアウトプットで求めている「便宜性」だ。

一方で、「発話困難な重度身体障がい者」のなかでも筆者とは異なり、先読みを禁止し、「通訳者」に逐字訳を読みとらせ、相手を待たせてから、じっくりと聞かせる方法をとる人もいる。これは確実に自分の意図を伝えることを重要視しているためであり、これをコミュニケーションの「着実性」という。

筆者がコミュニケーションの便宜性を重要視している理由の一つとして、時間的制約が挙げられる。一般に、第三者とのコミュニケーションはその場で完結することが求められる。その場合、筆者は一字一字「通訳者」に読ませるよりは、「通訳者」の先読みや解釈に乗っかるほうが良いと判断することがある。

もう一つの理由に「通訳者」リソースの制約の問題もある。筆者との共有知識が豊富で、研究論文の執筆支援ができる「通訳者」は、筆者の執筆支援の経験が豊富であることが前提となってくるため、筆者の「通訳者」全体のなかでも多くはない。そうであるからこそ、特定の「通訳者」との限られた時間のなかで、自分の思考をアウトプットするための便宜性が求められてくるのである。このように筆者にとって、安心して先読みを頼める「通訳者」を一人でも多く作ることは、「アウトプットがどれだけできるか」ということに直結している。

しかし、筆者は便宜性を重要視しているが、ときには自分のいいたかった意図とは外れた言葉を、「通訳者」が先読みすることもあり、コミュニケーションの着実性が失われることもある。この「便宜性」と「着実性」の間で筆者はジレンマに苛まれている。

●「健常者性」と「障がい者性」の間で揺れ動くジレンマ

以上で論じた二つのジレンマは、コミュニケーションの領域で顕著に現れるジレンマであるが、三つ目のジレンマは、筆者にとって最も実存的な問いを突きつけられるものである。それが、「健常者性」と「障がい者性」の間で揺れ動くジレンマである。

筆者は日頃から自己のアイデンティティや価値判断を、障がい者ではなく、健常者に合わせている。なぜならば、筆者が発話困難な重度の身体障がいがありながらも、受障前と変わらない思考スピードが、受障前と同じコミュニケーションスピードを求めてしまうからだ。筆者は一四歳のときに中途障がいを負って以降も、健常者としての意識を現在までもっており、障がい受容はできていない。そのため健常者のスピードに合わせるのが当たり前だという意識もある。にもかかわらず、障がいによりコミュニケーションの即時性を担保できない苦しさもある。一方、重度の重複障がいを負いながらも大学院に進学し研究する筆者は、メディアにとりあげられる機会が増え、より良い人材を得るためにあえて「スーパー障がい者」として自己演出する場面もあり、良くも悪くも社会からの障がい者としての眼差しを痛感することになった。

筆者の「障がい者性」は現実であり、第三者からみれば障がい者として認識されている。筆者自身、障がい者役割を演じることがあるが、それは配慮を得るためであり、実際は「障がい者性」を受容していない。配慮を活用するために障がい者を演じながらも、障がい者性から自由であろうとしているのである。

第4章でとりあげた青い芝の会の横塚は、この世の価値の基準が効率性にあることを指摘し、より速いものが正しく偉いとされる社会の規範を批判した（横塚 2007：138）。そして障がい者の社会参加とは何かを語るなかで、「世の中に溶け込むことではなく、生活形態はどうであろうと社会に対し我々のありのままの存在――社会性のない、非能率的な存在――を堂々と主張すること」（横塚 2007: 91）だと訴えた。

それに対して、筆者が重要視しているのは、社会が効率性を求めるならば、それに合わせてうまく生きることである。筆者は論文執筆においても、より速く、より美しく、より強い社会的インパクトを出せることを優先してきた。その結果、筆者自ら主体的に文章を執筆するというよりは、どの「通訳者」の解釈に乗るかに執着するようになった。つまり、筆者は澤田と異なり「通訳者」に対して、弱い主体としての障がい者像を受けいれてほしいと求めているのである。

第1章でとりあげた「通訳者」のレオは、筆者の論文執筆支援を始めた当初は筆者のことを同じ研究の道をめざす同志としてみてくれていた。しかし、冒頭の佐村河内事件をきっかけに、自分たちの関係がはらむ問題に気づき、教育的支援に力を入れるようになっていった。大学院生という属性に見合うような語彙使用や論理的思考を求め、本質的な能力の底上げを図ったのである。

つまりレオは、筆者が研究者として自立するために、筆者に対して「強い主体」としての障がい者になることを強いるようになった。しかし、筆者にとっての自立とは他者の介入を受け、「通訳者」に依存しながら「情報生産者」として社会のなかで生きていくことであったため、両者の間でコンフリクトが生じた。

4　まとめ

本章では、論文執筆過程における筆者と「通訳者」の会話を分析することによって、論文執筆の具体的な方法と自己決定のあり方、またそこで生じるジレンマについて、ジレンマ同士の関係も含めて明らかにしようとした。筆者の論文執筆には三つの特徴があった。それは、一、文章化前――「共有知識を構築する場」としての論文ミーティング・二、文章化プロセス――「それ、書いておいて」という執筆技法・三、文章化後推敲――「もの言う介助者」としての「通訳者」、である。さらに、二の「それ、書いておいて」には四つのステップがあった。ステップとは、①疑問の発生、②議論による認識の共有、③主張の明確化、④主張の確定、である。このプロセスによって、筆者の主張と「通訳者」の理解を同定することが可能となっている。

その背景には、「情報生産者」として活動することで、より複雑で専門性の高い通訳介助技術が必要となること。それが可能な特定の「通訳者」に「依存」することなしには実現しない実態があることを明らかにした。また、こうした「依存」によって実現している論文執筆の過程では同時に三つのジレンマが生じていることも明らかになった。三つのジレンマとは、「〝水増し〟された能力」と「本質的な能力」の間で揺れ動くジレンマ・「便宜性」と「着実性」の間で揺れ動くジレンマ・「健常者性」と「障がい者性」の間で揺れ動くジレンマであった。

これら三つのジレンマは研究者として文章を作成しようとするとき、つまり論文執筆の場面では常に複雑に絡みあって同時に筆者に迫ってくる。「本質的な能力」「着実性」「障がい者性」を選べば「自分らしさ」や「主体性」を担保できるが、そちらに寄れば寄るほどさまざまなコストがかかり能力主義社会[21]のなかで「情報生産者」となることは難しくなる。「〝水増し〟された能力」「便宜性」「健常者性」を選択すると、研究者として論文を形にすることが可能となり、社会のなかで活動する幅が広がると考えられる。しかし、こちらに傾けば傾くほど「通訳者」への依存度は高まり、筆者は自己が希薄化していくことを強く感じることなる。このように筆者は強いジレンマに苛まれながらも、能力主義社会のなかで生きていくために「通訳者」からのサービスを受けいれ、また「通訳者」に〝おまかせ介助〟を要求する、という実態が垣間みえる。ここでいう「通訳者」からのサービスとは、筆者の読みとりから紡ぎ出された言葉から、筆者が頭のなかで描く文章の展開を「想像」で補い文章を作成する作業を含んでいる（黒田 2018: 141-2）。

このように「通訳者」が筆者に投げかける筆者の思考の「想像」の内容が詳細で、かつその正確さが高まれば高まるほど、その協働作業においては筆者の介入可能な余地は狭まっていく。ここには、「通訳者」と協働して「作っている」というよりは、「通訳者」によって「作られたもの」を筆者が選択している現実が垣間みえる。なぜならば筆者は自ら考えを述べる間もなく、筆者自身で表現しようと試みる動機は「削られて」いき、一方で「通訳者」が筆者の意思や思考に寄り添うほど、そして「通訳者」による〝サービス精神〟を筆者自身がすんなりと受けいれてしまうほど、「私の」や「私が」という感覚は鈍化していくからである。つまり、「通訳者」の主体的で積極的なあり方とは対照的に、受動的な存在としての筆者が際立ってしまう。

このような「通訳者」による〝サービス精神〟において、「通訳者」の意思はまるで筆者の意思に重なっているようにもみえる。共有知識が豊富であるがゆえに、筆者の考えや状況を積極的に判断し、筆者の立場から物事を考える。それはそれで、筆者にとって「楽」な状況である。立岩が述べるように、「決定しないことの快」（立岩 1999: 92）は「発話困難な重度身体障がい者」にとくに顕著にみられるはずだ。伝えること、主張することのあらゆるコストを考えると、物事の裁量権を他者に委ねることのほうが、効率的な場合もある。

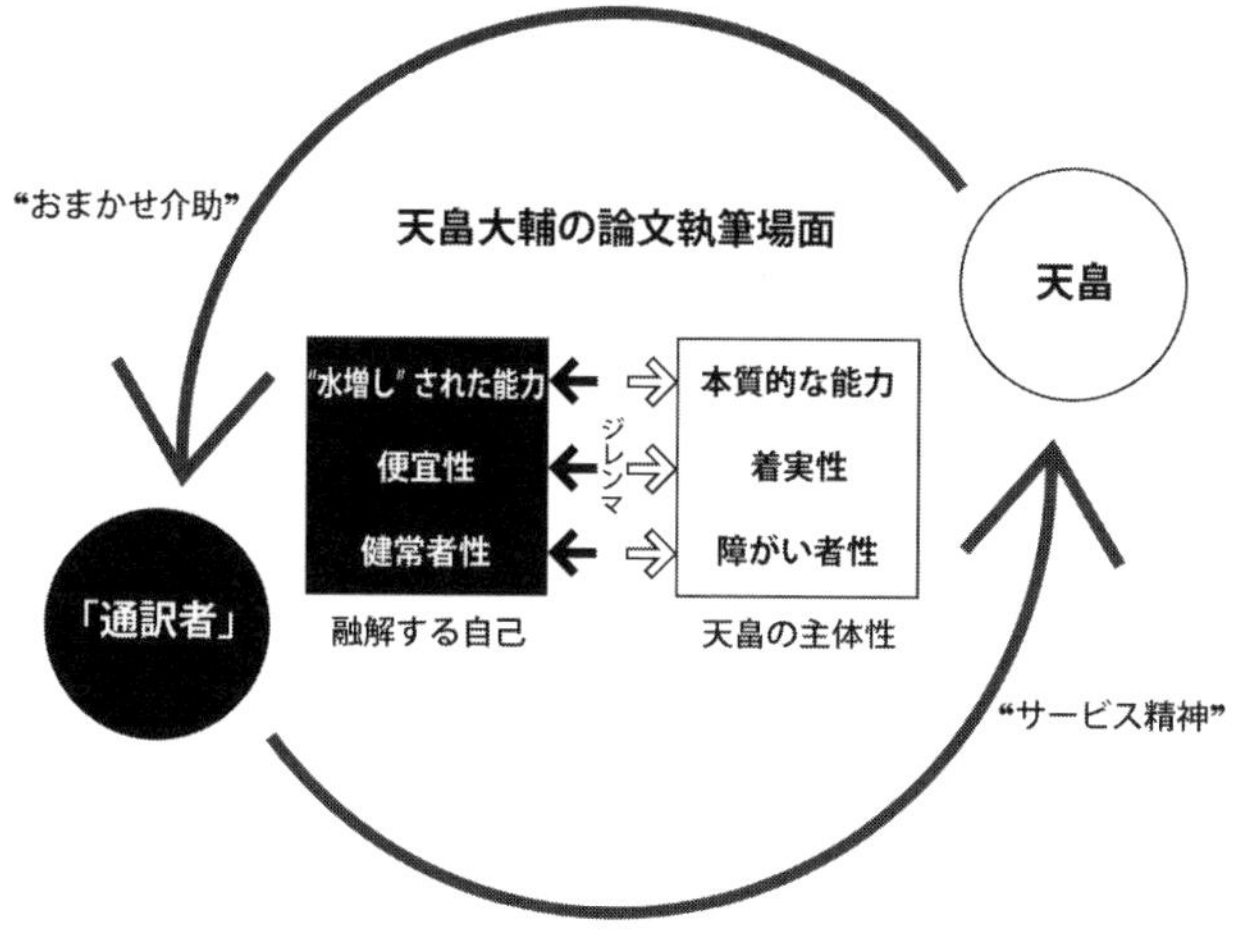

図３　天畠大輔の論文執筆場面における「通訳者」との相互作用とジレンマの関係性
（筆者と「通訳者」［北地智子］が協働で作成した）

しかし、「楽」な状況とともにジレンマも存在する。今まで述べてきたように、筆者と「通訳者」の境界は溶けて混ざりあい、筆者は自己を喪失してしまう感覚に陥るのだ。つまり、筆者の自己決定は「通訳者」という他者性を含めることで融解してしまう実態があるといえる。より具体的にいえば、筆者が「通訳者」による〝サービス精神〟に「依存」すると、次第に「通訳者」におまかせ介助を頼むようになる。そこで「通訳者」がさらなる〝サービス精神〟を働かせると、筆者はその「楽」さゆえに「通訳者」への依存度をより深めてしまう。この「依存のループ」のなかで、論文執筆場面における既述の三つのジレンマが生じている（図３）。

さらには、筆者は論文チームの「通訳者」と共有知識を蓄積し、協働作業による論文執筆をやり遂げたが、チームの編成に変化が生じると途端に論文の再現が難しくなってしまう。このように「発話困難な重度身体障がい者」が、博士号学位という大きな成果が伴う論文執筆を志したときには、能力の普遍化という課題に直面することは避けられない。

以上、筆者と「通訳者」の相互行為の実態を通して、筆者が「通訳者」による〝サービス精神〟に「依存」することで生じるジレンマを考察してきた。筆者は「発話困難な重度身体障がい者」として「通訳者」を主体的に使い、または依存しながら「自己決定」をはたしていた。発話困難なゆえに、「通訳者」との関係性に依存した、この協働構築過程のなかで、筆者は自らの言葉と行動を生み出していた。そこには、障がい者運動のなかで構築されてきた「強い主体としての障がい者」や社会的弱者としての「弱い主体としての障がい者」といった障がい者像のどちらか一方に焦点を結ぶことができない、自らの主体やアイデンティティが揺れ動く「発話困難な重度身体障がい者」の自己像がみいだされたのではないだろうか。

こうしたジレンマは「発話困難な重度身体障がい者」である筆者が「情報生産者」となろうとする限りは仕方がないものなのだろうか。他の「発話困難な重度身体障がい者」の社会参加にも大きな障壁となっているのではないだろうか。この障壁を小さくするために必要なものはなんであろうか。次章では本書の結論として、これらのジレンマを乗り越えるための方策について考察し、述べる。

■注
1　また、論文チームの介助者のなかには筆者の論文執筆技法と「もの言う介助者」たちの介助スタンスを批判する者もいた。彼は一文字一文字「通訳者」に読みとらせて論文を執筆すべきであると筆者に主張した。彼は介助者手足論の規範をもち、その規範からはみ出てしまう筆者には論文のオーサーシップはない、と筆者に迫った。自分の介助者から突きつけられたこの強い批判をきっかけに、筆者は強いジレンマに陥ることになった（二〇一六年一二月二八日介助者との会話を記録したフィールド・ノーツより)。

2 条件標準化原理とは、偏った環境を是正し、障がい者を含めあらゆる人々が本来発揮できるはずの能力を引き出すことのできる公正な競争環境を生み出そうとする原理のことである(星加 2016: 91)。

3 ここでの合理的配慮の定義は、「障害者でない者との比較において同等の機会の提供を受けるためのものであり、かつ事業の目的・内容・機能の本質的な変更には及ばない」ものであるとしている(星加 2016: 93)。

4 ここでいう「綾屋さん」とは、アスペルガー症候群の当事者として、発達障がいの当事者研究を進めている綾屋紗月のことである。

5 二〇一七年五月二六日に実施された論文ミーティングより。

6 ここで送付した資料データとは、筆者がとくに参照したい箇所を、付箋や一五か所のマーカーで論点を強調するとともに、それを写真で撮った画像一六枚と論旨に関わる指示をLINEで送付した。筆者は常日頃から遠隔地の「通訳者」に対して、こうした資料データの送付を行っている。一方、遠隔地の「通訳者」は自分のPCに著者やタイトルなどの名前を付けて保存し、アーカイブ化を行っており、筆者が発するキーワードに対して検索をかけられるようにしている。

7 筆者のLINEの文章作成を担当した介助者は、筆者に資料の読みあげ介助を行った者と同一人物であり、論文チームには入っていないが、本件に関する共有知識はあった。

8 厳密にいえば、このLINEの文章作成における介助者との協働作業も分析対象であるが、先読みのない通訳行為は本研究の趣旨とは一線を画すため、今回は割愛する。

9 二〇一七年二月六日のLINEより。

10 二〇一七年二月七日に実施された論文ミーティングより。

11 二〇一七年二月七日に実施された論文ミーティングより。

12 二〇一七年二月七日に実施された論文ミーティングより。

13 このミーティング当時は「他者の介入を受けた自己決定」ではなく「他者性の含まれた自己決定」という文言を用いていた。

14 二〇一七年二月七日に実施された論文ミーティングより。

15 前田はまた、障がい者の介助において、介助者が障がい者の手足となるだけでなく、介助者の介入があって成りたつ自己決定が存在することも指摘した（前田 2009）。

16 「もの言う介助者」に期待されているのはある意味「参謀」のような役割である。「参謀」とは、『大辞林　三版』（松村編 2006）によると、「表だった指導者、指揮者の下にいて補佐し、意思決定に際し、進言・献策など重要な役割を果たす人」と定義されている。

17 二〇一七年六月二三日に実施された論文ミーティングより。

18 この「協働構築」とは、筆者が「通訳者」とともに文章を作りあげていく過程を表した言葉である。その実態は本章で詳細に述べてきたが、その背景にはもう一点「配慮」という重要な要素があることを書き加えておく。筆者の少ない言葉をもとに、解釈や想像を加えて文章を書きあげていくのが「通訳者」の役割であるが、その際に筆者の価値観や尊厳をいかに守るか、文章に反映させるかといった「通訳者」からの「配慮」がなければ、この「協働構築」は成りたたない。

19 この段落の文章は、本調査のミーティングで作成された文章がもとになっている。

20 筆者はこの合理的配慮のあり方は、「発話困難な重度身体障がい者」だけでなく、同様にアウトプットに介助者の介入が欠かせない知的障がい者、発達障がい者にも転用できると考えている。

21 能力主義社会については、堀正嗣も教育や就労の面で「『本質的な能力』を有しないと社会からみなされる障害者がこれまで以上に厳しく排除されることになるのではないか」（堀 2018: 111）と批判している。

終章

「多己決定する自己決定」が認められる社会へ

これまでの各章では、「発話困難な重度身体障がい者」が「情報生産者」となるためには、どのような自己決定のあり方が必要となるのかを、筆者天畠大輔の個別具体的な事例をもとに、詳細に描き出してきた。そこで本章では、本研究の総括として各章のまとめを提示したうえで、議論の階層を上げ、本研究における学術的な立ち位置や理論的考察を行う。そのうえで本研究の結論を導きだし、新たな自己決定概念と介助論を提示する。

1　前章までのまとめ――天畠大輔の個別具体的事例からわかったこと

本研究の問いは、「発話困難な重度身体障がい者」の自己決定概念はいかなるものか。天畠大輔を事例として詳細に分析することによって、障害学における既存の自己決定概念を問いなおすことであった。

上記の問いを検討していくため、本研究では3部構成を採用した。第1部の「本研究の性格と当事者研究」では、本研究の問題意識について、どのような方法論で説き明かしていくかを論じた。第2部の「『発話困難な重度身体障がい者』のコミュニケーション――『青い芝の会』の介助思想と天畠大輔における『通訳者』の特異性」では、「発話困難な重度身体障がい者」の歴史を参照枠として、当事者である筆者がコミュニケーションを拡張していった経緯を提示し、筆者のコミュニケーション方法の詳細についても論じた。第3部の「『発話困難な重度身体障がい者』のコミュニケーションのジレンマ」では、筆者がコミュニケーション上で抱える困難について具体的に論じた。

第1部第1章ではまず、本研究の背景と目的について述べた。第2章では、本研究の概念的枠組みとして、筆者自らのコミュニケーションの難しさを解き明かす鍵となる、「情報生産者」と「他者の介入を受けた自己決定」の概念を構築した。また、第3章では本研究の研究方法と調査概要を示した。「発話困難な重度身体障がい者」である筆者と、その「通訳者」をとりあげる意図について当事者研究の観点から述べた。

次に第2部第4章では、日本の障がい者運動の先駆けとなった青い芝の思想をとりあげ、その介助思想が「発話困難な重度身体障がい者」にとって有効な思想となり得るのかを検討した。その結果、二つの限界が示された。第一の限界は、青い芝は言語障がいによってコミュニケーションが制限された、「発話困難な重度身体障がい者」を考慮に入れていないことである。第二に障がいの重度化によって〝おまかせ介助〟に傾倒した澤田を介助者側が否定する実態から、障がい者を「弱い主体」として認めない介助思想の限界が明らかになった。

第5章では、筆者のコミュニケーション喪失から再構築までの過程を整理することを通じて、筆者が介助者の「通訳者」としての役割を重要視し、各通訳者と代替不可能な個別的な関係を構築していることが明らかとなった。加えて第6章では、筆者が通訳介助体制の構築を図るなかで通訳のルーティン化の困難さが露呈し、その困難さを乗り越えようとしたがゆえに、特定の「通訳者」に強く依存する実態が示された。

第7章では、筆者の「通訳者」に向けた実験的会話調査を分析することで、先読みとそれを可能とする共有知識の重要性が表れた。とくに筆者の「通訳者」における「専門性」は、共有知識を積み重ねた結果育まれたクライアント特化能力並びに、筆者との共有範囲外で培われた通訳者固有の個人的能力によって成りたつことが明らかとなった。

第3部第8章では、筆者とその「通訳者」による実験的メール調査を分析することで、どのようなコンテクストや通訳技術によって、筆者の自己決定に他者性が加わるのかを検証した。これにより「他者の介入を受けた自己決定」には、筆者からの「戦略的誘導」、「通訳者」からの「解釈的質問」、「提案」の技術が介入していることがわかった。とくに対外的なアウトプットをする場面においては「誰と行うか（With who）」の問題が顕著に現れ、「通訳者」によってコミュニケーションの質や内容が変わる実態があることが明らかとなった。

第9章では、論文執筆における筆者と「通訳者」との会話を分析することで、具体的な論文執筆の方法と自己決定のあり方、およびそこに生じるジレンマについて明らかにした。筆者の論文執筆には、一、文章化前――「共有知識を構築する場」としての論文ミーティング・二、文章化プロセス――「それ、書いておいて」という執筆技法・三、文章化後推敲――「もの言う介助者」としての「通訳者」という三つの特徴があった。さらに、「それ、書いておいて」という執筆技法には①疑問の発生、②議論による認識の共有、③主張の明確化、④主張の確定という四つのステップが存在した。こうした手法は、筆者が「通訳者」と協働で論文執筆することを可能としているが、一方で強いジレンマ（次節で再度詳細に述べる）も引きおこしており、自己決定への確信がもてず自己の主体性がみえなくなる「融解する自己決定」の状態に陥っていることが明らかとなった。

2 理論的考察

2-1 三つのジレンマが帰属する問題

これまでの章で、「発話困難な重度身体障がい者」である筆者が、社会参加、とりわけ論文執筆などの「情報生産者」として活動する際に生じる問題点について指摘してきた。

第9章でとりあげた三つのジレンマだが、筆者の場合、論文執筆を進めるために対立する二つの事柄のどちらかを戦略的に選びとらなければいけない。たとえば、「〝水増し〟された能力」と「本質的な能力」のジレンマであれば、「〝水増し〟された能力」をやむを得ずとも選択しなければ論文執筆が可能にならないのである。また同様に、「便宜性」と「着実性」のジレンマであれば、「便宜性」を選択することで効率的に論文執筆を進めていく。なぜなら、その背景には、「健常者性」と「障がい者性」のジレンマに対して、「健常者性」を選択する志向があるからである。このように、論文を執筆するためには対立する事柄のどちらかを選択し、ジレンマを解消しなければならない。そして、これまで述べてきたように、筆者は「弱い主体としての障がい者」を選択し、論文執筆を進めている。しかし、このジレンマを解消する選択は、筆者の自己の希薄化と「融解する自己決定」の状況を生み、さらに論文執筆において特有の問題を生じさせる。それは、論文執筆における寄与分の問題と帰属の問題である。

2-2 寄与分の問題

第一に寄与分の問題である。論文が、筆者の能力によって生み出されたのか、「通訳者」の能力によって生み出されたのかが区別できず、誰の寄与によって書かれた論文なのか、その寄与分がわからない問題である。これは筆者と「通訳者」が共有知識をもてばもつほど、わからなくなる問題である。共有知識が増えれば、「通訳者」は筆者の言葉を先読みすることが相対的に可能になる。そうすると「通訳者」の論文執筆の寄与分が高まり、筆者が不在であっても物が書けてしまうことになる。

この寄与分の問題について、深田は、筆者の「通訳者」にインタビューを実施している。それによれば、寄与分の問題に疑問をもつ者もいたという。たとえば、論文を執筆している途中で筆者が寝てしまうとき、それが顕著になる。以下に「通訳者」の語りを引用する。

夜中の三時くらいになんか「ぶー」って寝るわけですよ。ずーっとね。一時間くらい。で、「やっといて」みたいな感じで投げられて。なんかこう「自分のやりたいことなのにこんな投げちゃっていいの?」ってだんだん思いはじめてくるわけで。自分でも「これおれがずっと書いてるけど、これでいいんかいな」と思いはじめて。で、結局書いて「こういうのができあがりました、いいですか?」、「OK」、「はいじゃ次いきます」みたいな。なので、「あれこれわかってんのかな?」とか「本当にこれでいいのかな?」とか、「大輔さんらしさ」がこれじゃ反映されないよなと。文章においては。ぜんぜん一緒につくってる感じがなくって、でそのなかで疑念の芽みたいなのがちょっと沸々と出てきたんですね。(深田 2017: 107)

この「通訳者」は、論文執筆における筆者の不在を問題にしている。つまり、筆者の「それ、書いておいて」という指示で「通訳者」が論文を執筆するが、そこでは筆者が不在となり、「通訳者」が勝手に論文を書く状況が生まれていることを問題にしている。いいかえれば、論文執筆の寄与分が筆者は不明瞭になり、「通訳者」のみになっているのではないかと指摘しているのである。このように、誰が書いた論文かが問われる、論文執筆の寄与分の問題がある。

2-3 帰属問題で増幅される「〝水増し〟された能力」のジレンマ

筆者が「〝水増し〟された能力」についてのジレンマを最も感じるのは、論文チームによって博士論文執筆をする場面においてである。というのも、一般に人文社会系の博士論文は単著であることが求められる（山崎 2007: 73）。しかし、筆者の論文執筆の場面においては、複数の人間が執筆に関わり、そうしたとき、チーム遂行のなかで筆者が「〝水増し〟された能力」を意識せざるを得ないのである。このことは、論文が筆者一人に帰属するのかという問題に関わる。

もし、「通訳者」が筆者の言葉を一つ一つ先読みせず拾っていくとしたら、このような問題は発生しない。しかし、これまで述べてきたように、筆者は論文執筆場面において「通訳者」の先読みを有効に活用する「良きに計らえ」という形も含めての自己決定を行ってきた。

さらに、筆者のような論文執筆スタイルの場合、自己決定における寄与分、貢献度を数値化などによって明確に把握することが困難である。「通訳者」が「こうですか？」と聞いてきたことに対して、微修正を加えることによって文章を作成しており、何をもって寄与分になるのかが明らかでないからである。

博士論文を執筆する状況においては、論文が筆者の能力による成果物として帰属してしまうことが問題として現れる。そこで筆者は「〝水増し〟された能力」について葛藤する。すなわち、論文執筆において、誰がどこまで寄与・貢献したのかを明確に把握できないことが筆者にとって問題となるのである。このような問題は、これまでの障害学においてはとりあげられなかったものである。

これまでも述べてきたが、こうした他者の介入を必要とする障がい者の自己決定については、前田や熊谷などの先行研究がある。前田は障がい者の介助において、介助者が障がい者の手足となるだけでなく、介助者の介入があって成りたつ自己決定が存在することを指摘した（前田 2009）。また、熊谷は依存先を分散させることが結果的に自己決定の質を高めることを主張している（熊谷 2013）。しかし、チームによってなされる自己決定において、誰の能力がその成果物に寄与し、また帰属するかという問題は問われてこなかった。

チーム遂行における帰属問題は簡単に解決できるものではない。成果物が誰に帰属するのかという問題を考えるとき、計算不可能ではあるものの、たとえば通訳者Aが三割、Bが二割というように割り当てを想定した場合、その成果物が誰に帰属するのかという問題が発生する。もちろん、論文に関する共有知識が豊富な、特定の「通訳者」に論文執筆を任せれば、論文執筆は効率的となる。しかし、その「通訳者」への依存度合いが高まり、他の「通訳者」での論文執筆の再現性[1]を担保できなくなる。また、成果物の帰属問題がより先鋭的に現れてしまう。

なぜならこれは、他者の能力が上乗せされる問題というよりも、成果物によって必要以上に利益を得る障がい者が出てくる問題でもあるからだ。筆者が執筆している博士論文の場合、学位は筆者に授与され、論文においては原稿料や印税のような益が発生する。そのときに筆者がより多く利益を得る場面が生じる可能性がある。

つまり、問題になるのは著作権などの利益が絡む場合である。すでに述べたように、論文の提出で評価がなされる場合、周りのサポートを受けて論文を提出し、ある程度の評価を得たとすると、その評価は筆者だけに帰属してしまう。学業や労働のような場面では成果物が個人の成果として割り当てられ、チームに還元されることはない。ここで「〝水増し〟された能力」という問題が現れてくるのである。

筆者のような「発話困難な重度障がい者」にとっては、自らの障がいの状況からすると、介助／通訳者のリソースが有限であるため、複数人が関わる行為遂行を選択することになる。そこでは自己と他者の寄与分、貢献度が明確でない形で行為が達成されていく。

しかし、論文作成において成果は筆者に帰属する。そこに自己の能力以上の〝水増し〟があるように思われ、自己が希薄化していくのである。このことは能力主義をどのように考えるかという問いを投げかけている。つまり能力主義においてある行為によって生み出された成果物が、特定の個人にのみ帰属するという私的所有の原則がある（立岩 2013: 549）。しかし、チームで論文を作成する場合、この原則が成りたたず、誰が生産した成果物なのかその帰属先を特定することが難しい。

一般に、個人の論文執筆は指導教員や他の研究者のアドバイスなどを参考にしながら作成される。そのとき成果物である論文が誰のアイデアによって作成されたものであるのかは普通、問われない。筆者の論文執筆においては複数の人間がアイデアを出しあい、協働で博士論文を執筆している。しかし、その成果物は筆者のみに帰属することになっている。ここに筆者が生産したもの以上の〝水増し〟や、「通訳者」による過剰な〝サービス精神〟が問題化することになる。そのため、前章で述べた三つのジレンマに加えてさらなる葛藤が生じる。健常者の場合、このことは問題化せず、論文は個人の能力による成果物として評価される。しかし、筆者においては、論文執筆チームが暗黙のうちには成立せず、いわばガラス張りのなかで複数の個人による論文執筆が遂行される。そのため、〝水増し〟や過剰な〝サービス精神〟の問題が表面化することになる。しかし、この問題はむしろ逆の観点から捉えられるのではないだろうか。

つまり、何ゆえ、健常者は〝水増し〟の恩恵を受けながら筆者のようなジレンマを感じずに、しかも成果物を自分のものとしておけるのか。また、健常者の他者からの〝水増し〟や〝サービス精神〟がどのようにフェードアウトし不可視化されているのか、という問いである。本質的には健常者も〝水増し〟や〝サービス精神〟の利益を享受しているにもかかわらず、筆者のようにそれに対するジレンマを痛切に感じることはない。ここに、上げ底を意識しなければならない障がい者と、それを意識する必要がない健常者という非対称的な関係から、この社会の能力主義的な規範が見えてくる。
岸は、この障がい者と健常者の非対称性についてマイノリティとマジョリティの関係性として下記のとおり述べている。少々長いが、以下引用したい。

マイノリティは、「在日コリアン」「沖縄人」「障害者」「ゲイ」であると、いつも指差され、ラベルを貼られ、名指しをされる。しかしマジョリティは、同じように「日本人」「ナイチャー」「健常者」「ヘテロ」であると指差され、ラベルを貼られ、名指しをされることは無い。だから、「在日コリアン」の対義語としては、便宜的に「日本人」が持ってこられるけれども、そもそもこの二つは同じ平面に並んで存在しているのではない。一方には色がついている。これに対し、他方に異なる色がついているのではない。こちらにはそもそも「色というものがない」のだ。

一方に「在日コリアンという経験」があり、他方に「日本人という経験」があるのではない。一方に「在日コリアンという経験」があり、そして他方に、「そもそも民族というものについて何も経験せず、それについて考えることもない」人びとがいるのである。

そして、このことこそ、「普通である」ということなのだ。それについて何も経験せず、何も考えなくてよい人びとが、普通の人びとなのである。(岸 2015: 170)

つまり、「発話困難な重度身体障がい者」である筆者(=マイノリティ)はどこまでが自分の能力で、どこが「通訳者」の能力かを弁解することが求められる。一方で、自分でアウトプットが可能な健常者(=マジョリティ）は、自分の能力だけでアウトプットしているものであると、無条件で承認される。そして、そのことを意識することも考えなくてもよい。そこに非対称の社会構造があるといえるのではないか。

3　本研究の結論

3−1　天畠大輔の事例からみえた実態

以上の課題に対して、本研究では二つの結論が導き出された。一つ目は、「発話困難な重度身体障がい者」は、特定の「通訳者」がいないと「情報生産者」となることが難しい。そのため、特定の「通訳者」と協働構築したものが増えるほど、またそれが一定の社会的評価を得るほど、その「通訳者」に「依存」してしまう。

二つ目は、筆者が承認欲求を満たすために、〝水増し〟問題との狭間で苛まれるジレンマが生じることである。筆者は承認欲求を満たすため、「通訳者」と協働構築したものを公表するが、その成果は社会的評価を得る過程において誰に帰属するかが問われる。その際に、自分の能力が「通訳者」によって〝水増し〟されているのではないかという疑念や葛藤を抱く。これは本来なら誰もが抱え得る問題であるが、筆者のように特殊なコミュニケーション方法をもつがゆえに顕在化した問題である。なお、〝水増し〟問題によるジレンマは、他者に「依存」する限り決してなくならないという前提があることを断っておく。

こうしたジレンマが生じる背景には、これまで述べてきたように能力をその個人のものとする能力主義社会があるといえる。さらには、既存の障害学において、筆者のような「弱い主体としての障がい者像」を前提とした自己決定を支える介助論が論じられていない、ということがいえる。これまでにない自己決定概念の枠組みのなかで、筆者が「情報生産者」になるための実践を「通訳者」とともに歩んでいるなかで、強いジレンマが生じている実態があるということがみえてきた。

3-2 抽象と捨象の問題

以上のことから、抽象と捨象の問題が立ち現れてくる。特定の「通訳者」が〝おまかせ介助〟することで、筆者が「通訳者」と協働構築した成果物が社会的に評価され、自身がスーパー障がい者として抽象化される。その一方で、筆者自身の主体性や自分らしさはスーパー障がい者像の影で捨象される。筆者は〝おまかせ介助〟で得られる、スーパー障がい者像と、自分自身の本質的な能力のギャップに苦しむことになる。この背景には、研究者なら一人で考えて一人でアウトプットすべきではないかという思いと、〝おまかせ介助〟は「発話困難な重度障がい者」なら必要な配慮なのではないかという思いをてんびんにかけている状況がある。

こうした抽象と捨象の問題が立ち現れてくる要因は、筆者が自己を他者におまかせして演出する場面が、ガラス張りの構造をもつためである。一般に、多くの人は自分の自己決定や他者との依存関係をガラス張りのような第三者から見える形で行うことはない。いわばブラックボックスのなかにある。しかし、筆者の場合、「通訳者」が関わらざるを得ないため、ブラックボックスが露わになる。そこに捨象された自己の存在が露見してしまうのである。多くの人は捨象された自己の存在が問題化することは少なく、抽象された自己を演出して生きている。しかし、筆者はスーパー障がい者として自己を提示するその裏で、自己を捨象し、社会的評価の得られる自己のみを抽象していることが表面化してしまう。さらにいえば、筆者のアウトプットの過程において「通訳者」の先読みが存在することで、筆者の関与する度合いがみえにくく、そこにはもう一枚のいわば磨りガラスのような不透明な壁も存在しているといえる。ゆえに、こうした手法で表出される筆者の言葉は世間からみれば「本当にあなたの考えなのか」と、その妥当性が問われることになる。とりわけ、論文執筆過程においては、自分自身の書いた文章であるという意識が鈍化していくため、捨象された自己の問題がより顕在化する。誰がどれだけ貢献したのかという寄与分の問題や、誰の所有に帰属するのかという帰属の問題が現れてくるのは、そのためでもある。他者の介入が不可避な「発話困難な重度身体障がい者」に寄与分・帰属問題が突きつけられるのは、社会構造の問題があるのではないだろうか。次節では、「発話困難な重度身体障がい者」の社会参加を促進するあり方について議論の俎上に載せたい。

4　提言——「多己決定としての自己決定」が認められる社会へ

本研究では、障がい当事者と「通訳者」の関係性を通して、自己決定概念を分析してきた。その結果、筆者と通訳者間におけるコミュニケーションでは、三つのジレンマとして、第一に「〝水増し〟された能力」と「本質的な能力」の間を揺れ動くジレンマ、第二に「便宜性」と「着実性」の間を揺れ動くジレンマ、第三に「健常者性」と「障がい者性」の間を揺れ動くジレンマがあること、また承認欲求を満たそうとすればするほど、特定の「通訳者」に「依存」し、自らの「本質的な能力」が〝水増し〟されていくことへの葛藤、そして自らがスーパー障がい者に抽象化される一方で、主体性や自分らしさが捨象されるという問題が明らかとなった。

この抽象化されたスーパー障がい者像は、健常者からみれば自分らしさが捨象された、いわば虚構のようにみえるかもしれない。しかし論文執筆を例にとっても、障がいの有無に関係なく、過去の膨大な先行研究や、指導教員をはじめとした周囲のさまざまなアドバイスから多大な影響を受ける。その際に、筆者の場合は自己の考えを文章化する過程で、「通訳者」による解釈が介入する事態を意識せざるを得ない。一方で健常者は他者の言葉を消化したうえで、独自の言葉（と思われるもの）を練ってダイレクトに文章化することが可能なため、他者の介入を意識することは少ないだろう。しかし他者の言葉を借りているという意味では、根底は健常者も筆者も抽象と捨象を繰りかえしながら自己表現しているといえるのではないか。

それにもかかわらず、なぜ筆者はジレンマを感じるのか。それは、筆者はアウトプットの際に「通訳者」の解釈がダイレクトに入るため、他者の介入の度合いがきわめて大きいからである。加えてそれ以上に、筆者のケースは論文執筆チームとして組織化されているため、第三者からみれば、もはや筆者個人の成果物として捉えにくいという問題がある。それは筆者自身も痛切に感じることであり、だからこそ「〝水増し〟された能力」との間で葛藤を抱くのである。

このジレンマは筆者が「通訳者」を介してアウトプットする限り、完全に解消されることはないが、「グループで思考する」という新たな自己決定のあり方が社会で受けいれられれば、成果物に対する帰属先や寄与分の問題について筆者個人が問われることはなくなるのではないか。そこで、筆者は自身のような「発話困難な重度身体障がい者」の社会参加を促進するあり方として「多己決定する自己決定」概念を提案したい。

「多己決定する自己決定」は、筆者の造語で、「他己」からインスピレーションを受け、当事者をとりまく、さまざまな関係者の他己（他人から見た自分、他者が捉えた自分のあり方）を援用して自分自身に向きあうということを意味する言葉である。通常、論文の執筆作業において、思考をまとめ文章を練りあげていくプロセスには、繰りかえしメモに起こしながら、同時に思考を反芻させるステップがある。しかし、自力でメモをとることができない筆者のような障がい者にとっては、そのステップを補う「他己=多己」が必要となる。これを踏まえて「多己決定する自己決定」とは、「発話困難な重度身体障がい者」が、「通訳者」という特定の他者に「依存」しながら、障がい当事者の思考を「通訳者」の能力によってブラッシュアップしていく営みと定義する。

筆者の「通訳者」は、通訳を円滑に行うためのコツや技能を学ぶ必要があり、それは時間をかけて習熟して初めて身につくものである。さらに、筆者がただ日常生活を送るだけでなく、論文などの成果物を生産するためには、個々の「通訳者」による〝サービス精神〟が必要不可欠であり、かつ彼ら彼女らは組織化されていなければならない。このような筆者と「通訳者」のチームを、企業に見立ててみる。すると、筆者は経営者であり、「通訳者」はそれを〝根支え〟する社員のような存在といえる。経営者の仕事は主に意思決定であり、職場は筆者の拡張された身体となる。こうした決定のあり方を「多己決定する自己決定」と捉えることができる。

第1章で挙げた「はたしてこれは大輔さんが書いた文章といえるのか」というレオからの問題提起についても、個人の能力を評価対象とする現在の社会常識からすれば当然の疑問である。しかし、現状のままでは「発話困難な重度身体障がい者」に残された「思考する」という能力を活かすことのハードルが高くなってしまう。だからこそ「多己決定」という新しい概念が必要であるといえる。

「多己決定する自己決定」において筆者は、「通訳者」に対して大まかな指示を出す。「通訳者」は「もの言う介助者」として、筆者の指示にもとづいて作業を行いながら、「このような進め方はどうか」「この進め方のほうがいい」というフィードバックを筆者に対して行う。筆者は「通訳者」からのフィードバックを受けて再度の指示を行う。「通訳者」たちのフィードバックの集積によって、筆者の意思決定は定まっていく。その意味で青い芝がめざしていた強い自己決定論とは一線を画すものとなる。

青い芝がめざした「トップダウン型の自己決定論」は、いわば障がい者の強いリーダーシップのもと、介助者が手足となって動くというものだ（「強い主体」としての障がい者）。一方、筆者は「通訳者」に大まかな指示だけを与え、「通訳者」からのフィードバックを踏まえて自己決定していくという「ボトムアップ型の自己決定」の形をとっている（「弱い主体」としての障がい者）。また第9章で論じたように、「発話困難な重度身体障がい者」にとっては、手足として動く介助者（介助者手足論）以上に、当事者の属性や状況に配慮した専門的な提案のできる「もの言う介助者」としての「通訳者」の存在が時として重要になってくるといえるのではないか[2]。

また、「多己決定する自己決定」は「通訳者」の能力の恩恵を受けている点で能力主義を肯定する立場にある。しかし、一般的にいわれている能力主義の根底にあるのは、自己決定の全能感である。自らの作り出した文章が、自分一人の手柄であるという感覚が根底にあるのではないか。

けれども、自己決定そのものは、社会構築的なものであり、本人の属する集団、社会、またその時代精神に大きく影響されるものである。その意味で、「自己決定」の考え方そのものが、フィクションであるともいえる。「多己決定する自己決定」は、個人の能力としてだけではなく、グループの能力として評価される能力主義のあり方であると提言したい。

「多己決定する自己決定」は、本研究で明らかにしてきたさまざまな位相のジレンマや問題を解消することはできない。しかし、「多己決定する自己決定」のあり方が社会的に認知され認められることで、筆者のような「発話困難な重度身体障がい者」だけに成果物の帰属問題を問われることがなくなり、「発話困難な重度身体障がい者」が社会的に活躍していく可能性が広がるだろう。多己決定のような「グループで思考すること」が社会的に受けいれられれば、成果物の帰属先は個人ではなくグループ全体となり、「発話困難な重度身体障がい者」個人がジレンマを感じる場面が減り、「情報生産者」としての道が広く開かれる。つまり、この社会がグループで思考するという思考枠組みのあり方を認知し、受けとめることが求められている。

そして、この「多己決定する自己決定」は、「発話困難な重度身体障がい者」のみを対象とした思考枠組みではなく、重度の重複障がい者が社会的に活躍していくうえで、下地となるだろう。

ここまで、「多己決定する自己決定」としての「グループで思考する」ことの枠組みの重要性を指摘してきた。しかし、ここであえてまた「個」としての筆者にスポットライトを当て、率直な思いを述べる。筆者が大学院に進学し、博士論文を執筆したいと考えた動機には、「もっと誰かに賞賛されたい」という思いがあった。そして、その賞賛は、「私一人」に向けられたものであってほしかった。その意味で博士論文は、「オーサーシップが一人」であることが原則であることから、筆者の承認欲求を満たすのに「うってつけ」であった。

しかし、その意図とは裏腹に、本研究での実際は、筆者の思考を表出する段階でさまざまな「通訳者」が関わり、論文を書きあげるというものであった。このような論文執筆過程は、承認欲求を満たすための「諸刃の剣」である。「通訳者」の存在は、筆者の思考を整理し表出するうえで不可欠なものだが、一方では筆者の思考を〝水増し〟する存在であり、筆者一人の賞賛には至らない（オーサーシップが認められない）という危険性もあった。

こうしたジレンマは、筆者が「この文章を書いたのは誰か」という点を再帰的に振り返ることによって生じている。この再帰的に振り返ることは論文の執筆過程のなかでつねに生起してくる。「この論文が誰のものとして承認されるのか、また、社会から賞賛されるのは私か『通訳者』なのか」という問いが筆者のなかにつねにあるのだ。この不安感が承認欲求をさらに高め、結局のところ「通訳者」への依存が深まっていく。この再帰性と依存（アディクション）との関係について、野口はGiddensの論を参照しながら、「再帰的な自己であろうとする努力が、アディクションのプロセスを実質的に駆動する」と述べている（野口 1996: 188）。

筆者のなかに健常者性と障がい者性のジレンマがあると述べてきたが、それに伴って筆者は、「成果物は個人に帰属する」というマジョリティの規範を共有している。それによって自分が書いたものに対して自分一人が褒められたいという承認欲求は捨てきれないのである。便宜性を求めると、着実性が失われてしまう。筆者の言葉を「通訳者」に一字一字聞きとってもらうというよりは、思考を先読みしてほしい。だからこそ、そこにジレンマが生じるのである。

筆者は「発話困難な重度身体障がい者」が「情報生産者」となるためには「多己決定する自己決定」という思考枠組みが必要である、と確信している。しかし一方で、やはりグループやネットワークには換言できない、「個」としてありたい自分の欲求も強く自覚することとなった。

5 当事者研究の新たな可能性——合理的配慮を導き出す

ここで改めて本研究の研究手法である当事者研究の意義について述べる。そもそも筆者が当事者研究を始めたのは、研究者を志しながらも、「通訳者」に依存しなければ論文が書けない自らの「弱さ」を克服し社会から承認されたいという欲求からであった。しかし、実際に当事者研究を進めていくと、徐々に当事者研究は自分を徹底的・客観的にみるための「カウンセリング」のような意味合いが強いことを強く実感するに至った。

さらに、論文を書きあげる過程で、当事者研究のもつ、より大きな意義や可能性を認識していくことになった。それは当事者研究が、新たな合理的配慮を導き出すための障がい者運動としての機能ももつ、という点である。第3章でも触れたように、当事者研究にはもともと難病や身体障がい者らの当事者運動の潮流があるとされている。しかしここでは、本研究のように当事者研究を論文というアカデミックな媒体を通して発信していくことの意義についてフォーカスして述べたい。障害学会第一七回大会において、筆者は京都大学の油田優衣と共同で、当事者研究に関する研究発表をおこなった（天畠・油田 2020）。本節ではその内容をもとに、以下にまとめる。

油田は脊髄性筋萎縮症（SMA）Ⅱ型の当事者で、二四時間介助を受けながら大学生活を送っている（当時）。油田は、介助者との関係性において、自立生活運動のなかで謳われている「介助者手足論」規範に到達できない自己に対して悩みを抱えていたが、大学の教員からの勧めでそれをテーマに当事者研究を始めた。そしてその研究を論文にまとめ、臨床心理学の学会誌を通して発表した（油田 2019）。

このように、筆者と油田はともに大学という場で当事者研究を進め、それを論文として世に発信した共通点がある。その具体的なプロセスは以下四点になる。

まず一点目は、それぞれが自己の「弱さ」に直面し苦悩していたことである。油田の直面した「弱さ」は、先に述べたように、「介助者手足論」規範にのれない自己との葛藤であった。先天性の身体障がいをもつ油田は、中学生の頃から地元のＣＩＬと交流が盛んにあった（油田 2019: 30）。そこで出会った障がい当事者たちが油田のロールモデルとなり、「介助者手足論」を前提とした「強い障がい者像」が理想像として油田のなかに形成されていった（油田 2019: 30）。そして、大学進学と同時に一人暮らしを始めた油田は「介助者によって変わる自分」という現実に直面し、主体性のない自己は「自立生活をする障害者失格」だと考えたという（油田 2019: 30-2）。

筆者の場合は、これまでに論じてきていることと重複するため詳細は割愛するが、「通訳者」の介入を排せない故に論文のオーサーシップを強く主張できないこと、自己の能力の普遍性を証明できないことのジレンマが、直面した「弱さ」にあたる。

二点目はその「弱さ」を解明する鍵となる概念に触れたことである。油田は、大学で受講していた哲学や現代思想の講義で、偶然、自己の生きづらさを昇華するヒントとなる概念に多く出会い、最終的に論文では「中動態」[3]の概念を用いて、「強い主体」以外の障がい者のあり方について論じた（油田 2019: 33-6）。

筆者は、レオから星加の「合理的配慮と条件標準化原理」の概念を教わったことで、自己の苦悩の源泉となっているマジョリティの規範を指し示す概念を知ることとなった。その後はそこにいかに反論するか、という観点から考察を進めていくことにもつながった。

三点目は、個人的な「弱さ」の経験を探求する価値があると背中を押してくれた教員との出会いがあったことが挙げられる。油田は、先に述べた大学講義後に、担当教員に自己の経験を交えて、受講の感想を伝えたところ、その気づきを評価されると同時に論文化することを勧められた。油田はそれまで自己の経験はとるにたらないもの、と考えていたが、教員からの助言を受けて「自分の経験は文章にする価値があるのか」と大きな転換点になったという。

筆者も、大学院で上野千鶴子に論文指導を受けた際、「個人的なことを徹底的に深堀りすること」の助言を受け、自己の「弱さ」をテーマに当事者研究していくことを決意するに至った背景がある。

これは「浦河べてるの家」においても重視されている点で、向谷地は相談面接において「まず研究をすることだね。（中略）そこで生まれたアイデアは、自分だけではなくて多くの仲間を助けることにつながるし、実際に取り組んでみる価値はあると思うね。」（向谷地 2009: 64）と伝えるという。こうした自己の「弱さ」を発信することが社会的に価値ある事だと承認する存在の重要性が示されており、それは大学で当事者研究を行った筆者と油田にも共通している。

四点目は、ゼミなど、新しい「知」を歓迎する場での研究を公表する機会があったことである。当事者研究では、「自分自身で、共に」といわれているように、自己を対象とした研究でありながら、同じコミュニティに属するメンバーと共有することや意見交換を行うことが特徴としてある。大学においては「ゼミ」での発表や意見交換が同様の役割を担うが、そこでは学問的視点からの批判が盛んに起こる場であることは特異な点として挙げられる。

以上のような過程を経て、筆者や油田の当事者研究は完成していったが、それはまさに「弱さ」のなかに「知」を見出すプロセスであったといえる。個人的な悩みが単なる「弱さ」として自己処理されるのではなく、それぞれの生き詰まりを解明するための新たな言葉の獲得が可能だったこと、また、背中を押す教員の存在など、研究のきっかけをつかんだことは、両者とも拠点が「大学」という場にあったことが大きく影響していたといえる。大学は、未知の「知」への探求に価値がおかれている環境であるともいいかえられるからだ。

以上の点を踏まえ、大学において当事者研究を行うことの新たな可能性や意義について述べる。一つはこれまでに、筆者にとって当事者研究はカウンセリングの要素が大きかったことに触れているが、油田も当事者研究は自身にとって「自分を許していく範囲を変えていくプロセス」だったと振り返っている。なぜ当事者研究が自分を許すことにつながったのかといえば、当事者研究の過程では自分の「弱さ」の合理性を言語化し、その合理性を論理的に証明する作業が伴ったからだといえる。

例えば油田は、手足論規範に対し、中動態の概念を用いて介助者によって自己決定が変化することの合理性を論じ、筆者は「発話困難な重度身体障がい者」にとって、「通訳者」との協働作業で論文を書くことがいかに合理的であるかを論じた。このように当事者研究を通して、筆者と油田はそれぞれに自分が囚われ、知らず知らずのうちに内面化していた既存の規範を見直し、自分の「弱い」あり方のなかにある合理性をみいだしていった。その過程が「弱い」自分を許すこと、熊谷の言葉を借りれば「免責する」（熊谷・綾屋 2014: 9）ことにつながったといえる。

さらに筆者と油田は、当事者研究には自分自身のカウンセリングに留まらない、「新たな合理的配慮を導き出す」ためのツールになり得ること、さらにそれは「論文として文字化すること」によって成りたっていることをみいだした。

当事者研究をあるコミュニティにおいて実践するだけなく、文字化して発信することは、社会でその存在が認知されるきっかけとなることと、社会に対して行動の指針を示すという二つの効果があげられる。例えば、第4章で触れた青い芝の行動綱領は障がい者の困難について考え、それを解消していくための行動をとる際の起点・指針となり、社会に影響を与えてきた。同様に当事者研究を文字化し発信することは、個人の困難がいかなるものであり、その支援の合理性を考える際の指針を提供するものになる。こうした積み重ねが社会変革をもたらす可能性は多分にあり、当事者研究は「個人モデルから社会モデルへの転換」を最小単位で実現し、社会規範を変える糸口を秘めているといえる。

さらにいうと、その指針とは、「当事者にとって本当に合理的な合理的配慮」を提供する指針といえる。例えば筆者は、「通訳者」による先読みを支援の一つとして戦略的に活用し、論文執筆をしてきたが、「博士論文を執筆する主体は一人である」「論文には再現性がなければならない」といった一般的な規範により、「通訳者」による先読みが合理的な配慮であるとは認められない場面にも立たされてきた。

しかし、他者と一緒に論文を執筆すること、「通訳者」の介入ありきでアウトプットを行う、そのような既存の規範観からは外れてしまう自分の「弱い」部分にあえてスポットを当て、そのことの合理性の証明が当事者研究によって可能となる。そしてそれを発信することで、社会の見方を変え、既存の合理性の境界線を変化させること、ひいては合理的配慮の範囲を広げていくことにもつながるといえる。

それは別の言い方をすれば、社会運動としての機能も有するということだ。そしてその営みは、フェミニズムの「個人的なことは政治的なこと」（上野 2011: 36）という言葉と同義である。「個人的なことは政治的なこと」という言葉は、私的な領域における抑圧や苦悩が、公的な領域における抑圧的・差別的な構造や人々の価値観と深い関係にあることを示す言葉である。当事者研究も同様に、個人の個人的な経験から出発し、個人的な経験の洞察を通じて社会の規範や既存の合理性を問い直す営みである。これまでの青い芝やCILによる障がい者運動も、根源的な目的は権利侵害を受けてきた障がい者一人一人の個人的な生活のあり方を改善していくことでもあった。しかし、運動が盛んに展開されていた一九七〇〜八〇年代に比べ、（それらの運動の成果として）現在は障がい者の福祉制度が整備され、障がい者の生活は制度に守られ、囲われた生活になっているともいえる。そして自分のプライベートな生活の問題と、社会運動の必要性が結びつかない人が増えてきているようにも感じられる。このような状況を打開し、「個人的なこと」を「政治的なこと・社会的なこと」に結びつけ、障がい者運動を再び活性化させる可能性が、当事者研究にはあるのではないか。

一方で、当事者研究をアカデミックな場で行うことの意義やメリットとしては、自分の経験を捉え直し考える際の知的資源にアクセスしやすいということ。さらに、その成果を発信した際に、社会に対する発信力・影響力をもたせやすいという点が挙げられる。当事者による研究・発信であることは社会の注目や説得力が高まる作用があることに加え、学術的裏付けがあることによってさらに社会的信頼度があがり、発信力が高まるといえる。

まず、大学というのは、熊谷がいうように生きるなかで「躓き」を経験した先人たちが蓄積し、練り上げ、継承してきた知のアーカイブが宿る場所である（熊谷 2019）。そこにはマイノリティの経験を記述するためのヒントになるような言語的な資源が多く宿っている場だといえる。もちろん、大学の知は大学の内部に閉じられたものではなく、大学内でしかそうした研究が難しいということではないが、さまざまな概念へのアクセスが容易であり、自分を客観的に捉えるための材料を手に入れやすい一つの場だということができる。

もう一つは、その当事者研究の成果を論文という形で出すことは、社会に対して説得力が高まる方法だといえるという点である。まず、自助グループで行われている当事者研究と、アカデミックな場で行われる当事者研究を比較すると、前者においては当事者研究の実践やその成果が本人にとって有効であるかという点が肝要であり、個人にその成果が還元されることが重要である。一方でアカデミックな場では、自分にとって有効かという点だけでは不十分であり、論理的に、また学問的に妥当かという点が不可欠であり、最終的には学術や社会にその成果を還元することがめざされる。論文という形は、科学的な根拠にもとづいているため、その主張は社会に対しての説得力がある程度担保されている、ともいえる。もちろん、マイノリティの経験を明らかにし、世間に対してなんらかの合理性を伝えることは、論文以外の発信方法もある。これまでもさまざまな障がい者運動によって障がいのある人の権利保障が進んできたといえるが、論文という形で社会に主張していくことも、一つの重要な「運動」の方法だといえる。

そして、アカデミックな場で当事者研究を行うからこそ直面する困難についても触れたい。

これは二〇二〇年七月二五日に行われた、日本学術会議主催の公開シンポジウム「シチズンサイエンス・当事者研究が拓く次世代の科学：新しい世界線の開拓」でも中心的なテーマとなっていたことだが、当事者研究をアカデミックな場でやるということは、その成果を学術的な形式にもとづけなければならない、という要請が前提にある。そのため、自分の経験を表現する際には、アカデミックな記述方式に則らなければならない。また、アカデミックな場での価値の序列にもとづいて自分のこの経験は価値があるかないかが決められる。

そうしたアカデミックな作法や価値体系のなかで、自分の当事者としての経験をどのように位置付け、活かすのかは一筋縄ではいかない。ときには当事者としての自分の経験が、既存の学問の言葉に置換・吸収され、生々しさが削ぎ落とされてしまうということも考えられる。その場合、論文のなかに綴られた言葉は、当事者の経験を語るには距離のある、現実を反映しない言葉になり、当事者研究者はただの「専門家／研究者」になってしまい当事者コミュニティからは遠い存在となることも考えられる。そこには、研究者としての〝作法〟だけでなく、当事者としてそのコミュニティと乖離しすぎないための、当事者としての〝作法〟も心得ておく必要性が示されている。

こうした困難さはあるものの、当事者研究の弱さのなかに「知」をみいだす実践は、個人と社会の両方を変えるものになり得ることを改めて強調したい。当事者研究は、マジョリティの規範には同調することができず、またこれまでの障がい者運動で掬い切れなかった人々、「弱さ」を抱えて生きる人々の葛藤を掬い上げ、個人の経験を社会の問題とつなぐ可能性をもっているのである。さらに、当事者マナーと研究者マナーの両方を身に着けた当事者研究者が、研究成果を論文にまとめ世に出すことで、社会に対する発信力・影響力が高まる可能性があり、それらが障がい者運動を再び活性化させ、社会を変える実践につながると考える。

次節では最後に、本研究で到達できなかった課題、限界について述べ、本書を締めたい。

6　本研究の限界と今後の研究課題

本研究では、「発話困難な重度身体障がい者」における「多己決定する自己決定」というグループによる思考枠組みをみいだし、その可能性を論じた。この思考枠組みは、一見、新しいあり方にみえるが、本質的には誰もが行っている枠組みであることを指摘してきた。つまり、コミュニケーションの過程では誰もが自己を抽象化・捨象化することで、自己を表現している。筆者の場合は「通訳者」を介することで、他者への「依存」がガラス張りのように露見してしまうため、論文執筆過程において抽象化・捨象化された自己の妥当性が社会から問われることになる。

その一方で、健常者は他者への「依存」が筆者ほど可視化されないために、こうした問題に直面することはあまりなく、抽象化・捨象化された自己を自覚することもない。健常者はつねに「能力」や「帰属」は問題化されることはないうえに、「自己決定」もその人固有のものとして疑問視されることはない。それでは、こうした問題が「発話困難な重度身体障がい者」には先鋭的に突きつけられる一方で、健常者は他者からのサービスを意識することなく学位論文を書けるのはなぜなのだろうか。「誰もが自己を抽象化・捨象化することで、自己を表現している」ならば、健常者における「自己決定」の合理性が問われてくるのではないだろうか。このように「自己決定」概念そのものを捉えなおしていくためには、健常者における他者からの〝サービス精神〟がどのようにフェードアウトし不可視化されていくか分析していく必要があるが、本研究では触れることはできなかったため、今後の研究課題としたい。

また、「発話困難な重度身体障がい者」の介助／通訳者に「もの言う介助者」としての役割が認められ、社会から「多己決定する自己決定」が認知されたところで、その実態に合った制度がなければ当事者のジレンマが薄れることはない。そこで筆者は今後の研究として、社会福祉学において「発話困難な重度障がい者」の介助モデルを打ちたてることをめざす。その際に筆者の詳細な事例が社会制度を整える際の理解を促進する一助となるだろう。しかし、本研究では筆者の事例を中心に論じているため、他の「弱い主体」としての「発話困難な重度身体障がい者」の現状にはほとんど触れることができなかった。一例として挙げると、『逝かない身体――ALS的日常を生きる』で大宅壮一ノンフィクション賞を受賞した川口有美子は、橋本の通訳介助を公的な場で担う際に、自身と橋本の関係を以下のように表現している。

橋本さんの意訳をしているとき、その場で彼女が何を言いたいのかを即座に予測し、こちらで言葉を足して説明することがよくある。私はそのたびに「こういう意味？」と確認するようにしているが、橋本さんは「そうだ」とばかりに目で頷く。

これでは橋本さんの講演会のはずなのに意訳する者の主観や言葉遣いが出てしまい、橋本さんの印象にも影響を及ぼしかねないが、時間的に制約がある場では橋本さんはできるだけ言葉を短縮して、対話のスピードを大事にしようとする。（川口 2009: 209）

ここからは、自己と他者の思考主体の切り分け難さに悩む川口の実践を垣間みることができる。このような事例を複数検証し、より普遍的な介助モデルの開発につなげたいと考えている。

そして、「多己決定する自己決定」の思考枠組みと「個としての承認欲求」の共存をいかに実社会に具現化して支援に結びつけるのかを提起し、さまざまな重複障がい者が活躍しやすい社会の実現に向けて貢献したい。

■注

1　二〇一四年、理化学研究所の小保方晴子らが学術雑誌「Nature」で発表した「STAP細胞」に関する論文が、さまざまな疑義や不正が指摘され、撤回された。この時、小保方らがSTAP細胞を「再現」できるか、という点が大きな鍵としてメディアでも多数とりあげられた。この「再現」に関する指摘は、筆者にも当てはまる問題ではないかと「通訳者」のレオから問われ、それをきっかけに「再現性の担保」が難しい筆者の論文は学術的研究とは認められないのでは、という恐怖を強く感じるようになった。このことも本研究の背景の一つとして記しておく。

2　本研究では、従来の手足論規範を批判的に検討したが、弱い主体の議論は、筆者をはじめとする「発話困難な重度身体障がい者」だけを対象とするものではない。筆者は骨形成不全症の当事者へのヒアリングを行ったが、介助場面によっては、「With who（誰と行うか）」が重要であり、筆者同様のあり方をみいだすことができた。また、油田も「介助者によって自分が変わってしまうという現実」を懸念している（油田 2019: 32)。（油田のこの懸念については本章5節で詳細に触れる。）さらに前田も、性風俗利用への同行や爪切り介助などにおいて、その場の介助者によって利用者側が頼まないことがあるといった事例を挙げ、「What to do（何をするか）」と「How to do（どのようにするか）」に介助者の介入を避けられないと述べているが（前田 2009：52-65)、当事者からすると、この事例にも「With who（誰と行うか）」の概念が潜在化していると筆者は読みといた。

3　中動態の概念については、國分（2017）に詳しい。

解題

誰の？はどんな時に要り用なのか（不要なのか）

立岩真也

本書に書かれているように、著者は二〇一〇年四月に私の勤め先の大学院に入学した。その時すでに、最初の著書『声に出せないあ・か・さ・た・な――世界にたった一つのコミュニケーション』（生活書院）があったような気もしていたのだが、それは間違いだった。その本の刊行は二〇一二年五月。著者は東京に住む人だし、来る時には介助者こみだし、そう頻繁に京都に来れない。やはり本書に書かれているように、教員たちは、東京に仕事に行ったついでに、著者に会ったりした。調べてみたら、私が著者の事務所を訪問したのは二〇一八年八月。事務所があるのは武蔵野市なのだが、最寄りの駅は三鷹駅。一九八五年から一九九五年まで三鷹市に住んでいた私は、その面会の後、二三年ぶりということになるのか、住んでいたあたりにあって時々食べに行っていた「ハルピン」という店が立派になって経営を続けていることを確認し、食べて飲んでいい気分になった。そのことと、事務所にプリンターがないようだったので、そのぐらい買いなさいよと言ったのぐらいしか覚えていない。加えて、著者の演習への参加はしばしばオンラインで、だった。Zoomがかくもはびこる前のことで、スカイプを使ったと思う。

筆者は二〇一九年三月に博士号を取得した。審査委員が筆者に対して行なう「口頭試問」というものと、たいがいはその二ヶ月後ぐらいに行われる誰でも聴ける「公聴会」というものがある。二〇一八年秋に論文を提出した（こちらの研究科は、春と秋、二度提出の機会がある）筆者の口頭試問は一二月一八日、口頭試問は翌年一月八日だった。この間隔はかなり短い。これには、熟練の通訳者黒田宗矢さん（本書三五八頁）がフランスの大学院に留学していて日本に来れる期間が限られていて、という事情があったように思う。審査には研究科外から外部審査員を一名お願いするのだが、この時の外部審査員は福島智さんにお願いし受けていただいた。口頭試問は、著者の通訳者二人、福島さんの通訳者二人が加わり、というなかなか前代未聞のものだった。おもしろかった。公聴会の後には、福島さんに会場と同じ建物の四階にある生存学研究所の「書庫」というところに来てもらって、公開インタビューというものをさせていただいた。福島さんの大学入学に至る話、大学・大学院でのことを聞いた。これもおもしろかった。その記録を研究所のサイトに公開している（http://www.arsvi.com/2010/20190108fs.htm、「福島智　インタビュー」で検索しても出てくる）。本書にも関わる。読んでいただけるとよいと思う。

公聴会のあと、「主査」という役の教員が「審査報告書」というものを書く。A4・一枚の短いものだが、基本褒めなければならない、しかし、あまり虚しく持ち上げても悔しい、というものでもあり、それを教授会で全文を朗読せねばならないというものでもあり、これを書くのはなかなか気の重い仕事だ。だからもったいなくもあり、これまでも、こちらの修了者の博士論文をもとにした本の「解題」などではしばしばそれをそのまま再掲してきた※。今回も、論文の要旨、といった部分は省いて、そうする。

著者は、四肢麻痺、発話障害、視覚障害を併せ持っている。通訳者＝介助者が「アカサタナ」と言ってサ行で身体を揺らし、「サシス…」と言うとスの時に身体を揺らして、「ス」と確定する、といった具合に発話する。そう聞いて思うよりはずっと早く発信はなされるが、それでも時間を要する。それを円滑にし時間を短縮させるのが、長く著者と関わりこの仕事に習熟した通訳者＝介助者たちである。どのようにしてこの方法が始まり、発話しようとする言葉を「先読み」したりして短縮する方法を双方が作り上げてきたか、実際にどのようにして発信はなされているのかが、とくに本論文の前半において解析され提示される。

それは特殊な方法ではあるが、しかし発話が時間的その他の制約のもとにあること自体は普遍的なことであり、そこに他者が入り込んでくることも普遍的である。条件が変わっていくと発話の仕様・過程がどのように変容していくのか。それを本論文は詳細に具体的に明らかにしている。独創的で有意義な研究がなされその成果が本論文に記されている。そのことにおいて既に、本論文は博士論文として十分な水準に達していると審査委員会は判断した。

さて、こうした技術はまったく有効で有益なものだが、とくに博士論文のような、論理を展開してく長いものを書こうとする場合、たんに文字列を予想するだけでなく、通訳者はときに先に続く論を提案することもある。するとそれは誰が作っていることになるのか。他人が介在することの益を得るが、自分の作品であると思いたい。それを著者はジレンマであるとするが、ただ二つの益を得ようとしているとも捉えられる。その指摘に対して、著者は、あらゆる人がそうして人々やその営為の堆積があって初めてものを生産しているのに、障害者の場合には他者の介在の事実が見えやすいので、相対的に、しかし大きな度合いで自身の寄与が低く評価されてしまう度合いが高いのが不当であると書いているのだと応えた。それは妥当な応答である。ただ、詳細に本論文で明らかにされるのは、協同で生産されているという事実であり、結論として提示されるのも、結局のところ、みなで（「多己」が）ものを作っているということを認めよということである。

すると一つ、ここでは自分が作っていると（思いたいという）思いは解消される（べき）という話になりそうだが、それでよいか。一つ、その主張はもっともであるとしても、それは普遍的な普通の事実を認めよというただ普通の話に帰着するだけにならないか。すると一つにはさらに進め、そして著者にもそうした線でこれからの研究を進めようという考えがあるのだが、通訳者を介助者というより情報生産の協同生産者として社会的にも待遇すべきだと主張するという道もある。

こうして、どのような論に繋げまとめていくのかについては種々の意見が審査委員からも出された。ただ、こうして多様な展開の可能性があることもまた本論文が優れた成果であることを示している。本論文を博士論文と認めることになんの異論もなかった。

以上により、審査委員会は一致して、本論文は本研究科の博士学位論文審査基準を満たしており、博士学位を授与するに相応しいものと判断した。

今回はもう一つ。二〇一八年一一月に青土社から出してもらった本『不如意の身体――病障害とある社会』があり、その第3章が「なおすこと／できないことの位置」でその第2節「できないことの位置」の3が「存在証明という方角もあるが」。以下その全文。

このように見ていくと、それと対照的な方向であると気づくのだが、もう一つ、自分が作ったと言いたい思いが（すくなくとも一方では）あることがある。そしてそれも言われればもっともな思いではある。天畠大輔がそういう思いの人である〔文献略〕。彼は、世界で一番？、かもしれない身体障害の重い大学院生で、発話できず、身体の細かな動きはできないので、通訳者が「あかさたな」と唱えるのを聞いて身体を揺するのを通訳者が読み取り、次にあ行なら「あいうえお」と唱え、「う」で確定といった具合に話す。想像するよりはずっと早く進むが、しかし時間はかかる。視覚障害もある。長い文章、とくに博士論文といった長く面倒な文章を書こうとなると、どうするか。

彼には長い時間をかけて育ってきたきわめて優秀な通訳者が複数いる。普通の意味での通訳にも熟達しているが、長年付き合ってきて、何を天畠が考えているかもわかっているし、この通訳という仕事がどんなものであるかもよくわかっている。だから、このコミュニケーションを主題に書かれるその博士論文について、本人の意を察するという以上のことができることがある。それで天畠はかなり助かっていて、それがないよりはるかに楽ができていると思うとともに、そして依存する気持ちのよさを味わうとともに、自分の仕事が自分の仕事として認められたいと思う。そういうジレンマを抱えているのだと書く。

それをジレンマと言えるのかどうか。自分でやっていると言いたいが、手伝ってもらってもいる。そしてそれはそれで心地よく、楽でもある。他方、彼自身が寄与しているのも間違いない。そもそものアイディアを出すということもあるし、そのチームを作ったのも、彼、彼の身体である。どれだけと確定はできないが、彼は寄与している。同時に手伝ってもらってよくなっている。それだけのことである。だから共著ということにしたいのであれば、すればよい。論文も学会報告も、ほとんどすべてがそのようにして発表可能である。

ただ学位は個人に対して与えられる。個人を評価したその結果が学位であって、その成果には、もちろん環境があり、人との関係があったうえであること等々を承知しつつ、一人に一つ出すというものである。その合理性はあるか。例えば職を得る／与えるための指標であるとしたらどうか。普通は、人は一人採用するということになるから、その際の指標は、一人について一つということになりそうだ。このように一人につき一つが必要とされる場合があり、そのように求められることにつきあってもよいという人はその世界の流儀に従うことになる。これ以上つついても仕方がない。他方、同時に、仕事は共同で行なったといって何も問題はない。

ときに自分がやっているか誰がやっているかが曖昧になる。それは当然のことであり、それ自体はよいことでもわるいことでもない。主体性が常に大切であると決まったものではない。本人と介助者の間のそんな、自律であるとか依存であるとかのマイクロな部分を記述することがなされてきたが、もうだいたいのことはわかっているように思う。たいがいのことはまかせてなんとかはなる。その範囲で支障なく生活が成り立っているなら、問題はない――ということは他方では、自分の身体の痛みが他人には看過されやすいといった看過すべきでないことがあることも認めるということだ。それをさらに繰り返すことにどれほどの意味があるだろうか。

ただ天畠の場合は、言語が関係しているから一定の複雑さがあり、種々の工夫もなされているだろう。それは十分に稀少な珍しいできごとではある。それを調べて書き出すことにまず意義はあるだろう。それをきちんと行なえば、それはそれでよい。

そこでいったんこの話は終わり、止まるだろう★15。ただ、仕組みをどのようにしていくかという問題は残るはずだ。誰かと組むことによって仕事ができるという場合はある。教員の場合であれば、客である学生に伝わるものとしては一人分のものである。学位取得においては、仕方なく一人が取り出されるとしても、二人で一人分なのであれば、二人を一人分の仕事をする二人として雇ってもよいはずだ。それは二人でいっしょの方が、他の一人ずつの人たちよりも勝っているからだと言うことになるか。そこまでがんばって言う必要はないだろう。一人分ができればそれでよしとする。すると、二人なら雇う費用が倍かかることになる。それを雇用主の側が支出することになると、そうした場合の雇用差別を禁じても、密かに、差別は実行されるだろう。とするとどうするか。一つには、もう一人分の給料は雇い主が支出しなくてすむように別途公金から支出するといったやり方だ。するとこの場合には、本人がいて誰かがその介助者でいる――すると、介助に対する費用は、現在の制度はとても不十分にしか対応していないが、出させることはありうる――というより、二人(以上)で一つであることを十全に示せた方が説得力が増すということになる。そしてその時、天畠(たち)の論文で示される、その仕事の製造過程の記述は人々の理解を助けることになり、再び意味を有することになる。それは、天畠が(一方で)望んだ自らの名誉と自尊心を獲得するという方角とは少々異なるかもしれない。その気持ちはわからないではないが、それは自分で言いたいように言えばよい。わかってくれる人はいるだろう。それも言いながら、傍目からは不思議に見える共働を詳細に描いた方がまずおもしろいし、職に結びつくかもしれない。ではこのような仕事の仕方、させ方は、あらゆる職種に及んでよいことであるのか。簡単にはそうは思えないとするとどうしてか。次にそうした問いを考えていくことになる。」（『不如意の身体——病障害とある社会』八七～九一頁）

言いたいことはまず以上だ。協働と呼ばれるような営みがある。自分の仕事を介助してもらうことがある。両者は地続きに連続している。そうしたなかで「誰が？」が、なぜ、どのように問われるかは、その行ないが行われている場による。どうでもよい場合もある。なされさえすればよく、誰が、はどうでもよいという場合だ。しかし、そうもいかない場合がある。それにも幾つかある。自分が生活するに際して介助を得るといった場面、なんらかの主張をもって社会に訴えるという社会運動の場面、いずれも、「誰が？」がどうでもよいということにはならないが、同時に、委ねてしまってもよいところがある。いま引用した文章の「★15」とあるのは註で、「介助者手足論」にふれている。その「論」にも少なくともこの二つの契機があるのにそこがこんがらがっているから、分けて考えようと思ってきて、そのこと等を言っている。そして私の考えは、介助に関わっては、『介助の仕事』（2021、筑摩書房）の第8章「へんな穴に落ちない」、そして介助に加えて運動については、青木千帆子・瀬山紀子・立岩真也・田中恵美子・土屋葉『往き還り繋ぐ——障害者運動於&発福島の五〇年』（2019、生活書院）で私が担当した第6章「分かれた道を引き返し進む」の第2節「つきあい方について」に記した。だいたいそれに尽きると思う。

ただ、労働・製作となるとまた違ったことを考えねばならない。その一部を引用した文章に記したが、それは一部だ。論文を書くこと一つをとっても、複数の契機があると思う。なぜそこに筆者の名が書かれるとよいことがあるのか。研究者としての力量を評価する／される必要がある場合には、誰がどれだけ寄与したかを示す必要のある場合があるだろう。また筆者の名前から複数の文章・思考のつながりを知ることができるといった効用もあるだろう。また書き手にとっては、自分が書いたのだと示したい、それを糧にして仕事をしていくということもあるだろう。私は、自分の生産物を自分だけが取得できる、のではないとずっと言い続けてきたのだけれども、「これは自分の仕事だ」、と思うことまでを否定したわけではない。ただ他方、同時に、誰が書いてもかまわず、よいものでありさえすればよいのだということもある。

だとして…、と話が続いていく。長くなるからやめるけれども、ついでに、一つ関係して思うことを書いておく。論文というものはこういうものだという像があって、それを基準に評価され、査読にかかり、落とされたりする。それにはそれなりにもっともなところがある。しかし、なんのためか、他のありようがないのか、と考えることはできるし、私はそれが必要だと、論文を書いてもらうことを手伝う仕事を長くしてきて――数えたら私が主に担当した博士論文が二〇二一年の末までに六八本ある――ますます、思うことがある。研究者・教育者としてやっていくとすれば、社会的な事実を解釈しそれを示す力は必要であり、その力の具合を論文によって示すこと、例えば教員として採用する側が知ることに意味はある。そのためにはいまの論文を巡る仕組みは有効だ。しかし、事実をひたすら書いていって、それをただ重ねて集めたもの、はだめなのか。もちろん、何を書くかにも常に選択が働くのだから、「ただ書く」などということがあるのかと言われれば、ないということにはなる。しかし、そこはいろいろと手伝うこともできる――それが私の仕事、すくなくとも仕事の一部なのだと私は思っている。そして、できたものについて、さらに別の人が考えたり、解釈を加えたりすればよい。その全体を一人の人が行なうことは、それができることを示しそれで職を得るといった場合は別だが、常に必要なわけではない。

こちらで博士論文を書こうという人も、博士号をとってそれで研究者に就こうという人ばかりではない。そうでない人がたくさんいる。その人たちは、例えば自分（たち）がやってきたことをとにかくまとめたいと思っている。「社会学者」などになろうとしているわけではない。私はまったくそれでよいと思う。間違いや嘘はよくないが、間違いでないことをきちんと調べてたくさん書いてくれたらそれでよい、その「社会学的含意」なるものは、別の人に探してもらったらよい。

査読には通っているようだが、つまらない「含意」が書かれ、つまらない「おち」でおちている論文をたくさん見てきて疲れ気味、ということもあるが、そう思っている。加えて、そのようなひとつひとつ分量内に「まとめ」をつけて、査読に落ちたり、ときに通ったりといったような仕組みのもとでは、書かれていくペースが遅すぎ、書かれるべき量にまったく足りないと思っている。だから、私としては、分業・協業おおいにけっこう、とにかく書いてくださいと思っているし、普通には論文とされないものであっても書いてもらい読んでもらいたいと思っているし、その手前の材料をたくさん集めて、公開していこうと思っている。話してもらった記録を研究者の所有物のように手許におくのでなく、むしろ話し手のものとして、話し手の許可を得て公開していきたいと思っているし、すでにそれを進めている（「生を辿り途を探す――身体×社会アーカイブの構築」→「声の記録」：http://www.arsvi.com/a/arc-r.htm）。

いささか話が滑っていってしまったが、とにかく、書くものが、どういう位置に置かれるものとして書かれるのか、そうした視点・立脚点をもって考えることだ。そうでないと、「〇〇とはなにか？」という、自分でも何を問うているのかわからない問いのまわりをぐるぐるまわるだけで、よくない。そのことを私は筆者に、筆者にだけでなく、言ってきたつもりだ。「誰が？」を特定すること、また他方で問わないことは、どんな場合に、どんな理由で必要なのか、本当に必要なのか、必要だとしてではどうするか……。そんな具合に考えていく。それが社会科学、に限らず学問というものだとも私は思う。そのような問い方を筆者（たち）自身にも求めてきたが、本書でその部分がうまくいっているかというとそうではないというのが私の評価だ。しかし、ここまで考えて書かないとだめだと、深追いはしない。それはまた別の仕事としてすればよい。また、自分が始めた仕事だからといって自分だけが続けねばならないわけではない。誰かがやるかもしれない。やってもらえばよい。本書はその「もと」として十分なものになっている。

さらに、労働全般について。労働をともに行なうこと、介助を得て行なうこと、それは必要なことであったりよいことであったりするだろう。では労働が対価が払われるものだとして、必要なものを得るには費用がかかるとして、それをどのような仕組みに乗せるのがよいのか。これがさきに『不如意の身体』から引用した部分の最後の段落で示した問いだ。仕事するに際しても重訪（重度訪問介護）を使えるようにする。それでよい。ややこしいことを考えずそれを進めていけばよい。そう思う。ただ同時に、考えるべきことはある。そしてこれは、著者にとってもまったく他人まかせにはしきれない次の主題・課題だ。どういうわけだか、ここ数年、「障害者と労働」という主題に関わる研究をしようという人たちが幾人かこちらにいる。そんな人たちと／の仕事をまとめ本を作ろうというつもりもある――私の準備作業として「障害者と／の労働について：覚書」（http://www.arsvi.com/ts/2021001l.htm、「障害者との労働について覚書」等で検索して出てくる）。著者にもそこに加わってもらうことがあるかもしれない。

あるいは、著者にそんな暇はなくなり、「おおまかに正しい方向」にぐいぐいと現実を進めていくのが著者の主な仕事になるかもしれない。『介助の仕事』の一一一頁には著者の学位授与式での写真があるのだが――

著者の写真映りがなんだかえらくよいことは皆が言うことだ――そのあたりに、ある種の障害者は、「社長・経営者に最適、ということがあります。…私の勤め先の大学院生だった天畠大輔なんかがそういう感じです。実際、経営者をしています。」と書いた。そして、ややこしく細々した仕事は私たち下々の者が行なうことになるかもしれない。それもそれでよいだろう。そのような分業・協業・協働の仕方もある。そしてそのこともまた本書に書かれているのだった。

※　数えてみたら、私が主査（主担当）で博士論文が書籍になったものが三三冊、主査でなかった人二人のも含めて十二の博士をもとにした書籍の冒頭あるいは末尾に解説・解題を書いたようだ（これから書くことになっているもの、帯の宣伝文は別）。そのうち、審査報告書をその文章のなかに引用したのは四冊に書いた文章においてで、この本でが五度目になる。その四冊と私が書いた文章の題を以下に列挙する。なお、窪田の本はナシニシヤ出版からの刊行だが、他は生活書院から。①樋澤吉彦『保安処分構想と医療観察法体制――日本精神保健福祉士協会の関わりをめぐって』（二〇一七）に、「不可解さを示すという仕事」。②仲尾謙二『自動車　カーシェアリングと自動運転という未来――脱自動車保有・脱運転免許のシステムへ』（二〇一八）に、「この本はまず実用的な本で、そして正統な社会科学の本だ」。③葛城貞三『難病患者運動――「ひとりぼっちの難病者をつくらない」滋賀難病連の歴史』（二〇一九）に、「ここから始めることができる」。④窪田好恵『くらしのなかの看護――重い障害のある人に寄り添い続ける』（二〇一九）に、「ここにもっとなにがあり、さらにあるはずについて――解題に代えて」。これまで私が書いてきた十二の文章すべての全文をやはりこちらのサイトに掲載している（http://www.arsvi.com/ts/dt.htm、「立岩真也　博士号取得者」で検索）。

謝辞

本研究は、私が立命館大学大学院先端総合学術研究科一貫制博士課程に在籍した九年間（二〇一〇年四月～二〇一九年三月）および、日本学術振興会特別研究員ＰＤ（二〇一九年四月～）としての研究成果をまとめたものであり、在宅医療助成勇美記念財団による研究助成（二〇一〇年四月～二〇一一年三月）、日本生産性本部による生産性研究助成（二〇二〇年四月～）および、トヨタ財団二〇二一年度研究助成（代表：天畠大輔、D21-R-0042）の成果の一部となります。

なお、科学研究費補助金に関しましては、日本学術振興会特別研究員ＤＣＩ（課題番号：24・7707）、日本学術振興会特別研究員ＰＤ（課題番号：19J01769）、若手研究（課題番号：20K13734）、研究成果公開促進費・学術図書（課題番号・21HP5146）の助成を受けました。

本書は、二〇一九年三月立命館大学大学院先端総合学術研究科一貫性博士課程から学位授与された、博士学位論文『「発話困難な重度身体障がい者」の新たな自己決定概念について――天畠大輔が「情報生産者」になる過程を通して』に大幅な加筆修正を行ったものです。また、本書のいくつかの章は、既発表の論文を土台とし、修正したものになります。初出論文を以下に示します。

【第4章】

天畠大輔、2020、「『発話困難な重度身体障がい者』における介護思想の検討——兵庫青い芝の会会長澤田隆司に焦点をあてて」『社会福祉学』60（4）

【第6章】

天畠大輔、2013、「天畠大輔におけるコミュニケーションの拡大と『通訳者』の変遷——『通訳者』と『介助者』の『分離二元システム』に向けて」『Core Ethics』9

【第7章】

天畠大輔・黒田宗矢、2014、「発話困難な重度身体障がい者における通訳者の『専門性』と『個別性』について——天畠大輔の事例を通して」『Core Ethics』10

【第8章】

天畠大輔・嶋田拓郎、2017、「『発話困難な重度身体障がい者』における『他者性を含めた自己決定』のあり方——天畠大輔を事例として」『障害学研究』12

天畠大輔、2021、「『発話困難な重度身体障がい者』の文章作成における実態——戦略的に選び取られた『弱い主体』による、天畠大輔の自己決定を事例として」『社会福祉学』61（4）

【第9章】

天畠大輔、2020、「『発話困難な重度身体障がい者』の論文執筆過程の実態——思考主体の切り分け難さと能力の普遍性をめぐる考察」『社会学評論』71（3）

立命館大学大学院先端総合学術研究科教授の立岩真也先生には主たる指導教員として、これらの論文を含め、本研究の遂行に当たり終始ご指導をいただいたことを深く御礼申しあげます。同研究科教授西成彦先生、岸政彦先生並びに東京大学先端科学技術研究センター教授福島智先生には副査としてご助言をいただくとともに、本研究の細部にわたりご指導いただきました。誠にありがとうございました。また、同研究科在任中から現在に至るまで研究を進めるに当たって相談・ご指導いただいた東京大学名誉教授上野千鶴子先生にも、心より御礼申しあげます。中央大学文学部教授天田城介先生には、立命館大学大学院卒業後、特別研究員（ＰＤ）として先生のもとに受けいれていただき、研究の指導のみならず大学での研究環境構築にも多大なご支援をいただき感謝の念に堪えません。並びに、研究に関する調査にご快諾いただいた一橋大学経済研究所の後藤玲子先生にも御礼申しあげます。

立命館大学大学院先端総合学術研究科の日本語・英語論文指導スタッフの皆さまには、論文全体を丁寧に添削していただき、感謝しております。

研究を進めるに当たって姉のように相談に乗っていただいた川口有美子さんにも心より御礼申しあげます。ＡＬＳをとりまく法制度に関して質問した際にも、自身の知恵袋からさまざまなことを教えてくださいました。川口さんに立命館大学を紹介していただいたことで今日まで研究を続けることができました。

また、大学院在学中、大学の事務手続きをしてくださったり、遠隔地からの授業参加を後押ししてくださったりと、さまざまな面でお世話になった貝發眞爾さんはじめ立命館大学事務の方々にも感謝申しあげます。特別研究員（ＰＤ）になってからは中央大学の学事部・社会連携課の皆さんをはじめ、研究助成課、ダイバーシティセンターの皆さんにも、多くのご配慮をいただき、安心して研究を進めることができました。この場を借りて感謝申しあげます。

本研究の調査に協力していただいた両親、介助／通訳者、澤田隆司さんの介助者、兵庫青い芝の会関係者の皆さまにも心より感謝申しあげます。

本書は、私、天畠大輔の名のもとで刊行いたしましたが、実際は私がたすきとなった駅伝のようなものでした。大学の卒業論文執筆の際は、他大学の大学院生たった一人に論文全般に関わってもらっていました。一人に担当してもらった利点は多く、引きつぎがないことがシームレスな調査や文献研究につながりました。

その一方、この方法に限界も感じていました。たとえば、考察の作業の際は自分の考えをトータルに把握している「通訳者」でなければ、筋道を立てて文章を作ることができません。さらに、「通訳者」とのスケジュール調整が難しいうえに、関係がギクシャクしたときもその「通訳者」としか論文執筆作業ができないことが課題でした。視覚からも情報が入る「通訳者」は、私以上の考察をしてしまうことがあり、私の卒業論文を作っているのか、「通訳者」の卒業論文を私が手伝っているのかがわからないときもありました。

この卒業論文の執筆の際、ともに執筆してくれる「通訳者」との日時の調整や、「通訳者」との関係性など、協働で執筆することの難しさが浮き彫りになりました。本書の執筆では、その課題を解決できた点でも価値があると考え、協力していただいた皆さまに感謝申しあげます。

本研究全体をともに書きあげてくれた、北地智子さんおよび黒田宗矢さんには御礼の言葉がみつかりません。苦しい区間を無理いって全速力で走らせてしまった二人はもはや共同研究者といっても過言ではありません。

二〇年来の仲である北地さんは私の言葉を聞きとり、書きそして読みあげ、また聞きとり書くという過酷な作業をやり遂げただけでなく、論文におけるアイデアの提案など、積極的なサポートをしてくださいました。子育てをする母親の立場でありながら、遠隔地である札幌からの支援をしてくれた北地さんには、尊敬の意を表します。

北地さんからたすきを受けとった黒田さんは、フランスで修士課程に在籍し自身の修士論文を執筆している身でありながら、類いまれな語学力と文才を十二分に発揮して最後まで諦めずに執筆支援をしてくれました。北地さんと黒田さんには一〇年間論文執筆に携わっていただき、深く感謝しています。二人のおかげで本書を書きあげることができました。ツーカーの仲である二人に私の心はお見通しかもしれませんが、この文をもって御礼に代えさせていただきます。

また、本研究を一冊の本にまとめる際に、斎藤直子さんには様々な面においてサポートをしていただきました。彼女とは大学生時代からの付き合いで、現在も私の介助者として働いてもらっています。私が介助者とともに当事者研究を行うにあたり、彼女の存在はとても大きいものでした。というのも、彼女は、当事者研究の契機の一つとなった「べてるの家」の設立メンバーの一人である川村敏明医師のご息女であったからです。「べてるの家」における当事者研究では、「弱さの情報公開」という概念が重要なキーワードとなっています。「べてるの家」では「弱さ」という情報は、公開されることで、人をつなぎ、助け合える場やネットワークを形成するものとされており、弱さという従来であればネガティブで隠しておきたいものを、ポジティブなものとして捉え直しています。彼女のユーモラスで明るい性格と、当事者研究に対する理解への素地が研究や執筆に与えた影響は計り知れません。あらためてここに感謝申し上げます。

その他にも執筆に際し、さまざまな介助／通訳者に協力していただきました。中嶌真理子さん、中曽敬済さん、谷川嘉啓さん、滑川喬樹さん、佐々木彩夏さん、川村日菜子さん、熊田啓乃さん、上村卓さん、木村莉杏さん、伊藤友喜さんには、録音データの文字起こしという手間と時間のかかる作業をしていただきました。忍耐強さが試される区間を見事走り抜き、次につなげてくださった皆さまに御礼申しあげます。次にたすきを受けた、深田耕一郎さん、嶋田拓郎さん、村田桂一さん、浅羽民江さんには、私の思考に寄り添い、文章化するための手足となっていただき、本当に感謝しています。その文章を、読者視点でわかりやすく校正してくださった森香苗さん、野寄歩さん、中辻柚里さん、松木泰裕さん、山田恵里さん、中西華さん、畦上玄太さん、齊藤朋恵さん、島津あすかさんも欠かせない存在でありました。その高い文章力と語彙力に深謝の意を表します。加えて本研究で何度も登場し、重要な概念を提供してくれたレオ、ユカにも感謝の意を申しあげたいと思います。

博士予備論文の執筆においては、井上恵梨子さんと村山愛さん、遠藤久美さん、青山かほりさん、小池愛理さんにもお世話になりました。ありがとうございました。

そして、山﨑彩恵さんには、「株式会社 Dai-job high」のサービス提供責任者として、私が本書の執筆に集中できるよう、論文執筆支援の「通訳者」の手配や調整など研究環境の構築に大きく貢献していただきました。私にとっての大事なビジネスパートナーとして感謝の念に堪えません。私の身体的介助をしてくださった「株式会社 Dai-job high」の面々にも感謝申しあげます。

個人の名前は割愛させていただきますが、参考文献となりそうな本や論文を紹介してくださった方々、本や論文を読み聞かせてくださった方々、論文をスキャンし読みとられたテキストデータに誤りがないか一語一句に注意を払い読み通すという根気のいる作業をしてくださった方々、私の研究を総合的に支えてくださった皆さまに心より感謝いたします。

経済的な心配なく本書の執筆に専念することができた点で、日本学術振興会特別研究員ＤＣＩ・ＰＤに選ばれたことの意味は計り知れません。日本学術振興会の皆さまにも深く御礼申しあげます。また、立命館大学および中央大学には、障害学生（研究者）支援金をいただいたことで、論文執筆支援をする「通訳者」へ謝金を支払うことができました。重ねて感謝申しあげます。

最後に、第５章生活史インタビューでの協力ばかりでなく、意思疎通の方法が絶たれたかと思われた絶望的な状態から「あ、か、さ、た、な話法」を発見してくれた母、文章に行き詰まったときに表現豊かで魅力的な文章になるよう助言してくれた父に、感謝を述べたいと思います。

そして、本研究を書籍として世に出すことは私の悲願でもありました。その実現にご尽力いただいた生活書院の髙橋淳さん、本当にありがとうございました。

こうして本書を締めくくり、たすきをつないでゴールテープを切ることができたのは私個人の努力だけではなく、本書を読んでいただいている皆さまの温かいご支援のおかげであることを肝に銘じ、今後の研究にとりくんでまいります。以上、私からの謝辞といたします。

おわりに

「はじめに」で触れたカフェの話を振り返ります。不随意運動により見知らぬ女性に私の腕が当たってしまったという出来事です。私は自分の腕が当たったたことに気づいていませんでしたが、彼女に「あら、すみません」といわれたことを受けて、「通訳者」がとっさに「ごめんなさい」と謝りました。「謝る」という自己決定をする主体は当事者である私のはずなのに、と当時の私は違和感を覚えました。しかし本研究を進めるにつれて、「強い主体」と「弱い主体」にこだわっているゆえの違和感であったことに気づきました。「通訳者」はとっさに謝れない私に配慮して、代わりに謝ってくれました。また、私もある意味「勝手に謝られた」ということを受けいれるという配慮をしました。互いに配慮しあって、そのうえで天畠大輔の自己決定が成りたっているともいえるのです。

近年、障がい者福祉のなかで「合理的配慮」というキーワードがよくとりあげられます。そしてこれは往々にして健常者から障がい者への配慮を意味しています。しかし、私は現実には「弱い主体としての配慮」もあると考えています。

たとえば、私の「あ、か、さ、た、な話法」を用いたコミュニケーションは「通訳者」との互いの配慮があることで成りたっています。通訳者側は私のいいたいことを最後まで聞かなくても先読みすることで、私が一文字一文字伝える労力を減らせるように配慮してくれます。信頼関係のある

「通訳者」はときに確認しなくても、私の意向を汲んで先回りして行動してくれることもあります。そうしたことは重度の身体障がいを抱える私への配慮といえるでしょう。

一方で私の立場からいえば、通訳／介助の効率を上げるために共有知識を増やそうと、本来なら知られなくても良い個人的な情報を特定の「通訳者」に提供しています。そうすることは「通訳者」側の負担を軽減できる配慮といえます。また、「通訳者」が解読を誤っても、妥協して多少異なる通訳を受けいれることがよくあります。それは「弱い主体」として、「通訳者」に合わせるという、主体的な配慮といえます。

本書を執筆するに当たっても、私はときに「弱い主体」となり「通訳者」の積極的な介入を受けいれ、締めきりに間に合うよう、互いに疲弊しきらないようにバランスを見極めながら執筆を進めました。そしてときに「強い主体」として、時間と手間がかかってもこの本を通じて伝えたい譲れないものを主張してきました。その過程では「通訳者」と意見がぶつかり合うこともちろんありましたが、私の意図が伝わるまで、互いに体力と神経を消耗しながら「あ、か、さ、た、な…」を繰りかえしてきました。私は彼らに「代弁者」としての役割も期待しているため、自分の思考を日々「通訳者」のなかに仕込んでいくことを常に意識しています。第三者にスピーディーに自分の意図を伝えなくてはいけないとき、日常生活でとっさの判断が迫られるとき。社会には、私の「あ、か、さ、た、な…」を常に待つほどの寛容性は残念ながらありません。そんなとき、日頃から私とコミュニケーションをとり、考え方や価値観を多く共有している「通訳者」なら、少しの読みとりだけで解釈／想像して代弁することが、ある程度可能になります。当然、他者である彼らが最初から私の考えを理解しているはずはないので、日々のコミュニケーションのなかで少しずつ伝え、「通訳者」を〝変革〟していく必要があります。それは一朝一夕では到底できず、何年、何十年と時間をかけて〝変革〟していくのです。それも一人ではありません。一部の「通訳者」に過度の負担が偏りすぎないよう、複数の「通訳者」を育成していかなくては、介助体制は容易に破綻してしまいます。そして一人抜けたらまた一人、新たに育成していきます。その継続があって初めて、自分の望む生活に近づくことができるのです。

これは、たとえ私のように研究を生業としなくとも、「発話困難な重度身体障がい者」は自分の介助者を〝変革〟していかなくては、自らの望む生活の実現は難しいという、重いハンディを背負っていることを意味します。

しゃべれなくても、自分のやりたいことを追求して生きていくことはできます。そうしたメッセージと同時に、しゃべれないことによるみえない苦労も、多くの方に知ってもらいたい、そんな思いもこの本には込めました。

本文でも、当事者研究のもつ社会変革の可能性については触れましたが、この本は私にとってひとつの「社会運動」の形なのです。そして本書執筆中の二〇二〇年四月、この研究の成果のひとつとして私は新たな活動をスタートさせました。それは、介助者とともに生きる重度障がい当事者の支援を目的とした「一般社団法人わをん」の設立です。私はこの団体の代表理事として、これまでの研究内容を活かし、さらに活動を通して研究をさらに深めながら、全国の重度障がい当事者の方の相談支援活動を行っています。そして相談支援だけではなく、「当事者の語りプロジェクト」という事業も行っています。それは、障がい当事者の方にこれまでの半生をインタビュー形式で語って頂き、文字化して、発信していくというプロジェクトです。私はこのインタビュープロジェクトを通して、他の障がい当事者の方の励みになることはもちろん、語る本人へのエンパワメントになることを期待しています。人は自分の頭にあることを言語化するとき、悩みながら発します。そして、逆に言語化することで初めて認識する自分の思考の発見もあります。それは、当事者研究の始まりだと思うのです。私は、当事者研究を広めたい、社会に発信することの醍醐味を多くの仲間と共有したい、と思っています。私は「わをん」の活動を通して、これまで以上に「運動」を加速させたいという思いをもっています。

今とくに力を入れているのは、「介助付き就労」という働き方について考える研究活動です。「わをん」の当事者仲間と話すなかで、重度障がい者が「働く」ことの社会的障壁について研究／運動したいという思いを強く持つようになり、二〇二一年一〇月からトヨタ研究助成を受け、「二四時間介助が必要な重度身体障がい者の就労にむけた実現戦略――介助付き就労を阻む社会システムの合理性を運動論から問いなおす」というテーマで研究活動に取り組んでいます。この研究は私個人の研究ではなく、「わをん」の仲間を始め、介助者や研究者の方々とプロジェクトチームを組んで進めています。今後、「わをん」のホームページ（https://waon.org/）で随時情報を更新していきますので、チェックしていただけると嬉しいです（今後、プロジェクトの特設ホームページも開設予定です）。

話を本書に戻します。「通訳者」の〝サービス精神〟に依存する論文執筆方法に、通訳者自身から疑問を呈され、私は「これは本当に自分が書いた論文といえるのか」「研究者という道は私のよような重度障がい者には無理なのか」と、一時研究が進められないほどに深く苦しみました。しかし、ここでやめてしまえば、今まで論文執筆を支えてくれた「通訳者」たちに申し訳が立たない。また、私が諦めることは、他の「発話困難な重度身体障がい者」の社会参加の可能性を狭めることにもつながるのではないか、これに向きあうことで同じように苦しむ人の助けにもなるのではないか、と思い直し、その苦しみそのものの研究を進めていくことを決意しました。

そして何よりも、この本は「しゃべれない」身体を生きている私自身へ届けたくて書きました。「たとえ自分の口でしゃべれなくても、自分の主張を社会に発信することはできる」ということを、誰よりも、私自身に証明するために研究を続けました。

そうして辿り着いたのが、「弱い主体としてのあり方も受けいれる」という思いです。この当事者研究を深めるまでは、単に自分が「弱い」だけであり、自分の言葉で話す人と比べて劣っていると感じていました。しかし、そこに確かに自分の主体性が存在することに気づき、生きづらさが緩和されていきました。

私が望むのは、自己決定が「強い主体」あるいは「弱い主体」にとらわれないで、「発話困難な重度身体障がい者」が生きていける社会です。ひいては、誰もが弱くても否定されず生きていける社会へと変わっていく、と信じ、今日も研究／運動を続けます。

日本学術振興会特別研究員ＰＤ（中央大学）
天畠　大輔

71-4.
山崎摩耶, 2006,『マドンナの首飾り——橋本みさお, ALS という生き方』中央法規出版.
八代英太・冨安芳和編, 1991,『ADA（障害をもつアメリカ人法）の衝撃』学苑社.
横田弘, 2015,『障害者殺しの思想　増補新装版』現代書館.
横田弘・立岩真也・臼井正樹, 2016,『われらは愛と正義を否定する——脳性マヒ者 横田弘と「青い芝」』生活書院.
横塚晃一, 2007,『母よ！殺すな』生活書院.
読売新聞社, 2012a,「一字一字紡いだ 16 万字」『読売新聞夕刊　大阪本社版』2012 年 3 月 31 日.
————, 2012b,「一字一字紡いだ 16 万字」『読売新聞朝刊　東京本社版』2012 年 4 月 10 日.
————, 2020,「『あ・か・さ・た・な』で中央大学に行く」『Chuo Online』,（2020 年 1 月 16 日取得, https://yab.yomiuri.co.jp/adv/chuo/research/20200116.php）.
湯浅典人, 1992,「エコ・マップの概要とその活用——ソーシャルワーク実践における生態学・システム論的視点」『社会福祉学』33 (1): 119-43.
油田優衣, 2019,「強迫的・排他的な理想としての〈強い障害者像〉——介助者との関係における『私』の体験から」熊谷晋一郎責任編集『臨床心理学増刊——当事者研究をはじめよう』金剛出版, 11: 27-40.

用した在宅療養者の社会参加について――高等教育における重度障害学生への支援の取り組みから」『平成22年度一般研究助成研究報告書』公益財団法人在宅医療助成勇美記念財団.
天畠大輔・嶋田拓郎，2017,「『発話困難な重度身体障がい者』における『他者性を含めた自己決定』のあり方――天畠大輔を事例として」『障害学研究』12: 30-57.
天畠大輔・油田優衣，2020,「当事者研究の新たな可能性について」障害学会第17回大会報告原稿.
寺本晃久，2000,「自己決定と支援の境界」『Sociology Today』お茶の水社会学研究会，10: 28-41.
寺本晃久・岡部耕典・末永弘・岩橋誠治，2008,『良い支援？――知的障害／自閉の人たちの自立生活と支援』生活書院.
寺本晃久・岡部耕典・末永弘・岩橋誠治，2015,『ズレてる支援！――知的障害/自閉の人たちの自立生活と重度訪問介護の対象拡大』生活書院.
土屋葉・山下幸子・星加良司・井口高志，2011,「座談会　資格は必要か？――ケア・介護・介助と専門性」『支援』生活書院，1: 90-137
上野千鶴子，1996,「複合差別論」井上俊・上野千鶴子・大澤真幸・見田宗介・吉見俊哉編『岩波講座現代社会学15　差別と共生の社会学』岩波書店，203-32.
――――，2011,『ケアの社会学――当事者主権の福祉社会へ』太田出版.
――――，2012,『生き延びるための思想　新版』岩波書店.
――――，2013,「『当事者』研究から『当事者研究』へ」福田義也編『シリーズ社会福祉学2 闘争性の福祉社会学――ドラマトゥルギーとして』東京大学出版会，2: 25-45.
――――，2018,『情報生産者になる』筑摩書房.
渡辺一史，2018,『なぜ人と人は支え合うのか――「障害」から考える』，筑摩書房.
渡邉琢，2011,『介助者たちは，どう生きていくのか――障害者の地域自立生活と介助という営み』生活書院.
山下幸子，2008,『健常であることを見つめる――一九七〇年代障害当事者／健全者運動から』生活書院.
――――，2018,「障害者の自立生活保障に向けた大阪青い芝の会の運動展開過程――1970年代後半から1980年代末を中心に」『障害学研究』13, 221-48.
山崎博敏，2007,「Ⅱ．大学院における研究者養成と学位に関する研究（21世紀型高等教育システム構築と質的保証）」『21世紀COEプログラム報告』（広島大学）34:

――――, 2016b,「『大輔さん､､､ さようなら』」『ノーマライゼーション――障害者の福祉』日本障害者リハビリテーション協会, 36 (10): 37.
――――, 2016c,「『大輔さん, 本当にいいんですか』」『ノーマライゼーション――障害者の福祉』日本障害者リハビリテーション協会, 36 (2): 35.
――――, 2016d,「『大輔ヨーグルだぞ』」『ノーマライゼーション――障害者の福祉』日本障害者リハビリテーション協会, 36(6): 43.
――――, 2018a,「『あ, か, さ, た, な』で合理的配慮を考える」『リハビリテーション』鉄道身障者福祉協会, 605: 11-4.
――――, 2018b,「生き方わたし流――事業所のすゝめ」『ノーマライゼーション――障害者の福祉』日本障害者リハビリテーション協会, 38 (2): 46-7.
――――, 2019,「甘え甘えられ, そして甘える関係」『福祉労働』福祉労働編集委員会編, 164: 47-54.
――――, 2020a,「『発話困難な重度身体障がい者』における介護思想の検討――兵庫青い芝の会会長澤田隆司に焦点をあてて」『社会福祉学』60 (4): 28-41.
――――, 2020b,「『発話困難な重度身体障がい者』の論文執筆過程の実態――思考主体の切り分け難さと能力の普遍性をめぐる考察」『社会学評論』71 (3): 446-65.
――――, 2020c,「私のお墓の前で泣かないでください」『ひとりふたり‥』法藏館, 156: 2-4.
――――, 2020d,「『あ・か・さ・た・な』で研究する」『障害をもつ人々の現在』全国障害学生支援センター, 109: 3-6.
――――, 2021,「『発話困難な重度身体障がい者』の文章作成における実態――戦略的に選び取られた『弱い主体』による, 天畠大輔の自己決定を事例として」『社会福祉学』61 (4): 27-41.
天畠大輔・北地智子・黒田宗矢・森香苗, 2017,「自立を依存先の分散とすることの再検討――天畠大輔を事例として」第7回日本脳損傷者ケアリング・コミュニティ学会北海道帯広大会ポスター発表.
天畠大輔・黒田宗矢, 2014,「発話困難な重度身体障がい者における通訳者の『専門性』と『個別性』について――天畠大輔の事例を通して」『Core Ethics』10: 155-66.
天畠大輔・村田桂一・嶋田拓郎・井上恵梨子, 2013,「発話障がいを伴う重度身体障がい者のSkype利用――選択肢のもてる社会を目指して」『立命館人間科学研究』28: 13-26.
天畠大輔・立岩真也・井上恵梨子・鈴木寛子, 2010,「インターネットテレビ電話を活

———, 2010a,「『あ・か・さ・た・な』で大学に行く」NHK 厚生文化事業団編『雨のち曇り，そして晴れ——障害を生きる 13 の物語』NHK 出版，180-96.
———, 2010b,「『書籍紹介』内に片桐健司著『障害があるからこそ普通学級がいい——「障害」児を普通学級で受け入れてきた一教師の記録』書評」『DPI　我ら自身の声』DPI 日本会議，26 (2).
———, 2010c,「『あ・か・さ・た・な』で大学院へ」『障害をもつ人々の現在』全国障害学生支援センター，68.
———, 2012,『声に出せない　あ・か・さ・た・な——世界にたった一つのコミュニケーション』生活書院.
———, 2013a,「天畠大輔におけるコミュニケーションの拡大と『通訳者』の変遷——『通訳者』と『介助者』の『分離二元システム』に向けて」『Core Ethics』9: 163-74.
———, 2013b,「学びはやめられない」『ノーマライゼーション——障害者の福祉』日本障害者リハビリテーション協会，33 (8): 18-9.
———, 2014a,「『あ・か・さ・た・な』で学び続ける」『リハビリテーション』鉄道身障者福祉協会，565: 25-8.
———, 2014b,「第 10 回私の生き方——『学び』で広がる関係性」『すべての人の社会』日本障害者協議会，403: 14.
———, 2014c,「『書籍紹介』内に中村尚樹著『最重度の障害児たちが語りはじめるとき』書評」『リハビリテーション』鉄道身障者福祉協会，564: 32.
———, 2014d,「『書籍紹介』内に報告書『障害のある女性の生活の困難——複合差別実態調査報告書』紹介文」『DPI　我ら自身の声』DPI 日本会議機関誌，30 (1): 47.
———, 2014e,「私が選んだ今年の五大ニュース」,『ノーマライゼーション——障害者の福祉』日本障害者リハビリテーション協会，34 (12): 36.
———, 2015a,「ダレと行く？からはじまる私の外出」『リハビリテーション』鉄道身障者福祉協会，575: 29-32.
———, 2015b,「ロックトインシンドローム患者 3 人へのインタビューを通して——天畠大輔 in フランス」『ノーマライゼーション——障害者の福祉』日本障害者リハビリテーション協会，35 (4): 48-50.
———, 2015c,「『あ・か・さ・た・な』より『喋りたい！』」『私の生きてきた道 50 のものがたり』NHK 厚生文化事業団，45-7.
———, 2016a,「人力 versus 福祉機器」『ノーマライゼーション——障害者の福祉』日本障害者リハビリテーション協会，36 (4): 36-7.

と，そのコミュニケーション論的解決」『ソシオロゴス』17: 44-55.
尾上浩二，2013,「パーソナルアシスタンスのこれまでとこれから――関西障害者運動からのとらえなおし　尾上浩二に聞く（聞き手／岡部耕典・山下幸子)」『支援』生活書院，3: 182-220.
尾上浩二・大野更紗・熊谷晋一郎・小泉浩子・矢吹文敏・渡邉琢，2016,『障害者運動のバトンをつなぐ――いま，あらためて地域で生きていくために』生活書院.
定藤邦子，2011,『関西障害者運動の現代史――大阪青い芝の会を中心に』生活書院.
嶋田拓郎，2015,「障害者―介助者間における持続的な介助関係の再検討――発話困難な重度障害者の介助者の事例を通して」一橋大学大学院社会学研究科 2014 年度修士論文.
白石清春，1981,「脳性マヒ――全国青い芝の会の活動から」『リハビリテーション』国鉄身障者協会，230: 17
染谷莉菜子，2019,「何が知的障害者と親を離れ難くするのか――障害者総合支援法以降における高齢期知的障害者家族」『障害社会学という視座――社会モデルから社会学的反省へ』新曜社，88-109.
鈴木裕之，2015,『恋する文化人類学者――結婚を通して異文化を理解する』世界思想社.
鈴木雅子，2012,「『青い芝の会』初期の運動と人々」『ノーマライゼーション――障害者の福祉』日本障害者リハビリテーション協会，32 (8): 27-9.
立岩真也，1999,「自己決定する自立――なにより，でないが，とても，大切なもの」石川准・長瀬修編著『障害学への招待――社会、文化、ディスアビリティ』明石書店，79-107.
――――，2004,『ALS 不動の身体と息する機械』医学書院.
――――，2012,「自立生活センターの挑戦」安積純子・岡原正幸・尾中文哉・立岩真也『生の技法 第 3 版――家と施設を出て暮らす障害者の社会学』生活書院，414-98.
――――，2013,『私的所有論 第 2 版』生活書院.
――――，2018,『不如意の身体――病障害とある社会』青土社.
天畠大輔，2008a,「わが国の肢体不自由養護学校高等部における進路支援のあり方について――障害者の大学進学を進めるためには」ルーテル学院大学総合人間学部社会福祉学科 2007 年度卒業論文.
――――，2008b,「『あ・か・さ・た・な』で大学へ」『障害をもつ人々の現在』全国障害学生支援センター，61.

宮地尚子，2007，『環状島＝トラウマの地政学』みすず書房.
水川喜文，2000，「身体障害者介助における相互行為のビデオ分析」『北海道ノーマライゼーション研究』12: 1-19.
森下盈，1994，「言語表現におけるコンテクストの役割」『帯広畜産大学学術研究報告人文社会科学論集』9(1)：15-28.
向谷地生良，2009，『技法以前――べてるの家のつくりかた』医学書院
村岡英裕，2002，「在日外国人の異文化インターアクションにおける調整行動とその規範に関する事例研究」『接触場面における言語管理について（Ⅱ）』千葉大学大学院社会文化科学研究所研究プロジェクト報告書，38: 115-26.
鍋山祥子，1998，「仮面の逆転――存在証明の落とし穴」『中央大学大学院論究：文学研究科篇』中央大学大学院生研究機関誌編集委員会，30: 89-103.
中邑賢龍，2002，『AAC入門――拡大・代替コミュニケーションとは』こころリソースブック出版会.
中根成寿，2010，「『私』は『あなた』にわかってほしい――『調査』と『承認』の間で」宮内洋・好井裕明編『〈当事者〉をめぐる社会学　調査での出会いを通して』北大路書房，105-20.
中西正司・上野千鶴子，2003，『当事者主権』岩波書店.
中西正司，2014，『自立生活運動史――社会変革の戦略と戦術』現代書館.
夏目尚，2012，「脱能力主義，脱近代，脱主体の思想を――重度知的障害者の施設職員として障害学に期待する」，堀正嗣編著『共生の障害学――排除と隔離を超えて』明石書店，198-209.
日本経済新聞社，「『当事者研究』広がる――自らの研究と向き合う　社会を変えるきっかけに」『日本経済新聞朝刊』2014年7月28日.
新田勲編著，2009，『足文字は叫ぶ！――全身性重度障害者のいのちの保障を』現代書館.
野口裕二，1996，『アルコホリズムの社会学――アディクションと近代』日本評論社.
野崎泰伸，2011，『生を肯定する倫理へ――障害学の視点から』白澤社.
小倉虫太郎，1998，「私は，如何にして〈介助者〉となったか？」『現代思想』26(2):184-91.
岡部耕典，2006，『障害者自立支援法とケアの自律――パーソナルアシスタンスとダイレクトペイメント』明石書店.
岡原正幸，2012，「コンフリクトへの自由――介助関係の模索」安積純子・岡原正幸・尾中文哉・立岩真也『生の技法 第3版――家と施設を出て暮らす障害者の社会学』生活書院，191-231.
岡野一郎，1993，「共有知識とコミュニケーション的行為――共有知識のパラドックス

者の合理性の理解社会学』有斐閣，155-240.
小林敏昭，2011，「可能性としての青い芝運動 ――『青い芝＝健全者手足論』批判をてがかりに」『人権教育研究』花園大学人権教育研究センター，19: 21-33.
京都新聞社，2010，「意思疎通方法自ら研究　28歳男性，立命大に」『京都新聞夕刊』2010年4月7日.
著作権情報センター，2017，「著作者にはどんな権利がある？」CRIC公益社団法人著作権情報センター，（2017年5月22日取得，http://www.cric.or.jp/qa/hajime/hajime2.html）.
河野秀忠，2007，『障害者市民ものがたり――もうひとつの現代史』NHK出版.
國分功一郎，2017，『中動態の世界――意志と責任の考古学』医学書院.
小山正義，2005，『マイトレァ・カルナ――ある脳性マヒ者の軌跡』千書房.
熊谷晋一郎，2012，「自立は，依存先を増やすこと　希望は，絶望を分かち合うこと」『TOKYO人権』56: 1-4.
――――，2013，「社会福祉のフロンティア第37回 介助者手足論から考える手足の意味」『立教社会福祉研究』33: 41-61.
――――，2019，「当事者研究から始める『知の歩き方』」嶺重慎・広瀬浩二郎・村田淳編『知のスイッチ』岩波書店.
――――，2020，『当事者研究――等身大の〈わたし〉の発見と回復』岩波書店.
熊谷晋一郎・綾屋紗月，2010，『つながりの作法――同じでもなく　違うでもなく』NHK出版.
――――，2014，「共同報告・生き延びるための研究」『三田社会学』19: 3-19.
黒田宗矢，2018，「『先読み』と『想像』の世界――『あ，か，さ，た，な』に耳を傾けて」『支援』生活書院，8: 139-46.
究極Q太郎，1998，「介助者とは何か？」『現代思想』26（2）: 176-83.
前田拓也，2009，『介助現場の社会学――身体障害者の自立生活と介助者のリアリティ』生活書院.
Maslow, Abraham H., 1970, *Motivation and Personality, 2nd ed.*, New York: Harper & Row.（小口忠彦訳，1987，『人間性の心理学――モチベーションとパーソナリティ』産業能率大学出版部.）
松村明編，2006，『大辞林 第3版』三省堂.
Mialet, Hélène, 2012, *Hawking Incorporated: Stephen Hawking and the Anthropology of the Knowing Subject*, Chicago: University of Chicago Press.（河野純治訳，2014，『ホーキング Inc.』柏書房.）

の新解釈」『聖路加看護大学紀要』35: 28-36.
堀正嗣，2018,「合理的配慮をとらえなおす――能力主義批判の視点から」『障害学研究』13: 110-24.
星加良司，2001,「自立と自己決定――障害者の自立生活運動における『自己決定』の排他性」『ソシオロゴス』25: 160-75.
――――，2016,「合理的配慮と能力評価」川島聡・飯野由里子・西倉実季・星加良司『合理的配慮――対話を開く対話が拓く』有斐閣，89-106.
飯牟礼悦子，2007,「『当事者研究者』の流儀――2.5 人称の視点をめざして」宮内洋・今尾真弓編『あなたは当事者ではない――〈当事者〉をめぐる質的心理学研究』北大路書房，111-22.
石原孝二編，2013,『当事者研究の研究』医学書院.
石島健太郎，2016,「障害者介助における意思の尊重と推察のあわい」『年報社会学論集』29: 33-43.
――――，2018,「介助者を手足としてみなすとはいかなることか――70 年代青い芝の会における『手足』の意味の変転」『障害学研究』13: 169-94.
石川准，1992,『アイデンティティ・ゲーム――存在証明の社会学』新評論.
――――，1999,『人はなぜ認められたいのか――アイデンティティ依存の社会学』旬報社.
伊藤葉子，2014,「日本における重度障害者の生活支援とパーソナル・アシスタンス――理念の移入からその具現化へ」『中京大学現代社会学部紀要』8 (1): 1-18.
株式会社ノイエスアコルト，2016,「映画『FAKE』に関する新垣隆所属事務所の見解」，音楽家新垣隆オフィシャルサイト，(2017 年 8 月 11 日取得，http://www.takashi-niigaki.com/category/news).
角岡伸彦，2010,『カニは横に歩く――自立障害者たちの半世紀』講談社.
環境新聞社，2020,「介護保険でも自薦ヘルパーを」『シルバー新報』2020 年 2 月 21 日.
川口有美子，2009,『逝かない身体――ALS 的日常を生きる』医学書院.
金満里，1996,『生きることのはじまり』筑摩書房.
木全和巳，2006,「『障害』の表記と用語に関する研究ノート」『日本福祉大学社会福祉論集』115: 137-55.
岸政彦，2005,「始まりとしてのナラティブ――世俗批評としての生活史研究 (1)」『関西大学人権問題研究室紀要』51: 111-32.
――――，2015,『断片的なものの社会学』朝日出版社.
――――，2016,「生活史」岸政彦・石岡丈昇・丸山里美『質的社会調査の方法――他

ている．天畠さんはそのことを体現している」．（2016 年 2 月 8 日取得，https://twitter.com/masayachiba/status/696519380037820416）
――――．［Masaya Chiba 千葉雅也 @masayachiba］．（2016 年 2 月 8 日）．「天畠さんが示しているのは，ドゥルーズ&ガタリのいう『言表行為の集団的アジャンスマン』に他ならないだろう」．（2016 年 2 月 8 日取得，https://twitter.com/masayachiba/status/696523016893640705）
藤村正之，2013，「個人化・連帯・福祉」藤村正之編『シリーズ福祉社会学 3　協働性の福祉社会学――個人化社会の連帯』東京大学出版会，1-26.
深田耕一郎，2013a，『福祉と贈与――全身性障害者・新田勲と介護者たち』生活書院.
――――，2013b，「介助者の課題――足文字を読むということ」杉田俊介・瀬山紀子・渡邉琢編『障害者介助の現場から考える生活と労働――ささやかな「介助者学」のこころみ』明石書店，59-92.
――――，2016，「ケアと貨幣――障害者自立生活運動における介護労働の意味」『福祉社会学研究』13: 59-81.
――――，2017，「『その人らしさ』を支援するとはどのようなことか？――発話困難者の介助コミュニケーションから考えるパーソナルアシスタンス」岡部耕典編『パーソナルアシスタンス――障害者権利条約時代の新・支援システムへ』生活書院，86-115.
福島智，2011，『盲ろう者として生きて――指点字によるコミュニケーションの復活と再生』，明石書店.
古井正代，2001，「CP として生きるっておもしろい！」全国自立生活センター協議会『自立生活運動と障害文化――当事者からの福祉論』現代書館，364-70.
Giddens, Anthony, 1992, *The Transformation of Intimacy: Sexuality, Love & Eroticism in Modern Societies*, Stanford: Stanford University Press.（松尾精文・松川昭子訳，1995，『親密性の変容――近代社会におけるセクシュアリティ，愛情，エロティシズム』而立書房.）
Goble, Frank G., 1970, *The Third Force: The Psychology of Abraham Maslow*, New York: Grossman Publishers.（小口忠彦監訳，1972，『マズローの心理学』産業能率大学出版部.）
長谷川唯，2016，「負担の分散で生じる不利益集中――ALS の人の地域生活から」第 13 回障害学会大会ポスター発表.
平山亮，2017，『介護する息子たち――男性性の死角とケアのジェンダー分析』勁草書房.
廣瀬清人・菱沼典子・印東桂子，2009，「マズローの基本的欲求の階層図への原典から

――――, 2019b,「フロントランナー　中央大学で研究する日本学術振興会特別研究員PD・天畠大輔さん」『朝日新聞土曜日版「be on Saturday」』2019年11月16日.
――――, 2019c,「医療ミスで重度障害　14歳が絶望の先に見つけたもの」『朝日新聞デジタル』2019年11月20日（2019年11月21日取得, https://www.asahi.com/articles/ASMC90JLLMC8UTIL05Y.html).
綾屋紗月, 2019,「当事者研究が受け継ぐべき歴史と理念」熊谷晋一郎責任編集『臨床心理学増刊――当事者研究をはじめよう』金剛出版, 11: 6-13.
Bateson, Gregory, 1972, *Steps to an Ecology of Mind*, New York: Ballantine book.（佐藤良明訳, 2000,『精神の生態学』新思索社.）
Bauby, Jean-Dominique, 1997, *Le scaphandre et le papillon*, Paris: R. Laffont.（河野万里子訳, 1998,『潜水服は蝶の夢を見る』講談社.）
千葉雅也.［Masaya Chiba 千葉雅也 @masayachiba］.（2016年2月8日）.「昨日, 立命館・先端総合学術研究科で, 天畠大輔さんの博士論文構想発表があった. 天畠さんは低酸素脳症を原因として, 発話・視覚・運動の複合的に障害をもっている方で, 独特の手法を使う『通訳』チームを伴って, スカイプで登壇された」. http://tennohatakenimihanarunoka.com/profile/」.（2016年2月8日取得, https://twitter.com/masayachiba/status/696517314821300225）
――――.［Masaya Chiba 千葉雅也 @masayachiba］.（2016年2月8日）.「承前）天畠さんは, 通訳者を介した独特の発信方法を『自らをフィールドとして』研究している. 略していうが, そこで問題となるのは, 言語使用の主体が他者を捲きこんだものになることだ. 天畠さんが何か言いたければ, 介助者＝通訳がそこに参加する必要がある. このことが, さまざまな論点を惹起する」.（2016年2月8日取得, https://twitter.com/masayachiba/status/696518017509789699）
――――.［Masaya Chiba 千葉雅也 @masayachiba］.（2016年2月8日）.「承前）実際に天畠さんとの対話に立ち会うと, 介助者による『先読み』や解釈, 補いなどが行われているように見える. とすれば, 天畠さんの『純粋な』発話意志からズレたことになっているのか. では逆に, 障害のない人の発話は『純粋に意志的』なのか. 精神分析的に言って, そうではあるまい」.（2016年2月8日取得, https://twitter.com/masayachiba/status/696518705530863617）
――――.［Masaya Chiba 千葉雅也 @masayachiba］.（2016年2月8日）.「承前）天畠さんの研究は, 言語の本性を問題にしているといえるのではないか. 誰であれ一人でしゃべっているのではないのだ. そもそも言語は他者のものであり, 一人でしゃべっていても同時に他者がしゃべっている. 他者の解釈や補遺などが入っ

文　献

Abery, Brian H. and Stancliffe, Roger J., 2003, "An Ecological Theory of Self-Determination: Theoretical Foundations." Wehmeyer, Michael L., Abery, Brian H., Mithaug, Dennis E., and Stancliffe Roger J., eds., *Theory in Self-Determination: Foundations for Educational Practice*, Springfield: Charles C. Thomas, 25-42.

天田城介，2010，「底に触れている者たちは声を失い－声を与える――『老い衰えゆくこと』をめぐる残酷な結び目」宮内洋・好井裕明編，『〈当事者〉をめぐる社会学――調査での出会いを通して』北大路書房，121-39.

Hartman, Ann, 1978, "*Diagramatic Assessment of Family Relationships*", *Social Casework:* 59(8), 465-76.

荒井裕樹，2017，『差別されてる自覚はあるか――横田弘と青い芝の会「行動綱領」』現代書館.

――――，2020，『障害者差別を問いなおす』筑摩書房.

朝日新聞社，2013a，「まひの病床，涙のサイン　武蔵野の天畠さん，意思疎通の研究者に」『朝日新聞朝刊』2013 年 3 月 17 日.

――――，2013b，「話せずとも，通じた気持ち　東京・台湾，重度障害の 2 人の対面　互いの『話法』で」『朝日新聞朝刊』2013 年 3 月 25 日.

――――，2013c，「生きる　天畠大輔さんの台湾訪問記：上――文字紡ぐ，声なき会話」『朝日新聞朝刊』2013 年 4 月 9 日.

――――，2013d，「生きる　天畠大輔さんの台湾訪問記：下――24 時間態勢で介助受ける生活」『朝日新聞朝刊』2013 年 4 月 10 日.

――――，2013e，「わがまま言っていいよ　重度障害の大学院生　天畠さん講演」『朝日新聞朝刊　熊本版』2013 年 8 月 20 日.

――――，2013f，「ひと　天畠大輔さん　重度障害を乗り越え，博士論文に挑んでいる」『朝日新聞朝刊』2013 年 10 月 23 日.

――――，2019a，「聴覚だけ頼りの 37 歳，博士号取得　話せず読めずとも」『朝日新聞デジタル』2019 年 4 月 12 日（2019 年 4 月 13 日取得，https://www.asahi.com/articles/ASM3V6GWQM3VUTIL04Z.html）.

本書のテキストデータを提供いたします

本書をご購入いただいた方のうち、視覚障害、肢体不自由などの理由で書字へのアクセスが困難な方に本書のテキストデータを提供いたします。希望される方は、以下の方法にしたがってお申し込みください。

◎データの提供形式＝CD-R、メールによるファイル添付（メールアドレスをお知らせください）。

◎データの提供形式・お名前・ご住所を明記した用紙、返信用封筒、下の引換券（コピー不可）および200円切手（メールによるファイル添付をご希望の場合不要）を同封のうえ弊社までお送りください。

●本書内容の複製は点訳・音訳データなど視覚障害の方のための利用に限り認めます。内容の改変や流用、転載、その他営利を目的とした利用はお断りします。

◎あて先
〒160-0008
東京都新宿区四谷三栄町6-5 木原ビル303
生活書院編集部　テキストデータ係

キリトリ線

【引換券】
しゃべれない生き方
とは何か

著者紹介

天畠大輔
（てんばた・だいすけ）

1981年広島県生まれ。96年若年性急性糖尿病で救急搬送された病院での処置が悪く、心停止を起こす。約3週間の昏睡状態後、後遺症として四肢マヒ、発話障がい、視覚障がい、嚥下障がいが残る。2008年ルーテル学院大学総合人間学部社会福祉学科卒業。17年指定障害福祉サービス事業所「(株) Dai-jobhigh」設立。19年立命館大学大学院先端総合学術研究科一貫制博士課程修了、博士号（学術）取得。同年より日本学術振興会特別研究員（PD）として、中央大学にて研究。20年「一般社団法人わをん」設立、代表理事就任。世界でもっとも障がいの重い研究者のひとり。専門は、社会福祉学、当事者研究。

主な著書
『声に出せないあ・か・さ・た・な――世界にたった一つのコミュニケーション』生活書院、2012年
『〈弱さ〉を〈強み〉に――突然複数の障害をもった僕ができること』岩波新書、2021年

「天の畠に実はなるのか」http://tennohatakenimihanarunoka.com/

しゃべれない生き方とは何か

発　行―――― 2022年2月25日　初版第1刷発行
著　者―――― 天畠大輔
発行者―――― 髙橋　淳
発行所―――― 株式会社　生活書院
〒160-0008
東京都新宿区四谷三栄町6-5 木原ビル303
ＴＥＬ 03-3226-1203
ＦＡＸ 03-3226-1204
振替 00170-0-649766
http://www.seikatsushoin.com
印刷・製本―― 株式会社シナノ

Printed in Japan

ISBN 978-4-86500-136-5